Wolfgang Friedrich

»Dieses Dokument eines dramatischen Lebens liest man, ohne aufhören zu können: mit ungläubigem Staunen, mit Spannung, Bewunderung und Ehrfurcht. Casals erzählt schlicht und herzlich, humorvoll und dankbar allen gegenüber, die ihm jemals geholfen haben. Der Republikaner im freiwilligen Exil schildert vor allem politische Ereignisse und Aktivitäten. Erstaunlicherweise spricht er kaum über Musik. Und doch glaubt man, dem liebenswerten Menschen und idealistischen Künstler, dem leidenschaftlichen Demokraten und unbeirrbaren Kämpfer für Frieden und soziale Gerechtigkeit nähergekommen zu sein: So unmittelbar teilt sich die natürliche Originalität seines Wesens dem Leser mit.« (Hamburger Abendblatt)
Der anglo-amerikanische Journalist Albert E. Kahn hat diese Erinnerungen in vertrautem Umgang mit dem bald hundertjährigen Pablo Casals festgehalten, der schon vor 73 Jahren als der größte Cellist der Welt galt. Von der katalanischen Kleinstadt zu den Kulturzentren der Welt, von den Wirren eines Jahrhunderts zum politischen Engagement des Künstlers, von Queen Victoria und John F. Kennedy bis zu Martita, der 61 Jahre jüngeren Frau des Meisters, reicht das Spektrum dieser Aufzeichnungen.
Die größte Hoffnung Casals' hat sich nicht erfüllt: das Ende der Diktatur und die Wiederherstellung der Demokratie in Spanien zu erleben. Seit Ende des Bürgerkriegs hat er, ebenso wie sein Zeitgenosse Picasso, aus Protest gegen Francos Regime spanischen Boden nicht mehr betreten. Am 22. Oktober 1973 starb er, im Alter von 96 Jahren, in San Juan auf Puerto Rico, das seine zweite Heimat geworden war.

# Pablo Casals
# Licht und Schatten auf einem langen Weg
*Erinnerungen*

Aufgezeichnet von Albert E. Kahn

Deutsch von Peter Baumann

Fischer
Taschenbuch
Verlag

Limitierte Sonderausgabe
Veröffentlicht im Fischer Taschenbuch Verlag GmbH,
Frankfurt am Main, Januar 1994

Lizenzausgabe mit freundlicher Genehmigung des
S. Fischer Verlag GmbH, Frankfurt am Main
Die Originalausgabe erschien unter dem Titel
›Joys and Sorrows – Reflections as Told to Albert E. Kahn‹
bei Simon and Schuster, New York

Umschlaggestaltung: Balk/Gelberg/Heinichen
Foto: Bildarchiv Preußischer Kulturbesitz
Druck und Bindung: Clausen & Bosse, Leck
Printed in Germany
ISBN 3-596-12113-2

*Gedruckt auf chlor- und säurefreiem Papier*

# INHALT


Vorbemerkung von Albert E. Kahn . 7
Alter und Jugend . . . . . . . 9
Eine Weihnachtsgeschichte . . . . 20
Aufbruch . . . . . . . . . . 28
Madrid . . . . . . . . . . 44
Fester Boden unter den Füßen . . . 61
Dämmerung eines Zeitalters . . . . 80
Geeint durch Musik . . . . . . . 95
Der Sturm bricht los . . . . . . 116
Musik in Barcelona . . . . . . . 131
San Salvador . . . . . . . . . 153
Triumph und Tragödie . . . . . 187
Exil . . . . . . . . . . . 208
Rückkehr nach Prades . . . . . 226
El Pessebre . . . . . . . . . 241
Dank . . . . . . . . . . . 265
Diskographie von Peter Baumann . . 267
Register . . . . . . . . . . 278

# VORBEMERKUNG

Von Albert E. Kahn

Als ich zum ersten Mal mit Pablo Casals meinen Wunsch und die Möglichkeit besprach, ein Buch über ihn zu schreiben, hatte ich etwas ganz anderes im Sinn, als nun daraus geworden ist. Was mir ursprünglich vorschwebte, war ein intimes zeitgenössisches Porträt des Künstlers und Menschen in Wort und Bild, ein Buch über den Casals von heute: Was arbeitet er, wie verbringt er seine Tage? Text und Fotos sollten von mir sein.

Während der Vorarbeiten zu diesem Buch war ich viel mit Casals in den Vereinigten Staaten und anderen Ländern auf Reisen, ich wohnte seinen Konzerten, seinen Meisterkursen, wohnte Aufführungen seines Oratoriums *El Pessebre* und Musikfestspielen bei, an denen er mitwirkte. Regelmäßig besuchte ich ihn auch zu Hause in Puerto Rico, fotografierte ihn bei seinen verschiedenartigen, immer gleich unermüdlichen Betätigungen und machte mir daneben eingehend Notizen oder nahm unsere Unterhaltungen auf Tonband auf: zwanglose Plaudereien bisweilen, aber manchmal auch regelrechte Interviews, in denen er Rede und Antwort stand, Erlebnisse aus der Vergangenheit und Ansichten zu vielfältigen Themen mitteilte. Um mehr Kenntnis von seinen früheren Jahren zu gewinnen, sah ich seine Papiere und Erinnerungen durch, die noch an seinem französischen Wohnsitz Molitg-les-Bains und in seinem alten Haus in San Salvador in Spanien aufbewahrt sind.

Je mehr ich über Casals erfuhr, desto weniger befriedigte mich mein ursprünglicher Buchplan. Seine Laufbahn spannte sich über ein so ereignisschweres geschichtliches Panorama, sein dramatisches Leben ist so reich und so bedeutend in seiner hohen Menschlichkeit, daß ich mir der

Unzulänglichkeit eines nur von der Gegenwart handelnden, den engen Zusammenhang mit Vergangenem außer acht lassenden Buchs mehr und mehr bewußt wurde. Außerdem waren Casals' Worte in Klangfarbe und Tonfall so eigen und seine persönlichen Erinnerungen und Reflexionen von solch natürlicher Poesie, daß es schien, als sei die Nacherzählung dieser Geschichte für immer an den Klang seiner Stimme gebunden.

Eine Zeitlang experimentierte ich herum und versuchte, den Textteil des Buches ganz auf meine Fragen und seine Antworten abzustellen, aber die Ergebnisse waren enttäuschend. Formal geriet alles zu mechanisch, und meine Fragen schienen nicht bloß überflüssig, sondern wirkten wie eine Einmischung, die den Leser nur ablenkte. In zunehmendem Maße wurde mir klar, daß Casals' Worte für sich stehen mußten.

Dann verfiel ich darauf, meine Fragen ganz wegzulassen und Casals' Erinnerungen und Bemerkungen zu einem einheitlichen Ganzen von Erzählung, Stimmungsbildern und Gegenständlichem zu verschmelzen. Ich diskutierte dieses Vorgehen mit Casals, und er war damit einverstanden. Allmählich erhielt das Buch seine jetzige Gestalt.

Eines ist noch klarzustellen: Jahrelang hat Casals sich hartnäckig geweigert, seine Autobiographie zu schreiben. In einem seiner Briefe an mich findet sich der bezeichnende Satz: »Ich bin durchaus nicht der Ansicht, daß mein Leben in einer Autobiographie festgehalten zu werden verdiente. Ich habe nur getan, was ich tun mußte.« Und so sei ausdrücklich vermerkt, daß dieses Buch nicht als Autobiographie von Pablo Casals angesehen werden sollte. Eine Autobiographie ist ein Bild, das ein Mensch von sich selbst entwirft; dies aber ist – zwangsläufig – zum Teil mein Casals-Porträt. Die Worte sind von Casals, die Anordnung aber habe ich getroffen, und für vieles Inhaltliche trage ich die Verantwortung. Hätte Casals seine Geschichte selbst geschrieben, so hätte er vermutlich andere Aspekte seines Lebens stärker hervorgehoben.

Ich biete also ein Porträt von Pablo Casals, gezeichnet nach seinen Erinnerungen und Bemerkungen, wie ich sie während der vergangenen Jahre niedergeschrieben und nun in dieses Buch verwoben habe: Kein Wort, das nicht von Casals selber stammte! Ich suchte ihn als einen Mann darzustellen, dessen Leben seinen Glaubenssatz bestätigt: »Kunst und Menschlichkeit sind untrennbar.«

# ALTER UND JUGEND

Ich bin jetzt über dreiundneunzig Jahre alt, also nicht gerade jung, jedenfalls nicht mehr so jung, wie ich mit neunzig war. Aber Alter ist überhaupt etwas Relatives. Wenn man weiter arbeitet und empfänglich bleibt für die Schönheit der Welt, die uns umgibt, dann entdeckt man, daß Alter nicht notwendigerweise Altern bedeutet, wenigstens nicht Altern im landläufigen Sinne. Ich empfinde heute viele Dinge intensiver als je zuvor, und das Leben fasziniert mich immer mehr.

Unlängst überbrachte mir mein Freund Sascha Schneider einen Brief, den eine Gruppe sowjetischer Musiker aus dem Kaukasus an mich gerichtet habe. Er lautete:

Lieber, hochverehrter Maestro,

ich habe die Freude, Sie im Auftrage des Georgisch-Kaukasischen Orchesters einzuladen, eines unserer Konzerte zu dirigieren. Sie werden der erste Musiker Ihres Alters sein, dem die Auszeichnung zuteil wird, unser Orchester zu leiten. Niemals in der Geschichte dieses Orchesters haben wir es einem Manne gestattet, uns zu dirigieren, der weniger als hundert Jahre alt war – alle Orchestermitglieder sind über Hundert! –, aber wir haben von Ihrem Dirigiertalent gehört und meinen, in Ihrem Falle, unbeschadet Ihrer Jugend, eine Ausnahme machen zu sollen.

Wir erwarten umgehend Ihre Zusage. Fahrtkosten werden ersetzt. Auch für die Kosten Ihres Aufenthaltes werden wir aufkommen.

Hochachtungsvoll

Astan Schlarba

Präsident, 123 Jahre alt

Sascha ist ein Spaßvogel und liebt es, einem Streiche zu spielen. Dieser Brief war ein solcher Streich, Sascha hatte ihn natürlich selber geschrieben. Aber ich gebe zu: Zuerst hatte ich ihn für bare Münze genommen. Und warum? Nun, so unglaublich schien es mir gar nicht, daß es ein Orchester geben sollte, dessen Mitglieder alle über hundert Jahre alt sind. Und in der Tat hatte ich damit sogar recht. Im Kaukasus gibt es wirklich solch ein Orchester. Sascha hatte in der Londoner *Sunday Times* darüber gelesen. Er zeigte mir den Artikel mit Fotos vom Orchester. Demnach sind alle Mitglieder über hundert Jahre alt. Es sind an die dreißig Musiker, die regelmäßig Proben abhalten und Konzerte geben. Die meisten sind im Hauptberuf Bauern, die noch immer auf ihren Feldern arbeiten. Der Älteste unter ihnen, Astan Schlarba, baut Tabak an und reitet Pferde zu. Alle sind sie prächtige Kerle, denen man die Vitalität so richtig ansieht. Gern würde ich sie einmal spielen hören und würde sie auch (im Ernst!) dirigieren, wenn sich die Gelegenheit ergäbe. Freilich bin ich nicht so sicher, ob sie es mir in Anbetracht meiner großen Jugend gestatten würden.

Aus Späßen läßt sich oft etwas lernen. In diesem Fall habe ich etwas gelernt. Trotz ihres Alters haben diese Musiker nichts von ihrer Lebensfreude eingebüßt. Wie erklärt sich das? Ich glaube nicht, daß man sich bei der Antwort einfach auf ihre körperliche Konstitution berufen darf oder auf das einzigartig günstige Klima, in dem sie leben. Es liegt vielmehr daran, wie sich diese Männer zum Leben überhaupt stellen; ihre Arbeitsfähigkeit beruht, glaube ich, in hohem Maße auf der Tatsache, daß sie überhaupt noch arbeiten. Arbeit erhält jung. Ich jedenfalls denke nicht im Traume daran, mich zur Ruhe zu setzen, jetzt nicht und später nicht! Ruhestand – welch befremdliche Vorstellung! Schon der Gedanke daran ist mir unfaßbar. Ich glaube nicht, daß irgend jemand, der meine Art Arbeit leistet, sich zur Ruhe setzen kann, solange noch ein Hauch Leben in ihm ist. Meine Arbeit ist mein Leben, ich kann eines vom andern nicht trennen. Sich zur Ruhe setzen, heißt für mich soviel wie sich zum Sterben anschicken. Ein Mann, der arbeitet und sich nicht langweilt, ist auch nicht alt. Nie im Leben! Arbeit und das Interesse für Dinge, die Interesse verdienen, sind die besten Heilmittel gegen Alter. Jeden Tag fühle ich mich wie neugeboren, jeden Tag fange ich wieder ganz von vorne an.

Die letzten achtzig Jahre habe ich jeden Morgen auf dieselbe Weise begonnen, nicht etwa mechanisch, aus bloßer Routine, sondern weil es wesentlich ist für meinen Alltag: Ich gehe ans Klavier und spiele zwei Präludien und zwei Fugen von Bach. Anders kann ich es mir gar nicht vorstellen. Es ist so etwas wie ein Haussegen, aber es bedeutet mir noch mehr: die immer neue Wiederentdeckung einer Welt, der anzugehören ich mich freue. Durchdrungen von dem Bewußtsein, hier dem Wunder des Lebens selbst zu begegnen, erlebe ich staunend das schier Unglaubliche: ein Mensch zu sein. Diese Musik ist niemals dieselbe für mich, niemals! Jeden Tag ist sie wieder neu, fantastisch, unerhört ... Bach ist, wie die Natur, ein Mirakel.

Ich glaube, in meinem Leben vergeht kein Tag, an dem ich nicht mit immer neuem Entzücken die Wunder der Natur bestaune. Man begegnet ihnen auf Schritt und Tritt: hier ein Bergesschatten, dort ein im Tau blitzendes Spinnennetz – das besonnte Laub der Bäume ... Besonders geliebt habe ich immer das Meer. Wann es mir immer möglich war, habe ich an der See gelebt, so die letzten zwölf Jahre hier in Puerto Rico. Seit langem ist es eine Gewohnheit von mir, jeden Morgen vor Arbeitsbeginn den Strand entlang zu gehen. Zwar sind diese Spaziergänge heute weniger ausgedehnt als früher, aber das Meer ist für mich deshalb nicht weniger wunderbar. Wie geheimnisvoll, wie schön ist es doch, wie unendlich abwechslungsreich! Es ist nie dasselbe, nie – ändert sich von einem Augenblick zum andern, ist stets im Wechsel begriffen, und dabei entsteht immer etwas anderes, immer etwas Neues.

Meine frühesten Erinnerungen verbinden sich mit dem Meer. Schon als ganz kleines Kind habe ich es für mich entdeckt, das Mittelmeer nämlich an der katalanischen Küste nahe dem Städtchen Vendrell, wo ich geboren bin. Als ich noch nicht ein Jahr alt war, nahm mich meine Mutter (wie sie mir später erzählte) der Seeluft wegen schon mit in das Fischerdörfchen San Salvador. Es gab dort eine kleine Kirche, die wir zu besuchen pflegten, einen alten romanischen Bau, durch dessen Fenster das Tageslicht gedämpft einfiel. Es war ganz still dort, nur das Plätschern der Wellen war zu hören. Und dies war, so scheint es mir heute, der eigentliche Beginn, das Bewußtwerden meiner selbst, heute noch entsinne ich mich der durchsonnten Kirchenfenster, heute noch höre ich das Raunen der See. Als ich größer wurde, schaute ich stundenlang durch diese Fenster aufs Meer und staunte, wie endlos es sich erstreckte, wie unermüdlich die Wellen gegen die Küste rollten, wie wechselhaft sich die Wolken zu immer neuen Gestalten türmten. Es war ein Anblick, der seinen Zauber auf mich nie verfehlte.

Neben der Kirche wohnte in einer primitiven Hütte mit Lehmboden ein Mann, der das Amt des Küsters versah. Er war ein alter Seebär, ein kleiner, stämmiger Mann, der hinkte und eine Fistelstimme hatte. Gerne erzählte er mir Geschichten von seinen Abenteuern zur See. Ich glaube nicht, daß er lesen und schreiben konnte, dennoch habe ich eine Menge von ihm gelernt. Er schien alles zu wissen, besonders aber wußte er, wie es in der Natur zugeht. Pau hieß er, seine Frau Senda, und die Leute nannten ihn *El Pau de la Senda*. Wir wurden gute Freunde. Er nahm mich bei seinen Streifzügen am Strand mit, und er war es auch, der mir Schwimmen beibrachte. Freunde überließen meiner Familie leihweise ihr Ferienhaus in San Salvador. Es war nicht besonders komfortabel, aber wir liebten es. Oft bin ich mit meiner Mutter dort gewesen.

Mehrmals habe ich schon versucht, über meine Mutter zu schreiben. Ich wollte sie so festhalten, wie sie wirklich war, aber was ich auch schrieb, wurde ihr nie gerecht. Ich habe die Worte überlesen und mir gesagt: Nein, so geht es nicht. Ich kann einfach nicht über sie schreiben. Im Verlauf meines Lebens bin ich vielen Leuten begegnet, darunter bemerkenswerten Menschen, außergewöhnlichen Persönlichkeiten, Männern und Frauen von seltenen Fähigkeiten und Talenten; Künstler und Staatsmänner habe ich kennengelernt, Gelehrte und Forscher und Könige, aber niemals jemanden wie meine Mutter. Sie beherrscht die Erinnerung an meine Kindheit und Jugend ganz und gar, und sie ist mir all die Jahre hindurch immer gegenwärtig geblieben. Unter Umständen aller Art, in Zeiten der Bedrängnis, wann immer wichtige Entscheidungen zu treffen waren, habe ich mich stets gefragt, was meine Mutter in diesem Falle tun würde, und dementsprechend habe ich dann gehandelt. Meine Mutter ist jetzt seit vierzig Jahren tot, aber auch weiterhin leitet sie mich und steht mir bei. Auch jetzt noch.

Meine Mutter wurde in Mayagüez auf Puerto Rico geboren. Ihre Eltern stammten aus Katalonien und gehörten beide vornehmen katalanischen Familien an. Als sie noch ein junges Mädchen war, eben erst

Die Mutter: Pilar Defilló de Casals

achtzehn Jahre alt, reiste sie in Begleitung ihrer Mutter nach Spanien, um in Vendrell Verwandte zu besuchen. Ihr Vater war schon gestorben. Als überzeugter Demokrat hatte er sich dem Druck des autokratischen spanischen Regimes auf Puerto Rico widersetzt. Liberale wurden damals verfolgt und gefoltert, und als er solchen Prüfungen nicht mehr gewachsen war, beging dieser wackere Mann Selbstmord. Ein Bruder meiner Mutter gab sich ebenfalls und aus denselben Gründen den Tod mit eigener Hand. Damals machte das puertoricanische Volk schwere Zeiten durch.

In Vendrell lernte meine Mutter meinen Vater kennen. Er war damals Anfang Zwanzig, war Organist an der Kirche und gab Klavierstunden. Meine Mutter wurde eine seiner Schülerinnen, und die beiden verliebten sich ineinander. Als sie verheiratet waren, gab Mutter ihre hübschen Kleider weg und begann einfache und billige Stoffe zu tragen. Das war ihre Art zu zeigen, daß sie nun die Frau eines armen Mannes war. Jahre später, als mein Vater tot war, und ich schon Karriere gemacht hatte, ging ich einmal zu ihr und sagte: »Mutter, du bist so schön, du solltest Schmuck tragen. Wie wäre es mit einer kleinen Brosche aus Perlen? Bitte, laß mich dir eine schenken!« Sie antwortete: »Pablo, du verdienst jetzt und wirst immer mehr verdienen. Aber ich werde immer die Frau eines armen Mannes bleiben.« Und damit war die Schmuckfrage erledigt. So war sie eben.

Zur Zeit ihrer Verheiratung gab es in Vendrell keine nennenswerte ärztliche Versorgung. Wenn Kinder auf die Welt kamen, betätigte sich die Frau eines Kohlenhändlers als Hebamme. Daß dieser gute Mann etwas von Kohlen verstand, bezweifle ich nicht, aber seine Frau wußte herzlich wenig von Geburtshilfe. Viele Kinder fielen Infektionen oder anderen Komplikationen zum Opfer. Allein sieben der elf Kinder meiner Mutter starben bei der Geburt. Ich selbst wäre um ein Haar dabei umgekommen, denn die Nabelschnur hatte sich um meinen Hals gewickelt, mein Gesicht war schwarz, und ich wäre beinahe erstickt. Obwohl meine Mutter ein weiches Herz hatte, sprach sie niemals über den Tod ihrer Kinder.

Für meine Mutter gab es keine höhere Instanz als das eigene Gewissen. »Im Grunde genommen halte ich nichts von Gesetzen«, pflegte sie zu sagen und wollte damit ausdrücken: Gewisse Gesetze mögen ja ihre

Meriten haben, aber andere taugen ganz und gar nichts. Was Recht und was Unrecht ist, muß letztlich jeder mit sich selber ausmachen. Sie wußte, daß es Gesetze gibt, die manche Leute begünstigen und andere benachteiligen, wie dies im heutigen Spanien der Fall ist. Die Rechtsprechung erfolgt dort ganz allgemein zum Wohle der wenigen und zum Schaden der Massen. Sie wußte das, ohne es erst lernen zu müssen. Stets blieb sie ihren Grundsätzen treu und richtete sich nicht nach dem, was andere sagten; sie wußte selber, was recht war. Als mein Bruder Enrique neunzehn wurde, bekam er seinen Einberufungsbefehl zur spanischen Armee, und das war den damaligen Gesetzen zufolge Rechtens. Er ging zu meiner Mutter. Ich war schon dort, und was ich nun miterlebte, hat sich mir unauslöschlich ins Gedächtnis geprägt. »Mein Junge«, sagte sie zu Enrique, »du hast niemanden umzubringen, und niemand hat dich umzubringen. Dazu habe ich dich nicht in die Welt gesetzt, weder zum Umbringen noch zum Umgebrachtwerden. Geh, verlaß dieses Land.« Und so floh Enrique aus Spanien und ging nach Argentinien. Meine Mutter hegte für Enrique besondere Zärtlichkeit, denn er war das jüngste ihrer Kinder, aber erst nach elf Jahren sah sie ihn wieder. Er kehrte in die Heimat zurück, als eine Amnestie für diejenigen erlassen worden war, die sich gegen das Einberufungsgesetz vergangen hatten. Wenn alle Mütter der Welt ihren Söhnen sagen würden: »Wir haben euch nicht geboren, damit ihr mordet oder selbst gemordet werdet. Geht nicht in den Krieg!« – es gäbe, glaube ich, keine Kriege mehr.

Als meine Mutter meinen Bruder Enrique außer Landes gehen ließ, lag ihr nicht bloß daran, das Leben ihres Sohnes zu retten. Ihr kam es darauf an, das Rechte zu tun. Einmal brach in unserer Gegend eine Choleraepidemie aus. Es war eine schreckliche Heimsuchung. Man sah Leute, als ob nichts wäre, herumgehen, unterhielt sich mit ihnen – und eine Stunde später waren sie tot. Tausende starben im Bezirk, viele in Vendrell, darunter fast alle Ärzte. Wir zogen dann nach San Salvador, aber mein Bruder Luis, der damals knapp achtzehn Jahre alt war, kehrte jede Nacht nach Vendrell zurück, um aus den Häusern, in denen es Choleratote gegeben hatte, die Leichen zu holen und auf den Friedhof zu bringen. »Einer muß es ja tun«, sagte er. Die Gefahr, sich dabei anzustecken, war groß. Meine Mutter wußte natürlich sehr wohl, daß er täglich sein Leben aufs Spiel setzte, sagte aber nie ein Wort (wirklich kein einziges Wort!), um ihn von etwas abzuhalten, von dem er meinte, er müsse es tun. Bei ihr gab es nicht zweierlei Maß. Sie war völlig kompromißlos, und dabei blieb es. Wie sie im kleinen handelte, so handelte sie im großen.

Für pedantische Vorschriften hatte sie nichts übrig. Als junger Mann gab ich viele Konzerte und hatte mehrere Bankkonten, darunter eines in Barcelona. Die Einzahlungsquittungen pflegte ich meiner Mutter zur Aufbewahrung zu geben, die sie dann wegschloß. Eines Tages forderte mich die Bank auf, eine Quittung vom letzten Jahr vorzulegen. Ich fragte meine Mutter, sie schaute nach, konnte sie aber nicht finden.

Ich sagte: »Mutter, weißt du, sie wollen die Quittung nun mal sehen.«

»Wieso, Pablo?«

»Das ist Vorschrift.«

»Vorschrift? Wissen die denn nicht, daß das Geld dir gehört?«

»Freilich wissen sie's.«

»Pah! Wozu dann die Quittung? Sag ihnen, sie wüßten doch, daß das Geld dir gehört.«

Ich erklärte der Bank, daß ich die Quittung nicht wiederfinden könne, und man sagte mir, es sei alles in Ordnung, ich brauche mich um die Sache nicht mehr zu kümmern.

»Und was habe ich dir gesagt?« sagte meine Mutter. »Siehst du, die Quittung war gar nicht nötig.«

Strenge Vorschriften galten ihr als töricht. So war sie in allem.

Als ich noch ein kleiner Junge war, sagte mein Vater zu mir: »Pablo, wenn du mal groß bist, wirst du Maschinen sehen, mit denen man fliegen kann. Denke daran, was ich dir jetzt sage. Ganz sicher wird es dazu kommen.« Heute scheint so etwas nicht mehr der Rede wert zu sein. Düsenflugzeuge fliegen schneller als der Schall über mein Haus – auf ihren eigenen Schall würde ich gerne verzichten! –, und die Kinder glauben fest daran, daß sie bald selber auf dem Mond landen werden. Aber als ich geboren wurde, war noch nicht einmal das Automobil erfunden. Mein Vater hatte eine rege Phantasie und einen forschenden Verstand. Musik war seine große Liebe, aber nur eines der Gebiete, die ihn interessierten. Physik faszinierte ihn, und naturwissenschaftliche Entdek-

Der Vater: Carlos Casals

kungen hatten es ihm vor allem angetan. Er war in Barcelona geboren und lebte als Erwachsener die ganze Zeit in Vendrell; Reisen konnte er sich nicht leisten, aber irgendwie gelang es ihm, sich ausländische Zeitschriften zu verschaffen, hauptsächlich aus Frankreich, und so hielt er sich über die jüngsten Forschungsergebnisse auf dem laufenden. Er selbst war ungewöhnlich geschickt mit den Händen und konnte so gut wie alles machen, wenigstens schien es mir so. In unserem Haus gab es eine besondere Werkstatt, die verschlossen gehalten wurde. Viele Stunden verbrachte er dort. Er verfertigte Holzarbeiten aller Art, aber mit anderen Materialien konnte er genausogut umgehen; er war der geborene Handwerker. Einmal machte er mir ein Fahrrad. Sogar eine hölzerne Uhr konstruierte er. Sie hängt heute noch in meinem Haus in San Salvador. Ich habe sie nicht mehr wiedergesehen, seit ich vor dreißig Jahren ins Exil ging. Er war bei der Arbeit sehr sorgfältig, ganz Perfektionist. In allem war er geduldig. Dabei litt er schwer an Asthma, aber er beklagte sich nie. Er war ein ruhiger, freundlicher Mann; ich entsinne mich nicht, je ein lautes Wort aus seinem Mund gehört zu haben. Dabei war er in seinen Überzeugungen durch nichts zu erschüttern, ein leidenschaftlicher Liberaler. Während der karlistischen Kriege in Katalonien hatte er für die Sache der Republikaner sein Leben gewagt. Das war kurz bevor er meine Mutter heiratete. Daß er ein unbeirrbarer Befürworter der katalanischen Autonomiebestrebungen war, versteht sich von selbst.

Musik bestimmte sein Leben. Hätte er eine solide musikalische Ausbildung genossen, er hätte ein tüchtiger Komponist werden können oder ein Pianist von Rang. Aber er war mit dem, was er war, ganz zufrieden und begnügte sich damit, in Vendrell Organist an der Kirche zu sein, Klavier- und Gesangsstunden zu geben, Lieder und andere Musikstücke zu komponieren. Er rief einen kleinen Gemeindechor ins Leben – das ist jetzt ungefähr hundert Jahre her, und der Chor existiert immer noch! – und spielte im Dorfe bei allerlei festlichen Gelegenheiten auch zum Tanz auf. Auch in diese Musik legte er noch sein ganzes Herz und seine ganze Seele. Er strebte nach Schönheit; Überheblichkeit war ihm fremd.

Mein Vater erkannte meine musikalische Begabung schon in meiner Kindheit, aber er war selbst so sehr Musiker, daß er es einfach als selbstverständlich voraussetzte, einen musikalischen Sohn zu haben. Nie sagte er: »Mein Junge ist ja so musikalisch«, oder sonst etwas Derartiges. Mein gewandtes Spielen und Komponieren, schon in frühester Jugend, hielt er für nichts Außergewöhnliches; er fand das ganz natürlich. Die Haltung meiner Mutter war da völlig anders. Auch sie sprach nie über mein Talent, war aber überzeugt, ich hätte eine besondere Begabung mitbekommen, und es müsse alles getan werden, sie zu fördern. Mein Vater glaubte nicht, daß ich mit Musik mein Leben fristen könnte. Aus Erfahrung wußte er, wie hart dieses Leben ist, und meinte, ein Gewerbe wäre praktischer, und er plante in der Tat, als ich noch ein kleiner Junge war, mich später einem ihm befreundeten Tischler in die Lehre zu geben. Immer habe ich Handarbeit als etwas Schöpferisches empfunden und ihr Respekt erwiesen, mehr noch: Ich habe Leute, die mit den Händen arbeiten, immer bewundert. Ihre schöpferische Begabung scheint mir derjenigen eines Geigers oder Malers in keiner Weise nachzustehen. Sie ist nur anders, das ist alles. Und wenn es nicht nach meiner Mutter gegangen wäre, die fest an meine Berufung zum Musiker glaubte, hätte ich durchaus Tischler werden können – kein sehr guter, fürchte ich! Anders als mein Vater habe ich es nie geschafft, etwas zusammenzubasteln, und selbst bei den einfachsten manuellen Arbeiten versagt. Erst neulich habe ich es nicht fertiggebracht, eine Pakkung Quark zu öffnen. Ich war ganz außer mir und sagte meiner lieben Frau: »Marta, du weißt doch, ich kann nichts mit den Händen machen!« Sie antwortete, das stimme nicht so ganz, und deutete auf mein Cello in der Ecke. Natürlich hat sie recht – es gibt schon einen Ausgleich.

# EINE WEIHNACHTSGESCHICHTE

Immer hat die Weihnachtsgeschichte für mich eine besondere Bedeutung gehabt.

Eine meiner frühesten kompositorischen Arbeiten – ich war damals sechs oder sieben Jahre alt – war die Musik, die mein Vater und ich für eine Aufführung von *Els Pastorets,* der »Anbetung der Hirten«, schrieben. Das Krippenspiel fand im *Centro Católico* in Vendrell statt, und ich spielte darin die Rolle des Teufels, der – recht teuflisch, wie man sich denken kann – allerlei Ränke schmiedet, um die Hirten und die Könige aus dem Morgenland daran zu hindern, nach Bethlehem zu gelangen.

Mehr als siebzig Jahre danach, als ich nach dem Spanischen Bürgerkrieg bereits im Exil lebte, machte ich es mir zur Gewohnheit, alle meine Konzerte und Musikfestspiele mit einem alten katalanischen Volkslied zu beschließen, das in Wirklichkeit ein Weihnachtslied ist. Es heißt *El Cant del Ocells,* »Der Gesang der Vögel«. Seither ist diese Melodie zum Lied der heimwehkranken spanischen Flüchtlinge geworden. Heute besitze ich in dem Dorfe Molitg-les-Bains in den französischen Pyrenäen unmittelbar neben dem *Grand Hôtel Thermal* mit seiner schönen Mineralquelle ein Landhaus, in dem ich in den letzten Jahren während der Musikfestspiele in Prades gewohnt habe. Der Hotelbesitzer hat in einem Turm fünfzehn Glocken zu einem Glockenspiel anordnen lassen, für das ich den »Gesang der Vögel« eingerichtet habe; und nun ist diese bezwingende Melodie stündlich zu hören, stündlich werfen die Berge ihr Echo zurück. Auf der größten Glocke sagt eine Inschrift: »Ich besinge in diesem Lied Sorge und Heimweh der Katalanen.« Und weiter heißt es: »Möge es für sie morgen zu einem Lied des Friedens und der Hoffnung werden.«

Vor zehn Jahren, als der (wie ihn die Leute nennen) Kalte Krieg sich intensivierte und die Furcht vor einem Atomkrieg die ganze Welt erfaßte, begann ich einen Kreuzzug für den Frieden – einen Kreuzzug auf eigene Faust mit der einzigen Waffe, die mir zur Verfügung steht, mit meiner Musik. Wieder war es die Weihnachtsgeschichte, die ich aufschlug. Ich hatte ein Weihnachts-Oratorium mit dem Titel *El Pessebre* geschrieben, »die Krippe«. Der Text stammte von meinem alten Freunde, dem katalanischen Schriftsteller Joan Alavedra. Ich brachte das Oratorium in den Hauptstädten vieler Länder zur Aufführung. Mit dieser Musik versuchte ich, die Aufmerksamkeit auf all das Leiden zu lenken, das die Menschheit bedrückt, auf die fürchterlichen Gefahren eines Atomkrieges, aber auch auf das Glück, das uns Menschen beschert ist, wenn wir alle brüderlich und friedlich zusammenarbeiten. Zu mir spricht die alte Weihnachtsgeschichte gerade im nuklearen Zeitalter mit besonderer Eindringlichkeit.

Wie schön und zart ist diese Erzählung mit ihrer Ehrfurcht vor dem Leben, ihrer Ehrfurcht vor dem Menschen, der Krone der Schöpfung! Man denke nur an die Symbolik, die darin waltet: Das Symbol Mutter und Kind, das Geburt und Zeugung versinnbildlicht, das Symbol der Hirten, einfache Leute, die hart arbeiten müssen und die das Neugeborene verehren, weil es eine freudenvolle Welt verheißt, das Symbol des Friedensfürsten, der nicht in einem Palast, sondern in einem Stall zur Welt kommt. Wie einfach das alles ist, und doch voll tiefer Bedeutung!

Und welche Verbundenheit mit der Natur! In dem katalanischen Weihnachtslied »Der Gesang der Vögel« bringen sogar die Adler und die Sperlinge, die Nachtigallen und die kleinen Zaunkönige dem Kind einen Willkommensgruß dar und besingen es als Blume, die jedermann auf Erden mit ihrem süßen Duft entzücken wird. Und Drosseln und Hänflinge verkünden, daß der Frühling gekommen ist und die Bäume ausschlagen und das Laub ergrünt. In *El Pessebre* singt der Fischer:

»Im Bache, dem schnellen,
da schau'n mir in Ruh
aus spiegelnden Wellen
die Fischlein zu.

Sie springen im Tanze
im funkelnden Glanze
und leuchten und blitzen
wie Silber und Gold.«

Aber Alavedra weiß um die Leiden der Menschen, und so durchzieht seine ganze Weihnachtserzählung die Vorahnung dessen, was das Kind eines Tages wird zu erdulden haben; und sie findet Ausdruck im Lied einer Frau, die für die Zeiten künftiger Pein und Qual ein Leichentuch webt.

Zum Beschluß singen Engel und Hirten gemeinsam: »Ehre sei Gott! Friede auf Erden! Nie wieder Krieg! Friede für alle Menschen!«

Wie gesagt: Ich war sieben, als ich an meiner ersten Komposition auf die Weihnachtserzählung arbeitete, aber ich kannte die Geschichte natürlich schon vorher. Eine meiner frühesten und unauslöschlichsten Erinnerungen knüpft sich an eine Christmette in der Kirche zu Vendrell. Ich war damals fünf Jahre alt und hatte vor ein paar Monaten begonnen, im Chor mitzusingen. In Vendrell gab es keine Mitternachtsmesse, und so sollte ich Weihnachten in der *misa del gallo*, der »Hahnenrufmesse«, einsingen, die um fünf Uhr morgens gelesen wurde. Nachts zuvor tat ich kaum ein Auge zu, und es war noch stockdunkel, als mein Vater in mein Zimmer trat und mir sagte, ich solle aufstehen, wir müßten in die Kirche. Als wir aus dem Hause traten, war es finster und kalt – so kalt, daß mir, obwohl ich bis zum Halse warm verpackt war, die Kälte durch meine Kleider drang und ich beim Gehen erschauerte – freilich nicht allein der Kälte wegen. Es war alles so geheimnisvoll; ich fühlte, etwas Wunderbares werde sich ereignen. Hoch uns zu Häupten war der Himmel voller Sterne, und als wir schweigend unseres Weges gingen, hielt ich meinen Vater an der Hand und fühlte, er war mein Beschützer und Führer. Das Dorf lag in völliger Stille, und in den dunklen, engen Gassen bewegten sich schattenhafte Figuren gespenstisch und auch sie in völligem Schweigen in Richtung der Kirche unter dem sternklaren Nachthimmel. Da plötzlich: ein Schwall von Licht, das durch die geöffneten Kirchenportale flutete. Wir begaben uns in dieses Licht und traten in die Kirche – schweigend, wie alle anderen

Leute auch. Mein Vater spielte Orgel, und als ich sang, war es mein Herz selbst, das da sang, und alles, was mich bewegte, ergoß sich in diesen Gesang.

Von frühester Kindheit an war ich von Musik umgeben. Man könnte sagen, daß Musik für mich ein Ozean war, in dem ich kleiner Fisch umherschwamm. Musik war in mir und um mich herum; sie war die Luft, die ich atmete, sobald ich laufen konnte. Meinen Vater Klavier spielen zu hören, war für mich hellstes Entzücken. Als ich zwei oder drei Jahre alt war, saß ich immer neben ihm auf dem Boden, wenn er spielte, und preßte meinen Kopf gegen das Klavier, um den Klang noch voller in mich aufzunehmen. Ich konnte rein singen, noch ehe ich verständlich sprechen gelernt hatte; Töne waren mir ebenso vertraut wie Worte. Mein Vater pflegte meinen kleinen Bruder Artur und mich vor das Klavier zu stellen – wir waren zu klein, um auf die Tasten sehen zu können – und stellte sich selbst mit dem Rücken zur Tastatur, griff mit beiden Händen hinter sich in die Tasten und schlug aufs Geratewohl einen Akkord an. »Nun, was habe ich eben gespielt?« fragte er dann, und wir hatten alle Einzeltöne des dissonanten Akkordes zu benennen, den er angeschlagen hatte. Und schon folgte der nächste Akkord. Artur war zwei Jahre jünger als ich, er starb mit fünf Jahren an Gehirnhautentzündung. Er war ein reizendes kleines Bübchen und hatte von uns beiden das schärfere musikalische Gehör.

Klavier zu spielen begann ich mit vier, und ich bin froh, daß ich gerade mit dem Klavier anfing. Für mich ist es das beste aller Instrumente – jawohl! –, trotz meiner Liebe zum Cello. Auf einem Klavier läßt sich alles, was je geschrieben wurde, spielen. Geiger haben zwar ein vergleichsweise großes Repertoire, aber viele von ihnen haben oder nehmen sich nicht die Zeit, kennenzulernen, was die Komponisten für andere Soloinstrumente oder für Orchester geschrieben haben. So gesehen sind viele unter ihnen keine Vollmusiker. Mit dem Klavier verhält es sich anders; dieses Instrument schließt alle anderen in sich ein. Und darum sollte jeder, der sein Leben der Musik widmen will, lernen, Klavier zu spielen, ob er nun ein anderes Instrument bevorzugt oder nicht. Ich kann von mir sagen, daß ich ein guter Pianist war – freilich, ich fürchte, ich bin es heute nicht mehr. Meine Technik hat nachgelassen. Trotzdem spiele ich nach wie vor jeden Morgen Klavier.

Von meinem Vater lernte ich Klavier spielen, bei ihm hatte ich die ersten Kompositionsstunden; er lehrte mich auch Gesang. Ich war fünf Jahre alt, als ich im Kirchenchor den zweiten Sopran mitsingen durfte. Das war ein denkwürdiges Ereignis in meinem Leben: ein richtiges Chormitglied zu sein und zu singen, während mein Vater Orgel spielte! Für jeden Gottesdienst erhielt ich ein Honorar, das sich auf etwa zehn Centavos belief, und so kann man sagen, daß dies meine erste berufliche Betätigung als Musiker darstellte. Ich nahm diese Pflicht sehr ernst und fühlte mich nicht nur für mein eigenes Singen verantwortlich, sondern auch für das der andern Chorknaben. Und wenn ich auch der jüngste unter ihnen war, scheute ich mich nicht, Einsätze zu geben (»Jetzt! Aufpassen bei dieser Note!«). Es sieht ganz so aus, als ob sich schon damals in mir der Dirigent geregt hätte.

Manchmal erwachte ich morgens beim Klang von Volksliedern; wenn die Dorfbewohner – Fischer und Weingärtner – zur Arbeit gingen, sangen sie. Auch wurde gelegentlich abends auf dem Dorfplatz getanzt, und manchmal gab es Feste, an denen die *gralla* gespielt wurde. Die *gralla* ist ein Rohrblattinstrument (wie ich meine: maurischen Ursprungs), ähnelt einer Oboe und hat einen sehr durchdringenden Ton. Jeden Tag hörte ich meinen Vater Klavier oder Orgel spielen: seine eigenen Lieder, Kirchenmusik, Kompositionen der großen Meister. Er nahm mich zu allen Gottesdiensten mit, Gregorianischen Choral, Kirchenlieder und Orgelimprovisationen hörte ich alle Tage. Und dann gab es natürlich noch die wundervollen Klänge in der Natur, das Rauschen des Meeres, den Wind, der durch das Laub wehte, das zarte Zwitschern der Vögel, die Melodie der menschlichen Stimme, die nicht nur beim Singen, sondern auch beim Sprechen unendlicher Modulationen fähig ist. Welch ein Reichtum an Musik! Ich ließ mich von ihr tragen, sie war meine geistige Nahrung.

Alle Instrumente erregten meine Neugier, alle wollte ich spielen. Als ich sieben Jahre alt war, spielte ich Geige, mit acht spielte ich bereits in einem Konzert in Vendrell einen Solopart. Vor allem sehnte ich mich danach, Orgel spielen zu dürfen. Aber mein Vater sagte, ich könne es nicht, solange meine Füße noch nicht bis zum Pedal hinabreichten. Wie ich diesen Tag herbeisehnte! Ich bin nie sehr groß gewesen, und die anderen Kinder wuchsen schneller als ich, so mußte ich länger als alle meine Kameraden warten, bis es auch bei mir soweit war. Und diese Wartezeit nahm kein Ende! Ich versuchte es immer wieder, setzte mich allein in der Kirche auf die Orgelbank und streckte meine Füße aus, aber ach, ich wuchs darum um nichts schneller. Der große Augenblick kam endlich, als ich neun Jahre alt war. Ich rannte zu meinem Vater und sagte es ihm: »Vater, ich komme ans Pedal.« Er sagte: »Laß sehen!« Ich streckte meine Füße aus, und sie berührten es tatsächlich, zwar nur mit knapper Not, aber es reichte gerade hin. Mein Vater sagte: »Schön, nun darfst du Orgel spielen.« Es war ein feines Instrument, so alt wie Bachs Orgel in Leipzig. Es steht heute noch in der Kirche von Vendrell.

Bald lernte ich gut genug Orgel spielen, um gelegentlich für meinen Vater einspringen zu können, wenn er krank oder anderweitig beschäftigt war. Einmal, als ich mit Spielen fertig war und die Kirche verließ, sprach mich ein Freund meines Vaters, ein Schuhmacher, an mit den Worten: »Wie großartig dein Vater heute wieder einmal gespielt hat!« Zu dieser Zeit arbeiteten die Schuhmacher in unserem Dorf auf der Straße: da saßen sie auf ihrem Schemel. Dieser Mann war außerhalb der Kirche bei der Arbeit gesessen und hatte zugehört. Ich sagte dem Schuhmacher, meinem Vater gehe es nicht gut, der gespielt habe, das sei ich. Zuerst wollte er mir nicht glauben, aber ich versicherte ihm, daß es sich so verhalte. Er rief seine Frau und sagte ihr in großer Erregung: »Das war nicht Carlos, der heute Orgel gespielt hat. Du wirst es nicht glauben, es war Pablito.« Der Schuhmacher und seine Frau schlossen mich in ihre Arme und küßten mich; dann nahmen sie mich mit ins Haus und gaben mir Kekse und Wein.

In jenen Tagen zogen fahrende Musikanten in Gruppen von Dorf zu Dorf, die sich kümmerlich durchschlugen und von dem lebten, was die Dorfbewohner an Geld erübrigen konnten. Sie spielten auf der Straße und bei dörflichen Tanzvergnügungen, oft ließen sie sich, in bizarre Kostüme gehüllt, auf den mannigfaltigsten, seltsamsten und oft selbst gefertigten Instrumenten hören, und immer fieberte ich ihrer Ankunft entgegen. Eines Tages kam eine Kapelle von dreien solcher Musiker nach Vendrell; sie nannten sich *Los Tres Bemoles*, »die drei B's«. Ich bahnte mir meinen Weg durch die Menge, die sich auf dem Dorfplatz eingefunden hatte, um sie zu hören – drängelte, bis ich ganz vorne war und hockte mich dann glückselig auf das Kopfsteinpflaster. Schon ihr Aufzug entzückte mich – sie waren als Clowns verkleidet –, und ich hörte verzaubert auf jeden Ton, den sie spielten. Vor allem faszinierten mich ihre Instrumente. Sie führten Mandolinen mit sich, Glokken, Gitarren, selbst Instrumente, die aus Küchengeschirr wie Teekannen, Tassen und Gläsern bestanden. Ob das die Vorläufer jener merkwürdigen neumodischen Bumsinstrumente waren, wie man sie heutzutage in Jazzkapellen antrifft? Ein Mann spielte auf einem Besenstiel, der wie ein Cello mit Saiten bespannt war, übrigens hatte ich damals noch nie ein Cello gesehen, geschweige gehört. Aus irgendeinem Grund – Vorahnungen mögen da mit im Spiel gewesen sein – faszinierte mich dieses Besenstielinstrument mehr als alle anderen. Ich konnte den Blick nicht davon wenden. Für mich klang es ganz herrlich. Als ich nach Hause kam, erzählte ich atemlos meinem Vater davon. Er mußte lachen, aber ich lag ihm so lange in den Ohren, bis er sagte: »Einverstanden, Pablo, du sollst auch ein solches Instrument haben. Ich mach' dir eins.« Und das tat er auch, nur daß sein Instrument gegenüber der Besenstielkonstruktion beträchtliche Verbesserungen aufwies und noch viel schöner klang. Er schnitzte es aus einem Kürbis und bezog es mit einer einzigen Saite. Wenn Sie so wollen, war es mein erstes Cello. Ich besitze es noch in San Salvador, wo ich es in einer Glasvitrine aufbewahre wie einen Museumsschatz.

Auf diesem Eigenbau-Cello lernte ich viele der Lieder spielen, die mein Vater komponiert hatte, aber auch allerlei volkstümliche Weisen, die von außerhalb in unser Dorf gedrungen waren. Jahre später besuchte ich einmal das nahe liegende alte Kloster *Santa Creus* und traf dort einen alten Gastwirt, der sich, wie er sagte, noch gut daran erinnerte, wie er mich als neunjährigen kleinen Jungen dieses seltsame Instrument im Kreuzgang des Klosters spielen hörte. Und auch ich entsann mich jener Nacht, da ich im Mondlicht spielte, und die Töne im Schatten der Säulen hallten, bis sie die hell beschienenen halbzerfallenen Klostermauern als Echo zurückwarfen.

Ich sehe nichts Besonderes in der Tatsache, daß ich im Alter von elf Jahren Künstler war. Ich hatte angeborenes Talent und Musik im Leibe, das ist alles. Mein persönliches Verdienst ist es nicht. Das einzige, dessen wir uns rühmen dürfen, ist ja nicht unser Talent, sondern was wir daraus machen. Darum dringe ich bei jungen Musikern auch immer darauf: »Bildet euch ja nichts ein auf euer Talent! Dafür könnt ihr nichts; nur was ihr daraus macht, zählt. Talent ist eine Gottesgabe, haltet sie in Ehren, anstatt sie in den Schmutz zu ziehen oder zu verschleudern. Arbeitet – arbeitet unermüdlich an diesem euren Talent, hegt es und pflegt es!«

Natürlich ist die Gabe, die wir vor allem in Ehren halten müssen, das Leben selber. Unsere Arbeit sollte nichts anderes sein als eine Huldigung an das Leben.

# AUFBRUCH

Als ich elf Jahre alt war, hörte ich zum ersten Male Cello spielen; seither habe ich ein zärtliches Verhältnis zu diesem Instrument, dem ich ein Leben lang treu geblieben bin. Ein Trio hatte sich zu einem Konzert in Vendrell angesagt, ein Pianist, ein Geiger und ein Cellist. Mein Vater nahm mich mit ins Konzert, das im kleinen Saal des Centro Católico stattfand; Zuhörer waren die Leute aus dem Städtchen, die Fischer und Bauern, die, wie immer bei solchen Gelegenheiten, ihren Sonntagsstaat angelegt hatten. Der Cellist war Josep García, ein Lehrer an der Städtischen Musikschule in Barcelona, ein schöner Mann mit hoher Stirn und einem »Es-ist-erreicht«-Schnurrbart. Seine Gestalt paßte irgendwie zu seinem Instrument. Als ich sein Cello erblickte, war ich fasziniert; noch nie hatte ich so etwas gesehen. Als dann der erste Ton aufklang, war ich vollends überwältigt; es war, als ob mir die Luft wegbliebe. Dieser Cello-Klang hatte etwas so Zartes, Schönes, Menschliches, ja, so Menschliches an sich. Nie zuvor hatte ich solch schönen Ton vernommen. Glanz erfüllte mich. Als das erste Stück vorbei war, sagte ich zu meinem Vater: »Vater, das ist das wundervollste Instrument, das ich je gehört habe, das will ich spielen!« Nach dem Konzert redete ich unablässig vom Cello und lag meinem Vater in den Ohren, mir eines zu besorgen. Von jener Zeit an – mehr als achtzig Jahre ist es her – war ich mit diesem Instrument verheiratet. Für den Rest meines Lebens sollte es mir Freund und Lebensgefährte werden. Natürlich hatte ich Freude an Geige und Klavier, auch an anderen Instrumenten, aber das Cello war für mich immer etwas ganz Besonderes und Einzigartiges. Ich begann, meine Geige beim Spiel wie ein Cello zu halten.

Meine Mutter verstand, was sich da ereignet hatte. Sie sagte meinem Vater: »Pablo ist so begeistert vom Cello, daß er die Möglichkeit haben muß, es richtig zu erlernen. Hier in Vendrell gibt es keinen Lehrer, der ihm das ordentlich beibringen könnte. Wir müssen dafür sorgen, daß er in die Städtische Musikschule in Barcelona aufgenommen wird.«

Mein Vater fiel aus allen Wolken. »Wovon, um Himmels willen, redest du?« fragte er. »Pablo nach Barcelona? Wir haben einfach das Geld nicht dazu.«

Meine Mutter meinte: »Das wird sich finden. Ich werde ihn hinbringen. Pablo ist ein Musiker; Musik steckt ihm im Blut, dazu ist er berufen. Irgendwo muß er ja hingehen. Ich sehe keine andere Wahl.«

Mein Vater war ganz und gar nicht überzeugt; er sah mich tatsächlich schon als Tischler, der in diesem Beruf sein Auskommen haben würde. »Du hast Anwandlungen von Größenwahn«, sagte er zu meiner Mutter.

Die Unterhaltungen über dieses Thema wurden immer häufiger und immer heftiger geführt, und das lag mir schwer auf der Seele. Ich fühlte mich am Zwist meiner Eltern schuldig und zerbrach mir den Kopf, wie ich dem ein Ende setzen könnte – vergeblich. Endlich gab mein Vater widerstrebend nach. Er schrieb einen Brief an die Städtische Musikschule in Barcelona und fragte an, ob man mich als Schüler annehmen würde. Er fügte hinzu, daß ich ein kleineres Cello benötigte, ein Dreiviertel-Cello, und bat um die Adresse eines Instrumentenmachers, der es für mich bauen könnte.

Die Schule antwortete zustimmend, und der Zeitpunkt meiner Abreise nach Barcelona rückte näher, aber immer noch wollte mein Vater nicht von seinen Befürchtungen lassen.

»Mein lieber Carlos«, sagte da meine Mutter zu ihm, »du kannst ganz ruhig sein, das ist alles in der Ordnung. Es mußte einfach so kommen, für Pablo gibt es nichts anderes.«

Mein Vater schüttelte nur den Kopf: »Ich kann und kann es nicht verstehen.«

Sie aber: »Ich weiß – aber bitte hab doch Vertrauen, du mußt es haben!«

Das war schon eine bemerkenswerte Sache. Meine Mutter hatte zwar etwas Musikunterricht gehabt, war aber natürlich in keiner Weise Musiker, wie das mein Vater war, und doch wußte sie, worin meine Zukunft lag. Von Anfang an muß sie es gewußt haben, jedenfalls glaube ich das. Es war, als ob eine besondere Feinfühligkeit sie geleitet hätte, als ob ihr Vorahnungen zuteil geworden wären. Was sie wußte, wußte sie; und immer handelte sie nach diesem besseren Wissen mit einer Festigkeit, Sicherheit und Kaltblütigkeit, die nie aufgehört haben, meine Bewunderung zu erregen. Aber das war nicht nur so während meiner Studienzeit in Barcelona, sondern auch noch in späteren Jahren und bei anderen Gelegenheiten, wenn ich in meiner Laufbahn wieder einmal an einem Kreuzweg angelangt war. Meinen jüngeren Brüdern Luis und Enrique ging es nicht anders; als sie noch Kinder waren, wußte sie schon, welchen Weg sie weiterhin einschlagen würden. Und später, als ich in vielen Teilen der Welt konzertierte und mir ein gewisser Erfolg beschieden war, war sie zwar glücklich, aber nicht eigentlich beeindruckt. Sie hatte nie daran gezweifelt, daß alles so kommen würde.

Im Laufe meines Lebens ist mir klargeworden, woran sie eigentlich glaubte, und auch ich meine: »Was geschehen soll, geschieht.« Natürlich bedeutet das nicht, daß wir nichts an dem ändern könnten, was wir sind oder werden sollen. Alles um uns ist in stetem Wechsel begriffen – so will es die Natur –, und wir selbst ändern uns unablässig, denn wir sind Teil dieser Natur; wir sind verpflichtet, an uns zu arbeiten, uns zum Guten hin zu verändern. Dennoch, fürchte ich, kann sich niemand seinem Schicksal entziehen.

Ich schied von Vendrell mit recht gemischten Gefühlen. Vendrell war meine Heimat, die Stätte meiner Kindheit. Die krummen Gäßchen, die ich mit meinem Fahrrad durchfuhr, unser kleines Haus mit dem Wohnzimmer, in dem mein Vater Klavier übte und Stunden gab, die Kirche, wo ich so viele freudenvolle Stunden erlebt hatte, meine Schulkameraden, mit denen ich raufte und spielte – all das war mir lieb und vertraut, und ich mochte es nicht lassen. Schließlich war ich erst elfeinhalb; selbst für einen Musiker ist das noch kein Alter. Barcelona liegt nur ungefähr achtzig Kilometer von Vendrell entfernt, aber mir war, als werde ich in ein fremdes Land verschlagen. Wie würde es dort sein? Wo würde ich wohnen? Wer würden meine Freunde und Lehrer sein? Zugleich zitterte ich natürlich vor Erregung. Meine Mutter reiste mit mir zusammen im Zug. Als mein Vater mich am Bahnhof zum Abschied zärtlich umarmte, versuchte ich, mir die Worte ins Gedächtnis zu rufen, die er mir einmal gesagt hatte, als ich von einem Hund gebissen worden war und ins Krankenhaus mußte: »Sage dir selber vor: Männer weinen nicht!«

So kam ich also vor achtzig Jahren nach Barcelona. Damals wie heute war es eine große und sich immer weiter ausdehnende Stadt mit belebten Straßen und bunten Cafés, Parks und Museen; mit überfüllten Läden und geschäftigen Kais, wo Schiffe aus aller Herren Ländern vor Anker lagen. In mehr als einem Sinne war dies für mich das Tor zur großen Welt. Einen bedeutsamen Abschnitt meines Lebens habe ich in dieser Stadt verbracht, mit deren prächtigen Bewohnern ich so viele freudige und schöpferische Stunden erlebt und mit deren Künstlern und Arbeitern ich mich so herzlich angefreundet habe; wo ich soviel menschlichem Edelmut begegnet bin und soviel menschlichem Leid. Ein halbes Jahrhundert später sollte es mir nicht erspart bleiben, diese teure Stadt von Faschisten belagert zu sehen, Bombenflugzeuge über ihren Dächern, Milizsoldaten in den Straßen, Sandsäcke überall ... Wie sollte ein Kind sich so etwas auch nur träumen lassen!

Meine Mutter brachte mich in die Städtische Musikschule in Barcelona und kehrte nach Vendrell zurück; nach etwa einem Monat wollte sie wiederkommen und dann bei mir in Barcelona bleiben. Sie hatte sich mit entfernten Verwandten abgesprochen, bei denen ich wohnen sollte; mit einem Tischler und seiner Frau, die in einem Arbeiterviertel, einem der älteren Quartiere der Stadt, lebten. Es waren freundliche und nette Leute, die mich wie ihr eigenes Kind behandelten. Der Tischler – Benet hieß er – war ein phantastischer Mensch. Nicht groß gewachsen, aber völlig furchtlos, war er so etwas wie ein Kreuzfahrer, der einen Ein-Mann-Feldzug gegen das Verbrechertum führte. Ich kam eines Tages dahinter, als er eine Schublade öffnete. Zu meinem Erstaunen sah ich, daß sie voller Messer und Pistolen war, und fragte ihn verwundert, wozu all diese Waffen gut sein sollten. Da erzählte er mir von seiner einzigartigen Freizeitbeschäftigung, zu der er sich berufen fühlte: Fast jeden Abend, wenn er nach Arbeitsschluß zu Abend gegessen hatte, verschwand Benet aus seinem Hause und begab sich in die übelsten Viertel der Stadt; und damals geschahen in Barcelona viele Verbrechen. Alles, was er an Waffen bei sich trug, war ein schwerer Eschenstock – in seinen Händen eine furchtbare Waffe –, ihn hielt er (nicht allzu offensichtlich, aber doch deutlich erkennbar) vor sich hin, wenn er die stadtbekannten Kriminellen stellte, Räuber, Diebe und andere Desperados. Einen von diesen nahm er sich vor und sagte ihm auf den Kopf zu: »Du bist ein schlechter Mensch, du hast das und das angestellt. So geht das nicht weiter mit dir; sofort gibst du mir deine Pistole!« (oder das Messer, je nachdem). Die Verbrecher kannten Benets Ruf, hatten Respekt vor ihm und gehorchten ihm gewöhnlich. Manche von ihnen weigerten sich freilich, und dann machte er von seinem Stock Gebrauch. Eines Nachts kam er mit einem Messerstich nach Hause. Er zuckte die Achseln. »Nicht der Rede wert«, sagte er zu seiner Frau und mir, »morgen bringe ich die Sache ins reine.« In der folgenden Nacht kam er nach Hause und lächelte vergnügt vor sich hin. »Ich habe mit diesem Kerl meine Rechnung beglichen«, sagte er. Er war ein sonderbarer Heiliger, könnte man sagen; er machte auf mich einen gewaltigen Eindruck.

Gleich nach meiner Ankunft in Barcelona holte ich mir das kleine Cello ab, das mein Vater in Auftrag gegeben hatte. Der Instrumentenmacher war ein sehr tüchtiger Mann Anfang Dreißig, der Maire hieß. Als er mir das Cello überreichte, drückte er mir auch einen Bogen in die Hand. Nie hatte ich vorher ein Cello in Händen gehalten, aber ich spielte sofort etwas darauf. Maire war erstaunt und erfreut.

Ich arbeitete sehr hart in der Musikschule, studierte Harmonielehre und Kontrapunkt, auch Komposition ebenso wie Cello und Klavier. Mein Lehrer war derselbe Josep García, dessen Spiel in Vendrell auf mich einen so tiefen Eindruck gemacht hatte. Er war Mitglied der ausgezeichneten Familie García und mit dem berühmten Manuel García, dem Sänger, Komponisten, Schauspieler und Lehrer, verwandt, der die vielleicht außergewöhnlichste Sängerfamilie gründete, die es je gegeben hat; seine Töchter waren die große Maria Malibran und die große Pauline Viardot, sein Sohn Manuel, wie er selbst Gesangslehrer, erfand das Laryngoskop. Josep García war ein sehr guter Cellist – nie habe ich eine Hand schöner die Saiten greifen sehen! – und ein ausgezeichneter Lehrer. Er hielt sehr auf Disziplin, und obwohl er im Grunde ein milder und freundlicher Mann war, versetzte er manchmal seine Schüler in Angst. Während der Unterrichtsstunden gab er so gut wie nie ein Zeichen der Zustimmung. Aber manchmal, wenn ich spielte, wandte er mir den Rücken zu und verharrte lange in dieser Stellung. Wenn er sich mir dann wieder zuwandte, hatte sein Gesicht einen seltsamen Ausdruck. Damals verstand ich das alles nicht, aber später wurde es mir klar: Er war bewegt. Viele Jahre danach, als ich schon Karriere gemacht hatte, sah ich García in Buenos Aires, wohin er gezogen war. Welch freudiges Wiedersehen! Er war so stolz, mein Lehrer gewesen zu sein, und ich so dankbar für alles, was er mich gelehrt hatte, und auch für all die Zuneigung, die er mir geschenkt hatte. Als wir uns umarmten, weinten wir beide.

Als ich in der Schule in Barcelona war, begann ich einiges an der Technik des Cellospiels, wie sie bis dahin üblich gewesen war, zu verändern. Ich war damals erst zwölf Jahre alt, aber manche Dinge springen eben schon Kindern in die Augen. Und mir war es klar, daß ein Spiel mit steifem Arm – Ellbogen nahe am Körper – etwas Ungeschicktes und Unnatürliches an sich hatte. Aber so brachte man uns in jenen Tagen das Cellospiel bei. Man glaubt es nicht mehr, aber wir hatten beim Üben ein Buch unter die rechte Achselhöhle zu klemmen! Das alles hielt ich für Narretei. So begann ich, wenn ich zu Hause übte, eine Spielweise zu entwickeln, bei der beide Arme sich frei bewegten und nicht mehr jene verkrampfte und verkünstelte Haltung einnahmen. Auch hatte ich das Gefühl, daß das Fingerspiel und die Technik der linken Hand ganz allgemein verbessert werden könnten – damals spielte man mit verkrampfter linker Hand, die man unablässig auf und ab führen mußte, weil die Lagenwechsel es erforderten. Ich versuchte, mit geöffneter Hand zu spielen, ihre Griffweite zu vergrößern und zu dehnen, und fand dabei heraus, daß ich vier Töne nacheinander ohne Lagenwechsel zustande brachte, während die Cellisten bis dahin nur drei geschafft hatten. Als ich einige meiner Neuerungen in der Schule vorführte, war unter meinen Mitschülern die Verwirrung groß; auch mein Lehrer war zu Anfang eher ungehalten, aber da er wie gesagt ein verständiger Mann war, gelangte er allmählich zu der Ansicht: »Ist es auch Wahnsinn, hat es doch Methode.« Immerhin, heute braucht sich niemand mehr ein Buch unter den Arm zu klemmen, wenn er Cello lernen will.

Nach sechs Monaten Unterricht an dieser Schule hatte ich genügend Fortschritte gemacht, um eine Anstellung in einem Vorstadt-Café Barcelonas zu erlangen. Es war ein nettes Familien-Café und hieß Café Tost nach seinem Besitzer Señor Tost. Dort spielte ich jeden Tag und verdiente vier Peseten täglich. Wir waren ein Trio (Geige, Cello, Klavier). Unser Repertoire bestand hauptsächlich aus Unterhaltungsmusik: Schlagern, altvertrauten Opern, Potpourris, Walzern. Indessen hatte ich, jung wie ich war, schon den Kopf voll von der Musik der großen Meister: Bach, Brahms, Mendelssohn, Beethoven. Recht bald und mit einem gewissen (für meine Jugend bemerkenswerten) Takt gelang es mir, bessere Musik in das Programm einzuführen. Den Gästen gefiel sie, und so fühlte ich mich stark genug, dem Besitzer und meinen Trio-Genossen vorzuschlagen, einen Abend pro Woche klassischer Musik zu widmen. Schon der erste dieser Abende wurde zu einem vollen Erfolg. Bald spielte ich auch solistisch, und es sprach sich herum, welche Musik es im Café Tost zu hören gebe, und daß da *el nen*, »der Kleine«, spiele, unter diesem Spitznamen nämlich war ich bekannt geworden. Allmählich kamen die Gäste von weither, um einen Abend in unserem Café zu verbringen. Señor Tost war mit dieser Entwicklung der Dinge hochzufrieden, er war stolz auf mich. Manchmal nahm er mich auch zu Konzerten mit; einmal hörten wir Richard Strauss eines seiner Werke im *Teatro Lírico* dirigieren. Strauss war damals noch ein junger Mann am Beginn seiner Laufbahn. Dies Erlebnis hat auf mich stark eingewirkt.

Aber etwas ärgerte Señor Tost: wenn ich mich verspätete. Ich sollte Schlag neun Uhr mit Spielen anfangen. Aber da gab es so aufregende Dinge in der Stadt zu sehen, und eine Menge neuer Ideen schwirrte einem Jungen wie mir im Kopfe herum. Da konnte man den Boulevard *Las Ramblas* hinunterschlendern, wo der Vogelmarkt und die Blumenstände lockten, oder sich auf Erkundungsfahrt in Stadtviertel begeben, die man nie zuvor betreten hatte, oder ein neues Buch lesen oder einfach vor sich hinträumen in den Parkanlagen des *Teatro Lírico*; und so kam ich eben manchmal zu spät zur Arbeit. Eines Abends stand Señor Tost grimmig am Eingang, als ich endlich ankam. Er griff in die Tasche und übergab mir eine Uhr. »In Gottes Namen«, sagte er, »vielleicht lernst du so endlich, was Zeit bedeutet.« Das war meine erste Uhr. Im Lauf der Jahre habe ich einiges dazugelernt über die Bedeutung der Zeit; ich gehe sparsam mit meiner Zeit um und halte mich streng an Termine, obwohl Marta mich manchmal, besonders wenn ich übe oder Partitur lese, an eine Verabredung erinnern muß. Für mich gehört eine richtige Einteilung ganz wesentlich zu jeder schöpferischen Arbeit, und ich predige immer wieder meinen Schülern: »Freiheit – und Ordnung!«

In den Sommerferien schloß ich mich fahrenden Musikantengruppen an. Wir reisten in Kremsern auf heißen und staubigen Landstraßen von Dorf zu Dorf quer durch Katalonien. Wir spielten auf Jahrmärkten und ländlichen Festen, spielten Volksmusik und Tänze: Walzer, Mazurken, Sardanas, amerikanische Nummern, kurz: alles Erdenkliche. Oft begannen wir am frühen Abend und spielten bis in den Morgen hinein. Die Bauern und Fischer waren stämmige Leute, die eine Nacht durchtanzen konnten und, wenn es darauf ankam, auch noch den folgenden Tag. Diese sommerlichen Tourneen waren anstrengend, und man hatte kaum Zeit, sich einmal auszuruhen. Aber wie sehr genoß ich sie! Als besonders beglückend empfand ich die wundervolle Kameradschaftlichkeit, mit der mir die Dorfbewohner begegneten, für die ich spielte; den Kontakt zwischen ihnen und mir, wenn sie tanzten; ihre strahlenden Gesichter, wenn sie am Ende Bravo riefen und applaudierten. Wir verständigten uns in der Sprache der Musik, und bei meinen späteren Konzerten – ob sie nun im kleinen Rahmen stattfanden oder vor vielen Zuhörern in großen Konzertsälen – hat mich seither nie das Gefühl geheimen Einverständnisses verlassen, das sich damals zwischen mir und meinem Publikum einstellte.

Nach einigen Jahren Kaffeehausmusik bei Señor Tost erhielt ich ein besseres Engagement im *Café Pajarera. Pajarera* ist das spanische Wort für »Vogelkäfig«. Das Café war ein großer Rundbau mit Glaswänden, ein imponierender Anblick! Dort verdiente ich mehr Geld und spielte in einem Septett mit, anstatt wie bisher in einem Trio.

Mein erstes richtiges Konzert gab ich in Barcelona, als ich vierzehn war. Es war eine Benefizvorstellung zugunsten einer berühmten alten Schauspielerin im *Teatro de Novedades.* Sie hieß Concepción Palá. Mein Vater, der aus diesem Anlaß nach Barcelona gekommen war, stieg mit mir in die Straßenbahn. Ich war schrecklich aufgeregt. Als wir vor der Konzerthalle ankamen, sagte ich: »Vater, ich habe vergessen, wie das Stück anfängt. Ich kann mich an rein gar nichts mehr erinnern. Was soll ich bloß tun?« Er beruhigte mich. Das ist nun achtzig Jahre her, aber noch immer bin ich dieses schrecklichen Lampenfiebers nicht Herr geworden. Auftritte sind für mich stets eine Prüfung. Bevor ich aufs Podium gehe, krampft sich mir die Brust zusammen; ich leide Qualen. Schon der Gedanke an ein öffentliches Auftreten ist für mich immer noch ein Alptraum.

Mein Vater kam einmal die Woche von Vendrell herüber, um mich zu besuchen. Wir gingen zusammen spazieren, streiften auch gelegentlich durch die Musikalienläden und stöberten in den Noten; nach ein paar Stunden mußte er dann wieder nach Hause. Das Repertoire des Pajarera-Ensembles war vielseitiger als das im Café Tost; weiterhin spielte ich meine Soli, und natürlich war ich immer auf der Suche nach etwas Neuem. Eines Tages sagte ich meinem Vater, ich brauchte unbedingt etwas Solistisches, das ich im Café Pajarera vortragen könnte. Gemeinsam machten wir uns auf die Suche. Aus zwei Gründen werde ich diesen Nachmittag mein Leben lang nicht vergessen. Erstens kaufte mir mein Vater das erste Cello in voller Mensur – was war ich stolz, ein solch wunderbares Instrument zu besitzen! –, und dann machten wir halt vor einem Musikalien-Antiquariat in der Nähe des Hafens. Ich durchwühlte eben einen Stoß Musikalien, als mir plötzlich ein Bündel zerfledderter und stockfleckiger Notenblätter in die Hände fiel. Es waren die Solo-Suiten von Johann Sebastian Bach – Stücke für Cello allein! Ich schaute ziemlich fassungslos drein: *Sechs Suiten für Violoncello solo?* Welcher Zauber, welches Geheimnis verbarg sich hinter diesen Worten! Nie hatte ich von der Existenz dieser Suiten etwas gehört; niemand – auch meine Lehrer nicht – hatte sie vor mir auch nur erwähnt. Ich vergaß, wozu wir eigentlich den Laden betreten hatten. Ich konnte nur noch auf die Notenblätter starren und sie streicheln. Die Erinnerung an diese Szene ist mir auch heute noch nicht verblaßt; heute noch, wenn ich den Einband dieser Suiten betrachte, fühle ich mich in jenen alten, modrigen Laden zurückversetzt, in dem es ein bißchen nach salziger Meeresluft roch. Ich jagte nach Hause; preßte dabei die Noten an mich, als ob es Kronjuwelen wären, und in meinem Zimmer angelangt, stürzte ich mich kopfüber in diese Musik, las sie, studierte sie wieder und wieder. Ich war damals dreizehn Jahre alt, aber die folgenden achtzig Jahre hat sich mein Staunen über diese meine Entdeckung nur noch vergrößert. Diese Suiten eröffneten mir eine ganz neue Welt. Ich begann, sie mit unbeschreiblicher Erregung anzuspielen; sie wurden meine Lieblingsstücke. Ich studierte sie und arbeitete an ihnen die nächsten zwölf Jahre Tag für Tag. Jawohl, zwölf Jahre sollten vergehen, ehe ich mit fünfundzwanzig den Mut aufbrachte, eine jener Suiten öffentlich im Konzert vorzutragen. Bis dahin hatte kein Geiger, kein Cellist jemals eine der Bachsuiten ungekürzt gespielt. Man spielte einzelne Sätze – eine Sarabande, eine Gavotte, ein Menuett. Aber ich spielte die Suiten ganz – vom Präludium an durch alle fünf Tanzsätze mit sämtlichen Wiederholungen, die jedem der Stücke seine wundervolle Einheitlichkeit, seinen Duktus, seine Struktur, seine architektonische und künstlerische Fülle verleihen. Man hatte diese Suiten für akademisches Zeug gehalten, für mechanischen Etüdenkram ohne musikalische Wärme. Man muß sich das einmal vorstellen. Wie konnte ein Mensch sie kalt finden – sie, die Poesie, Wärme und Raumgefühl förmlich ausstrahlen! Sie sind die Quintessenz von Bachs Schaffen, und Bach selbst ist die Quintessenz aller Musik.

Kurz bevor ich die Bach-Suiten für mich entdeckte, hatte ich eine andere Begegnung, die auf mein Leben als Künstler einen anhaltenden Einfluß ausüben sollte. Ich spielte noch im Café Tost, als zufällig ein bedeutender Mann das Café betrat. Es war der gefeierte katalanische Komponist und Pianist Isaac Albéniz. Mit ihm kamen seine Freunde, der Geiger Enrique Fernández Arbós und der Cellist Agustín Rubio. Albéniz hatte von »el nen« reden hören, dem kleinen Jungen, von dem es hieß, er spiele so gut Cello, und wollte sich davon selbst überzeugen. Er saß da und hörte gespannt zu, ein kleiner, rundlicher Mann von ungefähr dreißig Jahren, mit einem kleinen Backenbart und Schnurrbart, und rauchte eine lange Zigarre. Als das Programm zu Ende war, kam er zu mir herauf und umarmte mich. Ich sei, so sagte er, ein ungewöhnliches Talent. »Du mußt mit mir nach London«, sagte er in ansteckender Heiterkeit, »wir arbeiten dort zusammen, komm!« Natürlich schmeichelte mir ein solches Angebot von einem so berühmten Musiker sehr. Ganz anders reagierte meine Mutter: Als er es in ihrer Anwesenheit wiederholte, sagte sie, sie wisse die Einladung zu schätzen, sei aber absolut dagegen, daß ich mit ihm führe. »Mein Sohn ist noch ein Kind«, sagte sie zu Albéniz, »er ist viel zu jung, um nach London

Pablo Casals als Siebzehnjähriger

zu gehen und in der Welt herumzureisen. Er bleibt in Barcelona und macht sein Studium zu Ende. Dann hat er immer noch genug Zeit für andere Dinge.«

Albéniz begriff, daß meine Mutter nicht eine Frau war, die sich hätte umstimmen lassen. Er antwortete: »Einverstanden! Aber Ihr Sohn hat eine große Begabung mitbekommen, und ich fühle mich gedrängt, alles zu tun, was ihm weiterhelfen könnte. Lassen Sie mich ihm ein Empfehlungsschreiben an den Grafen de Morphy in Madrid mitgeben. Das ist ein wundervoller Mann, ein Förderer der Künste, selbst ein glänzender Musiker und eine Leuchte der Wissenschaft. Er ist der persönliche Berater der Königin María Cristina, hat großen Einfluß und kann Pablos Karriere fördern. Wenn Sie die Zeit für gekommen halten, so überreichen Sie ihm diesen Brief.« Meine Mutter willigte ein, und Albéniz gab ihr den Brief.

Drei Jahre ließ meine Mutter verstreichen, ehe sie von diesem Schreiben Gebrauch machte; so lange hielt sie es zurück und wartete, bis ihr die Zeit gekommen schien. Dieser Augenblick sollte sich als einer der wichtigsten Meilensteine meiner Laufbahn erweisen. Alles war ganz einfach. So geht es manchmal im Leben.

Später sollte Albéniz einer meiner liebsten Freunde werden. Er war nicht nur ein großer Künstler und glanzvoller Pianist, sondern auch ein erstaunlicher Mensch.

Er war Wunderkind gewesen – als Pianist hatte er im Alter von vier Jahren im *Teatro Romea* in Barcelona debütiert. Als er sieben war, komponierte er einen Marsch, den weit und breit die Militärkapellen spielten. Als Junge wurde er in allerlei wilde Abenteuer verwikkelt. Mit dreizehn lief er von zu Hause weg, durchwanderte ganz Europa, spielte Klavier und machte tolle Streiche; dann fuhr er – wenn ich nicht irre, als blinder Passagier – nach Amerika, wo er sich mit Indianern herumschlug und sonst allerlei anstellte. Was der Mann alles erzählen konnte! Noch als junger Mensch kehrte er nach Spanien zurück. Schließlich ließ er sich in London nieder. Er war ein blendender Virtuose – dabei übte er nie, nicht einmal vor Konzerten. Seine Hände waren zierlich, aber erstaunlich stark und gelenkig. Die Musik, die er komponierte, war über weite Strecken von seiner katalanischen Heimat inspiriert, von ihrer wundervollen Landschaft und ihren

Volksliedern, auch von den arabischen Ursprüngen mancher dieser Lieder. »Ich bin ein Maure«, pflegte er zu sagen. Er war ungewöhnlich humorvoll und ein richtiger Bohemien. Ich habe mir sagen lassen, er habe seine weltbekannte Komposition, die *Pavana*, für die fürstliche Summe von 15 Peseten abgetreten – soviel kostete nämlich die Eintrittskarte zu einem Stierkampf, den er gerne sehen wollte.

Für das Leben dieses Künstlers bezeichnend war auch sein erstes Zusammentreffen mit dem Grafen de Morphy. Der Graf saß in der Eisenbahn und reiste irgendwohin – ich glaube nach der Schweiz –, als er ein merkwürdiges Geräusch unter seinem Sitz vernahm. Er schaute nach: dort, unter seinem Sitz, verbarg sich ein kleiner Junge. Es war Albéniz, der, um kein Fahrgeld bezahlen zu müssen, auf diese Weise schwarz fuhr. »Und wer, wenn ich fragen darf, bist du überhaupt?« erkundigte sich der Graf. Albéniz, damals dreizehn Jahre alt, antwortete: »Ich bin ein großer Künstler.« Und das war der Beginn ihrer Bekanntschaft.

Seit ich erwachsen bin, habe ich daran geglaubt, daß der Mensch sich vervollkommnen lasse. Welch ein Wunderwesen ist doch der Mensch, welch phantastische Dinge kann er tun, was alles er an sich und seiner Umwelt bewirken! Welche Krone der Schöpfung ist der Natur gelungen! Und doch, ebenso wie die unendliche Fähigkeit zum Guten liegt im Menschen die unendliche Fähigkeit zum Bösen. In jedem von uns sind beide Möglichkeiten angelegt. Längst habe ich in mir selber die Möglichkeit des Bösen, des ärgsten Verbrechens entdeckt – genauso aber die Möglichkeit des Guten. Meine Mutter sagte immer: »Jeder Mensch trägt das Gute und das Böse in sich. Wofür er sich entscheidet, das allein zählt. Man muß auf das Gute in sich hören und ihm gehorchen.«

In meinem zweiten Lebensjahrzehnt befiel mich die erste größere Krise meines Lebens. Ihren eigentlichen Grund kann ich nicht angeben. Mein Studium in Barcelona stand kurz vor dem Abschluß, meine Zukunft war noch keineswegs entschieden. Schwer litt ich unter den anhaltenden Unstimmigkeiten zwischen meinen Eltern, die sich über meine Laufbahn nicht einigen konnten. Immer noch waren sie über ihren Zwist nicht hinweggekommen, immer noch schien es meinem Vater ein tollkühnes Unterfangen zu sein, daß ich mich einer musikalischen Laufbahn verschreiben wollte, und immer noch beharrte meine Mutter entschlossen eben darauf. Der Gedanke, daß ich selbst den Grund zu all diesen Meinungsverschiedenheiten gelegt hatte, bedrückte mich zutiefst. Ich sehnte mich danach, dem ein Ende zu machen. Unterdessen schwirrte mir der Kopf vor neuen Einfällen, Plänen, Gedanken. Beständig suchte ich meine Umwelt auszuforschen, alles untersuchte und prüfte ich, und so erweiterte sich mein Horizont beträchtlich. Alles, was mir in die Hände geriet, las ich, und mehr und mehr beschäftigte mich die Frage nach dem Sinn des Lebens. Bisher hatte sich mir soviel Schönes erschlossen, und nun sah ich soviel Häßlichkeit, soviel Böses, soviel menschlichen Schmerz, soviel Mühsal. Ich stand vor der Frage: Ist es dem Menschen bestimmt, in solchem Schmutz, in solcher Erniedrigung zu leben? Wohin ich auch sah, überall begegneten mir Leiden und Armut und Elend, überall verhielten sich Menschen zu ihren Mitmenschen unmenschlich. Ich sah Leute, die hungerten und fast nichts hatten, um ihre Kinder zu ernähren. Ich sah die Bettler in den Straßen, sah die seit unvordenklichen Zeiten herrschende Ungleichheit zwischen Reichen und Armen. Ich wurde Zeuge, wie die einfachen Leute ihr Leben lang unterdrückt wurden, wie man sie durch strenge Gesetze und drakonische Strafen in Schach hielt. Ungerechtigkeit und Gewalttätigkeit brachten mich auf. Beim Anblick eines Offiziers mit seinem Degen schüttelte es mich. Tag und Nacht brütete ich über diese Zustände. Ich irrte durch die Straßen Barcelonas – elend und verstört. Es war, als ob alles um mich herum sich verdüstert hätte, ich haderte mit der Welt. Ich fürchtete mich vor dem Anbruch jedes neuen Tages; nur noch nachts fand ich im Schlafe Zuflucht. Daß soviel Böses auf der Welt sein sollte, und warum die Menschen sich all das antaten, konnte ich einfach nicht verstehen, auch nicht, was unter solchen Umständen der Zweck des Lebens sein sollte – der Sinn meiner eigenen Existenz. Selbstsucht lebte sich zügellos aus; wo aber, fragte ich mich, gab es Mitgefühl?

Nicht länger vermochte ich in meiner Musik aufzugehen. Damals war ich ebensowenig wie heute der Ansicht, daß Musik oder irgendeine andere Kunst schon selbst die Antwort auf diese Frage sei. Musik muß zu etwas gut sein; sie muß Teil eines größeren Ganzen sein und hat der Menschheit zu dienen. Und damit wäre ich schon beim Kernpunkt dessen angelangt, was ich an der neueren Musik auszusetzen habe: ihrem Mangel an Menschlichkeit. Ein Musiker ist auch Mensch, und wichtiger als sein Verhältnis zur Musik ist die Haltung, die er dem Leben gegenüber einnimmt. Musik und Leben sind untrennbar.

Die Ängste in mir wuchsen in einem solchen Ausmaße, daß ich den einzigen Weg, meinen Qualen ein Ende zu setzen, darin sah, meinem Leben ein Ende zu setzen. Ich war wie besessen von dem Gedanken an Selbstmord. Meiner Mutter sagte ich nichts davon; diese Angst konnte ich ihr nicht antun. Aber sie durchschaute mich, fühlte meine innere Unrast; immer sah sie, was in mir vorging. »Was hast du«, fragte sie dann, »was macht dich so unruhig, Pablo?« Und ich antwortete: »Nichts, Mutter.« Sie verstummte und drang nicht weiter in mich, aber ich konnte ihr an den Augen ansehen, daß sie verstand und litt.

Irgend etwas in mir, irgendein angeborener Selbsterhaltungstrieb, ein tiefliegender *élan vital* vielleicht, wehrte sich in mir gegen den Freitod. Ich war mit mir zerstritten, suchte nach anderen Auswegen, nach einer Atempause. Vielleicht, so dachte ich, findest du Trost in der Religion. Ich sprach mit meiner Mutter darüber. Sie war nicht religiös im kirchlichen Sinne (sie ging nie zur Messe), sprach auch gewöhnlich nicht über Religion, obwohl ich sie nie ein Wort gegen anderer Leute Religion oder Glauben habe sagen hören. Sie respektierte die Überzeugungen anderer und machte erst gar nicht den Versuch, mich in diesem oder jenem Sinne zu beeinflussen. Sie sagte zu mir: »Das mußt du mit dir selber abmachen, mein Sohn. Alles ist in deinem Innersten beschlossen. Du mußt selbst herausfinden, was dir frommt.« Ich wandte mich religiöser Mystik zu, ging nach meinen Unterrichtsstunden in eine Kirche nahe der Schule, saß dort im Dunkeln und versuchte, mich ins Gebet zu versenken in der verzweifelten Hoffnung, Trost und Antwort auf meine Fragen zu finden, Ruhe und Linderung meiner Qualen. Ich verließ die Kirche, ging ein paar Schritte, stürzte wieder zurück. Aber alles half nichts. Und da ich in den Himmelsträumen der Menschen keine Antwort fand, versuchte ich es mit den Allheilmitteln, die sie sich für die Erde erträumt haben. Ich las einiges von Karl Marx und Friedrich Engels; unter meinen Freunden waren Sozialisten. In der sozialistischen Lehre hoffte ich, Antwort auf meine Fragen zu finden. Umsonst, auch hier begegnete ich einem Dogma, das mich nicht befriedigen konnte, und einem utopischen Traum, der mir völlig unrealistisch schien mit all seinen Illusionen von einer Änderung der gesellschaftlichen Verhältnisse und damit des Menschen selber. Wie, fragte ich mich, soll sich ein Mensch wandeln, solange er noch so voller Selbstsucht und Zynismus steckt und solange Aggressivität einen Grundzug seines Wesens ausmacht?

Es ist schwierig zu sagen, was mich aus diesem Abgrund errettete. Vielleicht lag es daran, daß ich nicht kampflos aufgab, daß die Liebe zum Leben, daß die Hoffnung in mir stark genug war, um der Vernichtung zu trotzen. Dazu kam, daß gerade damals meine Mutter entschied, es sei nun für mich an der Zeit, Barcelona zu verlassen. In der Stunde der Not war sie meine Stütze, und obwohl ich sie in meiner größten Verzweiflung nicht ins Vertrauen gezogen hatte, hatte sie doch gespürt, wie es um mich stand. Nun also schlug sie vor, mit mir nach Madrid zu gehen. »Es ist soweit«, sagte sie, »wir befolgen jetzt Albéniz' Rat und machen Gebrauch von seinem Empfehlungsschreiben an den Grafen de Morphy.«

Es gab lange und heftige Auseinandersetzungen zwischen meiner Mutter und meinem Vater. Er war voller Befürchtungen. Unklar war auch noch, was mit meinen Brüdern Luis und Enrique geschehen sollte – sie waren auf die Welt gekommen, als wir in Barcelona wohnten. Luis war gegen drei Jahre alt, Enrique noch ein Baby. Schließlich fiel die Entscheidung: Meine Mutter, ich und die beiden Kinder sollten zusammen nach Madrid ziehen. Was aus mir geworden wäre, wenn wir damals nicht Barcelona verlassen hätten, weiß ich nicht.

# MADRID

Lehrer sein, heißt große Verantwortung tragen. Der Lehrer verhilft anderen Menschen dazu, ihr Leben zu formen und ihm eine Richtung zu geben. Was könnte wichtiger und schwerwiegender sein als eine solche Aufgabe? Kinder und junge Menschen sind unser größter Schatz; wenn wir an sie denken, denken wir an die Zukunft schlechthin. Man ermesse, was es bedeutet, ihren Geist zu bilden, ihnen bei der Erweiterung ihres Horizontes behilflich zu sein, sie für die Arbeit zu schulen, die sie künftig zu leisten haben. Einen wichtigeren Beruf als den des Lehrers kann ich mir gar nicht vorstellen. Ein guter, ein geborener Lehrer kann seinem Schüler ein zweiter Vater werden, und eben das war die Rolle, die der Graf Guillermo de Morphy in meinem Leben spielen sollte; nur meine Mutter hatte einen größeren Einfluß auf mich.

In ihm schienen sich mehrere Männer zu einer Persönlichkeit verschmolzen zu haben, so viele Talente und Fähigkeiten standen ihm zu Gebote. Sein Geist umspannte weite Gebiete des Wissens, er hatte, so könnte man sagen, die Vielseitigkeit und die »Weltanschauung« eines Renaissance-Menschen. Gelehrter und Historiker, Schriftsteller und ausübender Musiker, Berater der Krone und Komponist, großer Förderer der Künste und Poet dazu. Sein Interesse galt Kunst und Literatur, Politik und Philosophie, Naturwissenschaften und gesellschaftlichen Dingen gleichermaßen, vor allem aber fesselte ihn Musik. Das Schaffen junger Komponisten verfolgte er mit besonderer Aufmerksamkeit; mit vielen von ihnen war er befreundet, so mit Albéniz, Granados, Tomás Bretón und anderen, die er protegierte. Zusammen mit dem großen katalanischen Musikwissenschaftler Felipe Pedrell verhalf er der spanischen Musik zur Wiedergeburt. Seine große Liebe galt der Oper. Er war der Begründer der modernen spanischen Oper, die er von italienischem Einfluß zu befreien suchte, um den ursprünglichen nationalen Charakter ihrer Musik wiederherzustellen. Er liebte spanische Musik über alles und wußte viel von ihr. Er schrieb ein glänzendes Buch über die Geschichte der spanischen Musik, die großen Komponisten vom 15. bis zum Ende des 19. Jahrhunderts. Heute noch dient es als Lehrbuch für alle, die sich mit spanischer Musik befassen. Er legte den Grund zur Erforschung der Laute und ihrer Geschichte in Spanien, widmete fünfundzwanzig Jahre seines Lebens den alten spanischen Lautentabulaturen und verfaßte ein monumentales Werk unter dem Titel »Les luthistes espagnols du XVI^e^ siècle«, das klassisch geworden ist – traurig genug, daß es erst posthum erscheinen konnte.

Der Graf war Erzieher des Königs Alfonso XII. gewesen. Als ich ihn kennenlernte, war er Berater und Privatsekretär bei Königin María Cristina, die damals die Regentschaft führte. Bei Hofe nannten die Granden ihn etwas abschätzig *el músico,* »den Musiker«; damit bewiesen sie freilich nur ihre eigene Beschränktheit, nicht etwa seine.

Merkwürdigerweise stammte dieser großartige Mann, der so viel von der nationalen Musik Spaniens verstand und so großen Einfluß auf ihr Wiedererstarken ausübte, selbst gar nicht von spanischen Vorfahren ab. Er war der Enkel eines Iren, der seiner politischen Umtriebe wegen aus Irland verbannt worden war. Graf de Morphys Name leitete sich von *Murphy* ab.

In meinem Hause in San Salvador hängt in einem Raum, den ich mein »sentimentales« Zimmer nenne, eine Photographie an der Wand, die ich wie einen Schatz hüte. Sie zeigt den Grafen de Morphy mit einer Inschrift von seiner Hand:

»Gott soll mich strafen, wenn ich lüge!
Dies häßliche Gesicht,
Pablito – glaub' es oder nicht –,
trägt deines besten Freundes Züge.«

Ja, er war mehr als mein Lehrer, Beschützer und Mentor; er war mein bester Freund.

Als meine Mutter und ich zusammen mit meinen kleinen Brüdern Luis und Enrique an jenem schicksalhaften Tag des Jahres 1894 in

Madrid eintrafen, war ich siebzehn Jahre alt. Wir begaben uns sofort zum Hause des Grafen in der Vorstadt Barrio de Argüello. Es war das Haus eines wirklich vornehmen Mannes – eines Mannes also von Kultur und Geschmack. Jeder Teppich und jedes Gemälde, alle Möbel und Antiken waren mit Sorgfalt und Liebe ausgesucht. Wenn man beim Eintritt in seinen Salon den schönen Flügel und die vielen Notenbände erblickte, spürte man sofort, wieviel Musik in diesem Manne steckte. Seine herrliche Bibliothek enthielt Hunderte von alten und neueren Büchern über alle erdenklichen Gebiete. Er war ein eher klein gewachsener Mann Ende Fünfzig, untadelig gekleidet, mit einem wohlgestutzten Bart, hoher Stirn und schütterem Haar. Er war wohlwollend, völlig unprätentiös und durchaus mild in seinem Wesen, hieß uns mit großer Wärme willkommen und fragte, sobald er den Brief von Albéniz gelesen hatte, ob ich meine Kompositionen mit nach Madrid gebracht hätte. Ich hatte einen ganzen Stoß davon bei mir, einschließlich eines Streichquartetts, das ich mit vierzehn oder fünfzehn Jahren geschrieben hatte. »Wollen Sie mir vorspielen?« fragte er. Als ich geendet hatte, sagte er: »Ja, Pablito, Sie sind ein Künstler.«

Der Graf erreichte, daß ich im Königspalast der Infantin Isabella vorspielen durfte, der Schwester König Alfonso XII., die sich leidenschaftlich für Musik interessierte. Es wurde für mich zu einem unvergeßlichen Erlebnis, und das nicht nur, weil ich damals zum ersten Mal in einem Palast spielte oder überhaupt einen Palast betrat. Meine Mutter wußte nämlich nicht, wo sie meine zwei kleinen Brüder lassen sollte, und so brachte sie sie einfach mit. Enrique war noch ein Baby, und während ich vor der Infantin eine meiner Kompositionen spielte, begann er zu weinen. Das ist einem hungrigen Baby auch in einem Palast nicht zu verdenken, aber Enrique war ein kräftiger kleiner Bursche, und sein Geschrei verursachte ziemlichen Lärm – ich hatte Mühe, mich mit meiner Musik zu behaupten. Ruhig, ohne jede Aufregung und ohne das geringste Anzeichen von Verlegenheit öffnete meine Mutter ihr Kleid und reichte Enrique die Brust. Ich spielte weiter. Ich weiß nicht, ob je zuvor während einer musikalischen Darbietung im Palaste so etwas vorgekommen war und ob es die Hof-Etikette für *comme il faut* erachtete, aber Fragen dieser Art berührten meine Mutter nicht. Sie hätte Enrique überall sonst genauso gestillt, warum also nicht im Palast, auch wenn eine Infantin neben ihr saß? Daß dies in der Gegenwart einer Königlichen Hoheit geschah, beeindruckte sie nicht im mindesten. Die Infantin war für sie wie andere Leute auch. Meine Mutter war nun einmal so.

Kurz darauf stellte der Graf meine Mutter und mich der Regentin vor. Sie empfing uns sehr gnädig und ordnete an, daß ich im Palast konzertieren sollte. Ich trat in diesem Konzert als Interpret und als Komponist auf; eines der zu Gehör gebrachten Werke war mein erstes Streichquartett; ich spielte den Cello-Part.

Am nächsten Morgen hatte der Graf wichtige und erregende Neuigkeiten für meine Mutter und mich. Die Königin, so eröffnete er uns, hatte mir ein Stipendium zuerkannt, das sich auf 250 Peseten im Monat belief, das entsprach umgerechnet 200 DM und war gar nicht so wenig, wie es sich heute anhört, sondern für die damaligen Verhältnisse eine ganz nette Summe. Um eine vierköpfige Familie zu ernähren, war es trotzdem nicht eben viel. Wir lebten sehr bescheiden.

Meine Mutter fand ein Zimmer für uns – genaugenommen eine Dachkammer – im obersten Stock eines Hauses in der Calle San Quintín gegenüber dem Königspalast. Von unserem Zimmer aus konnte man die Palastgärten mit ihren alten Königsstandbildern überblikken. Im selben Stockwerk gab es noch vier andere Wohnungen, und unsere Zimmernachbarn, nette, gesellige und temperamentvolle Leute, gehörten alle zur arbeitenden Bevölkerung. Daß in ihrer Mitte ein junger Mann, der Cello spielte, aufgetaucht war, war für sie etwas ganz Besonderes, und so freundeten sie sich schnell mit meiner Mutter an, die ihrerseits stets bereit war, alles stehen- und liegenzulassen, um anderen zu helfen. Einer unserer Nachbarn war Türsteher im Palast; er war besonders stolz auf seine Uniform, die er die ganze Zeit am Leibe behielt. Manchmal hatte ich den Verdacht, er schlief auch darin. Und dann gab es noch einen Schuhmacher mit seiner Familie – der arme Mann hatte zwei geistig zurückgebliebene Kinder – und ein paar Frauen, die in der Zigarrenindustrie arbeiteten. Die Wohnungen waren von unaufhörlichem Lärm erfüllt: Halbwüchsige rannten umher, Kinder schrien, Mütter zankten sie aus, Eheleute lagen sich in den Haaren, Schreie und Gesang und Streitereien zogen sich hin bis zum frühen Morgen. Welch ein Durcheinander! Welch ein Getöse! Aber ich

Graf Guillermo de Morphy

ließ mich in meiner Arbeit davon nicht behelligen. Ehrlicherweise muß ich zugeben, daß ich beträchtlich zu dem allgemeinen Lärm beitrug, denn ich übte pausenlos Cello.

Ich begann unter der Obhut des Grafen de Morphy ein intensives Studienprogramm. Er sah, daß es mit meiner Allgemeinbildung haperte – sie war reichlich lückenhaft! – und daß ich noch viel dazulernen mußte, ehe man mich als Künstler in die Welt entlassen konnte. Jeden Morgen punkt neun Uhr stellte ich mich in seinem Hause ein und arbeitete mit ihm die folgenden drei Stunden ohne Unterbrechung, und dieser Abschnitt meines Tageslaufes war der Allgemeinbildung vorbehalten. Dann speisten wir zusammen mit seiner Frau und seiner Stieftochter zu Mittag. Die Gräfin, eine anmutige Frau und begabte Musikerin, die Schülerin von Liszt gewesen war, gab mir Deutschunterricht. Nach dem Essen ließ mich der Graf auf dem Klavier improvisieren und kritisierte meine Improvisationen. Einer seiner Kommentare wird mir allzeit im Gedächtnis bleiben. Als ich mir eine besonders vertrackte harmonische Freiheit gestattete, für die ich eine gewisse Vorliebe hatte, legte er seinen Arm auf meine Schulter – er saß immer auf dem Klavierstuhl neben mir – und sagte freundlich: »Pablito, bitte in allgemeinverständlicher Sprache!« Musik als allgemeinverständliche Sprache! Wahrhaftig, er hätte es gar nicht besser ausdrücken können, denn wozu soll Musik (und überhaupt jede Kunst) gut sein, wenn sie nicht eine Sprache spricht, die alle verstehen?

Der Unterricht des Grafen beschränkte sich wie gesagt keineswegs auf Musik. Er unternahm es, mich alles über das Leben und die Welt, in der ich lebte, zu lehren, was er selbst wußte: Sprache und Literatur, Kunst und Geographie, Philosophie und Mathematik; Musikgeschichte, gewiß, aber auch die Geschichte der Menschheit. Der Graf unterwies mich, daß man, um ein rechter Künstler zu sein, aufgeschlossen sein müsse für alles Lebendige, denn zwischen Kunst und Leben bestanden seiner Ansicht nach enge Wechselbeziehungen; beide waren nicht voneinander zu trennen. De Morphy war nicht nur ein Mann von seltenen Gaben, sondern auch ein klar denkender Philosoph.

Er ließ mich regelmäßig das Prado-Museum besuchen, und jedesmal, wenn ich hinging, sagte er dann: »Pablito, heute solltest du dir dieses Velázquez-Bild genauer ansehen.« Das nächste Mal war es dann ein

Bild von Murillo, Tizian oder Goya. In den Korridoren und Sälen dieses massigen und imposanten Gebäudes stand ich dann vor dem mir aufgegebenen Bild, studierte die Malweise und machte mir Gedanken darüber, was es ausdrücken sollte. »Was will der Künstler damit sagen?« fragte ich mich dann. »Wie hat er es angefangen, um diesen oder jenen Effekt zu erzielen?« Dann schrieb ich einen kleinen Aufsatz über das Bild und legte ihn dem Grafen vor, und wir besprachen meine Niederschrift.

Einmal die Woche schickte er mich zu den Cortes, um im Senat oder Abgeordnetenhaus die Reden und Debatten der damals führenden Politiker und Redner zu verfolgen. Auch da lieferte ich jeweils einen Bericht über das, was ich gehört und beobachtet hatte.

Auch meine Mutter bildete sich während meiner Studienzeit weiter; nicht nur Fremdsprachen, sondern auch andere Wissensgebiete eignete sie sich an und tat dies nicht nur, um mir bei meinen Arbeiten zu helfen, sondern auch, um zu verhindern, daß sich zwischen ihrem und meinem Bildungsstand eine Kluft auftat.

Viele Lehrbücher, die der Graf bei meiner Erziehung benutzte, waren dieselben, die er bei König Alfonso XII. benutzt hatte, und häufig stieß ich auf Randnotizen des Königs. Der Graf pflegte zu sagen: »Ich habe zwei Söhne – Alfonso und Pablito.« So redete ich ihn schließlich mit *Papá* an.

Wie verständnisvoll und zartfühlend er doch mit mir umging! Manchmal sah er beim Mittagessen, daß ich gedankenverloren oder traurig war – während der ersten Zeit meines Aufenthaltes in Madrid litt ich noch unter den Nachwehen der Depression, die mich in Barcelona befallen hatte –, und dann erzählte er lustige Geschichten und Witze, um mich aufzuheitern. Dabei zwinkerten seine blitzenden Augen mir zu, und oft brachte er mich zum Lachen.

Der Graf erteilte mir zweieinhalb Jahre lang Privatunterricht. Niemand hatte es ihn geheißen, er handelte ganz aus eigenem Antrieb. Ich kann gar nicht sagen, wie sehr ich in der Schuld dieses großen und gütigen Mannes stehe.

Während der Zeit, da der Graf meine Ausbildung überwachte, studierte ich auch am Madrider Konservatorium für Musik. Der Graf hatte bewirkt, daß ich bei Tomás Bretón Kompositionsunterricht erhielt, damals einem der bedeutendsten spanischen Komponisten. Seine Opern waren seinerzeit in Spanien sehr beliebt. Der Graf nahm mich zur Uraufführung seines berühmten Werkes mit, der großen Zarzuela *La verbena de la paloma,* »Der Ölzweig der Taube«.

Jesús de Monasterio, der Direktor des Konservatoriums, lehrte Kammermusikspiel. Er war ein brillanter Geiger und hatte als Wunderkind von sieben Jahren königliche Protektion genossen. Monasterio war ein ausgezeichneter Lehrer. In diesem entscheidenden, mich prägenden Stadium meiner Laufbahn hätte ich keinen besseren finden können. Ich möchte sagen: nach meinem Vater übte er auf musikalischem Gebiet den größten Einfluß auf mein Leben aus. Er war es, der mir für Musik Augen und Ohren öffnete, der mir die tiefere Bedeutung der Musik erschloß. Er lehrte mich, was Stil ist. Damals schon hatte sich in mir das starke Bedürfnis nach reiner Intonation herausgebildet – seinerzeit legten die Musiker weniger Wert darauf, aber Monasterio bestärkte mich in meinen Überzeugungen. Auch meine Bemühungen um musikalische Artikulation, der ich große Bedeutung beimaß, erfuhren von ihm Ermutigung. Tiefer Ernst bestimmte sein Verhältnis zur Musik, und das mitten im fin de siècle, jener Zeit der wallenden Künstlermähnen, wallenden Krawatten, wallenden Geschwätzes... Ausgeklügelte und blumenreiche Floskeln, Manierismen und melodramatisches Getue waren an der Tagesordnung. Nicht so bei Monasterio. Er legte größten Wert darauf, der Musik auf den Grund zu gehen und die in ihr waltenden Gesetze zu erforschen. Nie war Musik für ihn ein Spielzeug, mit dem man nach Lust und Laune verfährt. Er verstand Musik als Ausdruck der Menschenwürde.

Monasterio war etwa sechzig Jahre alt, als ich sein Schüler wurde. Er war sehr wohlbedacht und einfühlsam und behandelte mich mit großer Zuneigung. Manchmal redete er in der Stunde über die Gesetzmäßigkeiten in der Musik – und für ihn war Musik eine Sprache, die in ihrem ständigen Fluß Gesetzmäßigkeiten aufweist und Betonungen und Valeurs kennt –, oder er spielte, um seine Theorien zu verdeutlichen, ein paar Takte auf der Geige. Dann schaute er mich oft aus den Augenwinkeln an, als ob er sagen wollte: »Nicht wahr, du verstehst mich!«

Eines Tages sagte er vor der Klasse: »Daß mir morgen keiner beim Unterricht fehlt! Einer von euch hat sich so sehr ausgezeichnet, daß die Königin ihn ehren will. Wer das ist, erfahrt ihr dann morgen.« Anderntags erfuhr ich, daß er mich gemeint hatte, und aus seiner Hand empfing ich meinen ersten Orden, den mir Königin María Cristina, meine Gönnerin, verliehen hatte. Es war die Medaille des Ordens Isabellas der Katholischen. Ich war damals achtzehn Jahre alt.

Ich verkehrte viel im Palast. Zwei- oder dreimal die Woche ging ich dorthin, um Cello zu spielen, auf dem Klavier zu improvisieren und an Konzerten mitzuwirken. Allmählich behandelte man mich, als ob ich zur königlichen Familie gehörte. Königin María Cristina, die eine gute Pianistin war, spielte häufig Duos mit mir, oder wir setzten uns gemeinsam ans Klavier und spielten vierhändig. Sie war eine anmutige, feinsinnige Frau und überaus freundlich zu mir. Ich faßte tiefe Zuneigung zu ihr, und bald war sie nicht nur meine Gönnerin, sondern eine zweite Mutter.

Damals lernte ich auch König Alfonso XIII. kennen. Er war sieben Jahre alt und ein reizender Junge. Wir freundeten uns rasch an, immer wollte er Geschichten von mir hören. Er hatte eine Leidenschaft für Zinnsoldaten, und wir spielten gemeinsam mit ihnen, stellten seine kleine Truppe in Schlachtordnung auf und hielten Manöver ab. Ich brachte ihm auch Briefmarken mit, und er ritt auf meinen Knien. Nie habe ich der königlichen Familie meine Zuneigung entzogen oder vergessen, was ich ihr schulde.

Aber das war natürlich Privatsache und hatte nichts zu tun mit meinen Ansichten über Monarchie oder Hofleben im allgemeinen. Das war eine Welt, von der ich fühlte: Dort gehörst du nicht hin! Und die ich nicht mochte. Der Adel war oft reichlich affektiert, sein Gehabe anmaßend; und die Intrigen hörten bei Hofe nie auf. Ich war unter einfachen Leuten aufgewachsen und fühlte mich nach wie vor als einer der ihren. Nach Erziehung und Neigung war ich Republikaner. Und dann war ich natürlich Katalane und zutiefst stolz darauf, einer zu sein; und die kastilischen Aristokraten sehen auf Katalanen überheblich herab.

Jahre später, als Alfons regierender Monarch war, sagte ich ihm: »Sie sind der König, und ich mag Sie persönlich gern, aber ich bin Republikaner.« Er antwortete: »Freilich sind Sie das, ich weiß es wohl, und es ist Ihr gutes Recht.« Und wie hätte es auch anders sein können? Gewiß, ich bin Künstler, aber in Ausübung meiner Kunst bin ich auch Handwerker und bin es mein Leben lang geblieben. Und so gehörten meine Sympathien, als schließlich Monarchie oder Republik zur Wahl standen, zwangsläufig der republikanischen Staatsform.

Meine Verbundenheit mit den Mitgliedern der königlichen Familie von Spanien überdauerte indessen die Jahre. Meine jüngste Begegnung fand mehr als siebzig Jahre nach meinem ersten Besuch im Madrider Palast statt, und zwar im Sommer 1966, als ich nach Griechenland reiste, um mein Friedensoratorium *El Pessebre* zu dirigieren. Dort in Athen traf ich Juan Carlos, den Enkel von Alfons XIII. Ich beglückwünschte ihn zu seiner Entscheidung, die Krone aus Francos Händen nicht entgegenzunehmen, und sagte ihm: »Ich habe fünf Generationen des spanischen Königshauses erlebt, angefangen mit Isabella II.« Juan Carlos, der die griechische Prinzessin Sophia geheiratet hatte, kam tags darauf mit seiner Gemahlin in mein Hotel. Mit sich brachten sie ihr zweijähriges Töchterchen, und so lernte ich auch noch die sechste Generation kennen.

Wie sehr ist es doch zu bedauern, daß Juan Carlos sich neuerdings bereit erklärt hat, Francos Erbe in Spanien zu übernehmen und fortzuführen. Wie man sich diesem Regime gegenüber zu verhalten hat, hätte er von einem anderen König im Exil lernen können – seinem eigenen Großvater!

Ich war fast vier Jahre in Madrid, als meine Mutter meinte, ich hätte nun dort genug studiert und es sei Zeit für einen Wechsel. Ich sollte mich nun ganz auf das Cellospiel konzentrieren. Ich stimmte ihr zu, und sie regte an, wieder nach Barcelona zurückzukehren. Als der Graf von diesem Vorschlag erfuhr, widersetzte er sich ihm heftig; ich sollte hier in Madrid bleiben und weiter mit ihm arbeiten. Ich sollte Komponist werden. Er würde mich bei der Oper protegieren. Aber meine Mutter war anderer Ansicht. »Ich glaube«, sagte sie dem Grafen, »Pablo bedeutet das Cello mehr als alles auf der Welt. Wenn ein Komponist aus ihm werden soll, so kann sich das später immer noch entscheiden, und dann wird ihn das Cellospiel nicht daran hindern. Aber wenn er sich jetzt nicht auf das Instrument konzentriert, wird er später schweren Schaden davon haben.« Die Unstimmigkeiten zwischen den beiden verschärften sich, und die Streitgespräche zogen sich über Wochen hin, bis die Lage fast unhaltbar wurde. Auch die Königin widersetzte sich meinem Weggang. Und mein Vater war von dieser Entwicklung höchst aufgebracht. »Was hast du jetzt wieder vor«, schrieb er meiner Mutter, »was, um Himmels willen, soll daraus werden?« Aber meine Mutter blieb glashart.

Schließlich einigte man sich auf einen Kompromiß. Der Graf widersetzte sich meinem Weggang von Madrid nicht länger, freilich unter einer Bedingung: Ich sollte im Konservatorium für Musik in Brüssel meine Studien fortsetzen. Es war damals das beste Konservatorium in Europa, es gab ausgezeichneten Unterricht nicht nur in Komposition, sondern auch in seinen Streicherklassen. Der Graf meinte, ich sollte bei François Gevaert Komposition studieren, dem Direktor des Konservatoriums, der in der musikalischen Welt einen großen Namen besaß und zudem ein alter Freund von ihm war. Der Graf ließ meine Mutter und mich wissen, daß er mit der Königin eine Absprache treffen wolle, damit mein Stipendium von 250 Peseten monatlich weiterlaufe, solange ich in Brüssel studierte. Das gelang ihm auch, und wir reisten nach Brüssel ab. Enrique und Luis kamen mit uns. Vor der Abfahrt gab uns der Graf noch ein Empfehlungsschreiben an Gevaert mit auf den Weg.

Ich habe viele glückliche Stunden meines Lebens in Brüssel verbracht, aber meinen ersten Aufenthalt dort kann ich nicht zu ihnen zählen; er stand unter keinem glücklichen Stern. Schon die Reise im überfüllten Abteil dritter Klasse quer durch Frankreich schien kein Ende zu nehmen, und als wir schließlich in Brüssel ankamen – es war das erste Mal, daß ich den Fuß auf ausländischen Boden setzte –, fand ich den Anblick recht niederdrückend. Welcher Unterschied zum sonnigen Katalonien! Es war Winter. Ich hasse Kälte, und hier war es kalt, feucht und scheußlich, und Nebel hing über der Stadt.

Wir begaben uns geradewegs zum Konservatorium für Musik, um François Gevaert aufzusuchen. Er war ein bekannter Musikwissen-

Komposition für Singstimme und Klavier
aus der Studienzeit in Madrid.
Widmung an die Gräfin de Morphy

schaftler und Historiker, der eine interessante Karriere durchlaufen hatte. Er stammte aus kleinen Verhältnissen, sein Vater war Bäcker und wollte, daß auch er dieses Handwerk ergreife, aber sein musikalisches Talent behielt die Oberhand. Schon als junger Mann genoß Gevaert großen Ruf als Kirchenmusiker und Opernkomponist. Er bereiste Spanien und wurde zu einer Autorität in spanischer Musik. Eine Zeitlang war er musikalischer Leiter der Pariser Großen Oper, dann aber begann er sich vornehmlich musikhistorischen Arbeiten zu widmen. Er war ein großer Gelehrter und schrieb viele Werke, darunter die klassisch gewordene *Histoire et théorie de la musique de l'antiquité*. Auf die Laufbahn des Grafen de Morphy hatte er großen Einfluß genommen und ihn zu seiner Arbeit über die Geschichte der Lautenmusik in Spanien ermutigt. Kurz vor seinem Tod wurde der Bäckersohn vom belgischen König zum Baron erhoben, eine Auszeichnung, die ihm die Komposition der kongolesischen Nationalhymne eingetragen hatte. Ich überreichte Gevaert den Brief des Grafen de Morphy. Gevaert war ein ältlicher, schon recht gebrechlicher Mann mit einem langen, weißen Bart. Sehr sorgfältig las er den Brief und unterhielt sich dann mit mir über den Grafen, über Madrid, über Musik im allgemeinen. Er bat mich, ihm einige meiner Kompositionen vorzulegen. Ich hatte eine Messe bei mir, eine symphonische Dichtung und ein Streichquartett. Er äußerte seine Überraschung über meine Kompositionstechnik und sagte dann: »Es tut mir leid, herzlich leid, aber ich bin einfach zu alt, um noch Kompositionsstunden zu geben. Und wenn es erlaubt ist, von dem, was Sie mir gezeigt haben, auf Ihre anderen Werke zu schließen, so könnte ich Ihnen vermutlich auch gar nicht mehr viel beibringen.« Er fuhr fort: »Was Ihnen vor allem not tut: Sie müssen Musik kennenlernen und soviel Musik hören wie Sie irgend können. Besuchen Sie Konzerte und Aufführungen aller Art! In Brüssel können Sie das nicht. Heutzutage ist Paris das musikalische Zentrum, dorthin müssen Sie gehen. Sie können dort die besten Symphonieorchester der Welt hören, es gibt allein vier davon in Paris selber: die Orchester Lamoureux, Colonne, Pasdeloup und das Orchestre du Conservatoire. Da werden Sie alles hören, was es nur gibt, und genau das brauchen Sie.« Er sagte dann noch, der Graf habe in seinem Brief meine cellistischen Fähigkeiten erwähnt. »Ich möchte, daß unser Cellolehrer hier am Konservatorium Sie spielen hört«, sagte er, »können Sie es morgen früh einrichten?«

Tags darauf erschien ich in der Cello-Klasse und war recht nervös, denn das Konservatorium stand in dem Rufe, die beste Ausbildungsstätte für Streicher auf der ganzen Welt zu sein. Ich setzte mich ganz nach hinten und hörte zu, wie die andern spielten. Ich muß gestehen, sie beeindruckten mich nicht übermäßig; meine Nervosität schwand zusehends. Als die Unterrichtsstunde vorüber war, winkte mich der Professor zu sich her – er hatte bisher meine Anwesenheit offensichtlich überhaupt nicht zur Kenntnis genommen – und sagte: »So, Sie sind also der kleine Spanier, von dem der Herr Direktor mir erzählt hat.« Dieser Ton gefiel mir gar nicht.

Ich sagte, ja, der sei ich.

»Nun, kleiner Spanier«, sagte er, »allem Anschein nach spielen Sie auch Cello. Wollen Sie etwas vorspielen?«

Ja, sagte ich, das würde ich gerne tun.

»Und was haben Sie anzubieten?«

»Eine ganze Menge«, sagte ich.

Er leierte eine Anzahl von Stücken herunter und fragte mich jedesmal, ob ich das Stück schon gespielt hätte, das er gerade genannt habe, und jedesmal sagte ich: »Ja« – ich konnte die Stücke ja wirklich. Da wandte er sich der Klasse zu und sagte: »Nun, wer hätte das gedacht! Unser junger Spanier scheint so ziemlich alles zu können. Er ist sicher ein ganz erstaunlicher Spieler.«

Die Studenten lachten. Bisher hatten mich die Manieren des Professors verwirrt – es war schließlich erst der zweite Tag, den ich im Ausland verbrachte –, nun aber geriet ich in Wut. Der Mann wollte mich lächerlich machen. Ich sagte nichts.

»Nun«, sagte er, »vielleicht erweisen Sie uns die Ehre, das *Souvenir de Spa* vorzutragen.« (Das war ein oberflächlicher Schmarren, der zum festen Bestand dessen gehörte, womit man sich in der belgischen Schule zu produzieren hatte.)

Ich sagte: gut, ich würde es spielen.

»Sicher werden wir etwas ganz Erstaunliches zu hören bekommen, denn dieser junge Mann spielt wie gesagt alles«, sagte er. »Und auf welchem Instrument wollen Sie denn spielen?«

Wieder brachen die Schüler in Gelächter aus. Ich war so zornig, daß ich um ein Haar alles hingeworfen hätte und davongelaufen wäre. Aber ich dachte: Paß du nur auf; ob du willst oder nicht, du wirst mir zuhören. Ich schnappte mir vom nächsten Studenten ein Cello und fing an zu spielen. Es wurde still im Saal. Als ich geendet hatte, hätte man eine Stecknadel fallen hören.

Der Professor starrte mich an, sein Gesicht hatte einen merkwürdigen Ausdruck. »Würden Sie bitte mit mir auf mein Zimmer kommen?« sagte er. Er sprach nun in ganz anderem Ton als vorher. Wir verließen zusammen den Klassenraum; die Studenten rührten sich nicht.

Der Professor schloß die Tür seines Zimmers hinter uns und setzte sich an seinen Schreibtisch. »Junger Mann«, sagte er, »ich kann Ihnen eröffnen, daß Sie hochtalentiert sind. Wenn Sie hier studieren wollen und damit einverstanden sind, in meine Cello-Klasse einzutreten, garantiere ich Ihnen, daß man Ihnen den Ersten Preis des Konservatoriums zuerkennen wird. Es entspricht zwar nicht gerade den Vorschriften, daß ich das jetzt schon verrate. Aber ich gebe Ihnen mein Wort darauf.«

Ich brachte fast kein Wort über die Lippen, so wütend war ich. Ich sagte ihm: »Mein Herr, Sie haben sich mir gegenüber ungehörig benommen und mich vor all Ihren Schülern lächerlich gemacht. Keine Sekunde länger bleibe ich hier!«

Er erhob sich, weiß im Gesicht, und hielt mir die Tür auf.

Schon am nächsten Tag reisten wir ab nach Paris. Sobald wir angekommen waren, schrieb ich Graf de Morphy und berichtete ihm haargenau, was sich in Brüssel zugetragen hatte, und warum wir nun in Paris seien. Seine Antwort gab seinen Verdruß zu erkennen. Ich hätte seine Weisungen mißachtet, hieß es darin, ausgemacht sei gewesen, daß ich nicht in Paris, sondern am Brüsseler Konservatorium studieren sollte. »Dein Stipendium«, hieß es weiter, »hat dir die Königin auf Grund dieser Abmachung gewährt, das ist ihr Wunsch und Wille. Entweder du kehrst nach Brüssel zurück, oder dein Stipendium wird ausgesetzt.« Ich schrieb in meinem Antwortbrief, Brüssel sei einfach nicht der richtige Ort für mich, und ich beabsichtige, in Paris zu bleiben, so sehr es mir auch widerstrebte, seinen Wünschen entgegen zu handeln. Seiner Antwort war die Überzeugung zu entnehmen, nur dem Einfluß meiner Mutter sei es zuzuschreiben, daß ich nach Paris gegangen sei. Aber das stimmte nicht; ich selbst wußte, eine Rückkehr nach Brüssel kam nicht in Frage.

Prompt wurden die Zahlungen von seiten der Königin eingestellt. Das waren harte Tage in Paris! Wir hatten mit dem Stipendium gerechnet, ohne diese Summe waren wir praktisch gescheitert, meine Mutter, meine beiden jüngeren Brüder und ich. Wir hatten keinerlei Unterhalt. Was tun? Mein Vater, der natürlich nun mehr als je mit uns haderte, konnte so gut wie nichts dazu beitragen.

Meine Mutter fand Unterkunft für uns in der Nähe der Porte St. Denis – eine Art Bretterhütte. Die Nachbarschaft war sehr bedrückend, überall herrschte Armut. Meine Mutter ging jeden Tag außer Hause und versuchte, Geld zu verdienen. Wohin sie ging, weiß ich nicht; gewöhnlich kam sie mit etwas zum Nähen zurück. Die beiden Kleinen hatten kaum genug zu essen.

Auch ich war natürlich verzweifelt bemüht, Arbeit zu finden. Endlich ergatterte ich eine Anstellung als zweiter Cellist in einer Music Hall namens Folies Marigny auf den Champs-Elysées. Es war das Paris, in dem Toulouse-Lautrec malte, und wenn ich heute seine Bilder betrachte, kommt mir jene Music Hall in den Sinn mit ihren Cancan-Tänzerinnen, die damals sehr in Mode waren. Ich verdiente vier Franken am Tag. Hin und zurück ging ich zu Fuß und schleppte mein Cello – die Folies Marigny lagen weitab von unserem Wohnviertel, aber die Straßenbahn kostete 15 Centimes, und wir hatten keinen Sou übrig.

Der Winter war bitterkalt. Schließlich wurden die anstrengende Arbeit und die Unterernährung zuviel für mich. Ich wurde sehr krank und mußte zu Hause bleiben. Meine Mutter arbeitete härter denn je, um uns zu ernähren und mir die nötigen Arzneien kaufen zu können. Bis spät in die Nacht hinein nähte sie. Dabei war sie stets gut gelaunt und tat alles, um mich aufzumuntern.

Eines Tages aber, als sie nach Hause kam – ich lag krank im Bett –, erkannte ich sie kaum wieder; irgend etwas Außergewöhnliches mußte ihr zugestoßen sein. Erstaunt und bestürzt sah ich näher hin und entdeckte, daß sie ihr schönes, langes, schwarzes Haar nicht mehr hatte – übriggeblieben waren ein paar kurze Fransen. Sie hatte es abgeschnitten und verkauft, um ein paar zusätzliche Franken für uns einzuhandeln.

Sie lachte darüber. »Nicht der Rede wert«, sagte sie, »mach dir bloß keine Gedanken. Es ist nur Haar, und Haar wächst nach.«

Aber mir war weh ums Herz.

Die Prüfungen nahmen kein Ende. Schließlich sagte ich: »Mutter, wie soll das nur weitergehen? Warum kehren wir nicht zurück nach Barcelona?«

»Schön«, sagte sie, »also zurück nach Barcelona.«

Und so kehrten wir heim.

Mein Vater hatte uns während unserer langen Abwesenheit nur einmal in Madrid besuchen können und war nun überglücklich, uns wieder in der Nähe zu haben. Nur unsere Vermögenslage bestürzte ihn: Die kleinen Ersparnisse der Familie hatten sich mittlerweile in nichts aufgelöst.

Aber ich ließ den Mut nicht sinken. Ich hatte das Beispiel meiner Mutter vor Augen.

# FESTER BODEN UNTER DEN FÜSSEN

Der glänzende katalanische Dichter Joan Maragall schrieb einmal: »Wer sich empor zum Himmel schwingen will, muß festen Boden unter den Füßen haben: den Boden seiner Heimat.« Meine Heimat ist Katalonien, dort bin ich geboren. Fast drei Jahre lang war ich fort gewesen; nun freute ich mich, wieder daheim zu sein.

Mein Leben lang habe ich viele Länder bereist und überall Schönheit angetroffen, aber die Schönheit Kataloniens geht mir über alles. Seit meiner frühesten Kindheit bin ich ihr verfallen, und wenn ich meine Augen schließe, sehe ich vor mir den Ozean bei San Salvador und das Küstendorf Sitges mit den kleinen Fischerbooten am Strand, die Weingärten und Olivenhaine und Granatapfelbäume der Provinz Tarragona, den Fluß Llobregat und die Zinnen von Montserrat. Katalonien ist das Land meiner Geburt, und ich liebe es wie eine Mutter.

Selbstverständlich bin ich spanischer Staatsbürger. Obwohl ich seit mehr als dreißig Jahren im Exil lebe, habe ich immer noch einen spanischen Paß; nicht im Traume denke ich daran, mich von ihm zu trennen. Ein spanischer Konsulatsbeamter in Perpignan fragte mich einmal, warum ich nicht auf meinen Paß verzichte, wenn ich doch nicht nach Spanien zurückkehren wolle. Ich antwortete: »Warum ich? Soll doch Franco auf seinen Paß verzichten! Ich finde dann schon heim.« Aber vor allem und hauptsächlich bin ich Katalane. Ich habe mich fast ein Jahrhundert lang als Katalane gefühlt und werde mich nicht mehr ändern.

Wir Katalanen haben unsere eigene Nationalsprache. Es ist eine alte romanische Sprache, vom kastilischen Spanisch völlig verschieden. Wir haben eine eigenständige Kultur, die Sardana ist unser Nationaltanz – welch wunderschöner Tanz –, und wir haben unsere eigene Geschichte. Schon im Mittelalter lebte in Katalonien eine große Nation, deren Einfluß bis weit nach Frankreich und Italien reichte; auch heute sprechen in diesen beiden Ländern nicht wenige Leute noch Katalanisch. Könige hatten wir nie, wir begnügten uns damit, von Grafen regiert zu werden. Und in unserer mittelalterlichen Verfassung stehen die folgenden Worte, die das katalanische Volk an seinen Regenten richtete: »Jeder von uns ist dir ebenbürtig, alle zusammen sind wir größer als du.« Schon im 11. Jahrhundert berief Katalonien eine Versammlung ein, auf der die Abschaffung des Krieges in aller Welt gefordert wurde – gibt es einen besseren Beweis für eine hohe Kultur?

Alle Nationen haben ihr *diminuendo*. Es ist gar nicht so lange her, daß über dem britischen Empire, wie man sagte, die Sonne nicht unterging; heute gibt es nach wie vor England, aber vom Empire ist nichts übriggeblieben. Auch Katalonien ist heute nicht mehr jene mächtige Nation, die es einmal war, aber das mindert nicht seinen geschichtlichen Rang und gestattet niemandem, ihm die nationalen Rechte abzusprechen. Und doch ist Katalonien heute kaum mehr als ein Untertan Spaniens. Wir Katalanen wollen aber mit den anderen Völkern Spaniens wie Brüder zusammenleben, nicht wie Sklaven! Und wie Sklaven leben wir unter dem heutigen spanischen Regime. In unseren Volksschulen ist es nicht erlaubt, unsere Sprache zu lehren; statt dessen unterrichtet man Kastilisch. Unsere Kultur wird erstickt.

Ich bin immer Gegner eines extremen Nationalismus gewesen. Kein Volk ist besser als das andere – es mag sich von ihm unterscheiden, aber besser ist es nicht. Extreme Nationalisten maßen sich die Vorherrschaft über andere Nationen an. Patriotismus ist etwas völlig anderes. Die Liebe zum heimatlichen Boden ist tief verwurzelt in der menschlichen Natur. Ich muß dabei an den Tod von Luis Companys denken. Ich lernte Companys kennen, als er in den Tagen der Spanischen Republik Präsident von Katalonien war. Nicht immer war ich mit ihm einer Meinung, aber er war ein Patriot. Er hatte, ein brillanter Rechtsanwalt, die Sache der katalanischen Arbeiter verfochten. Als die Faschisten die Macht ergriffen, gehörte Companys zu den republikanischen Führern, die nach Frankreich entkamen. Franco forderte seine

Auslieferung, und die Pétain-Regierung fügte sich. Die spanischen Faschisten richteten ihn hin. Als er vor dem Peleton stand, zündete sich Companys eine Zigarette an und legte dann Schuhe und Strümpfe ab. Er wollte beim Sterben mit beiden Füßen fest auf dem Boden Kataloniens stehen.

In Barcelona wendete sich das Blatt. Plötzlich lächelte mir wieder das Glück. Die schlimmen Pariser Tage mit all ihren Entbehrungen und Ungewißheiten gehörten bald der Vergangenheit an. Mein alter Freund und Lehrer Josep García, der mich als elfjährigen Jungen in die Wunderwelt des Cellos eingeführt hatte, war eben von seinem Professorenposten an der Städtischen Musikschule zurückgetreten und im Begriff, nach Argentinien auszuwandern. Man bot mir an, seine Stelle an der Schule zu übernehmen. Nebenher sollte ich Garcías Privatschüler weiter unterrichten und seine Verpflichtungen, in der Kirche zu spielen, mit übernehmen. Nach wenigen Monaten wurde ich auch aufgefordert, an der Liceu-Musikschule zu lehren, und wurde zum ersten Cellisten im Opernorchester ernannt. Unversehens hatte ich mehr Arbeit, als ich bewältigen konnte!

Meine Lehrtätigkeit nahm nun die meiste Zeit in Anspruch. Für das Reifen meines Musikertums war sie von großer Bedeutung. Ich habe nie zwischen Lehren und Lernen säuberlich scheiden können; die Trennlinie schien mir künstlich gezogen zu sein. Natürlich sollte ein Lehrer mehr von der Sache verstehen als sein Schüler, aber für mich ist Lehren gleichbedeutend mit Lernen. So hielt ich es an der Städtischen Musikschule in Barcelona, und bis heute hat sich daran nichts geändert.

Ich arbeitete weiter an meiner Technik, entschlossen, mich durch keinerlei Einschränkungen vergangener Lehrmethoden behindern zu lassen, von der Vergangenheit zu lernen, ohne von ihr gehemmt zu werden. Mein Ziel war, die bestmöglichen Effekte aus dem Cello herauszuholen. Immer habe ich Technik als Mittel zum Zweck betrachtet, nicht als Selbstzweck. Natürlich muß man Technik meistern, aber man darf sich nicht gleichzeitig von ihr versklaven lassen; man muß begreifen, wozu Technik eigentlich da ist, nämlich zur Übermittlung eines Sinngehaltes, dessen also, was die Musik uns zu sagen hat. Technik ist dann vollkommen, wenn man sie nicht mehr bemerkt. Unablässig fragte ich mich: »Wie spielt sich das am natürlichsten?« Ich lehrte meine Schüler Methoden des Fingersatzes und der Bogenführung, die ich schon als Student an der Städtischen Musikschule in Barcelona zu entwickeln begonnen hatte. Ich lehrte, wie wichtig es ist, sich zu entspannen; beim Cellospielen ist die linke Hand derart angespannt, daß es unablässigen Übens bedarf, um sie flexibel zu halten. Ich zeigte meinen Schülern, wie man bei bestimmten Passagen Hand und Arm entspannen kann – sei es auch nur für den Bruchteil einer Sekunde –, und zwar mitten im Vortrag. Vor allem aber betonte ich, daß es am wichtigsten ist, Respekt vor der Musik zu haben und sich der großen Verantwortung bewußt zu sein, die man als Künstler trägt, wenn man die Musik eines Komponisten zu tönendem Leben erwecken will.

Freilich, um die Arbeit selbst kommt man nicht herum. Ich selbst übe unablässig, wie ich dies mein Leben lang getan habe. Man hat mir gesagt, ich spiele Cello so leicht, wie ein Vogel fliegt. Wieviel Anstrengung es einen Vogel kostet, fliegen zu lernen, weiß ich nicht, aber ich weiß, wieviel Arbeit in mein Cellospiel eingeflossen ist. Was als Leichtigkeit des Vortrags erscheint, ist die Frucht härtester Arbeit. Natürlich gibt es Ausnahmen, etwa meinen Freund Albéniz, der nie übte. Aber solche Fälle sind selten. Fast immer ist Leichtigkeit allein das Ergebnis höchster Anstrengung. Kunst entsteht aus Mühe und Arbeit.

Als es Sommer wurde, wurde die Arbeit in Barcelona geringer. Die Kurse an der Städtischen Musikschule entfielen, auch andere Tätigkeiten wurden unterbrochen. Als mir dann ein Engagement am Kasino von Espinho, einem Kurort südlich von Oporto an der portugiesischen Küste, angeboten wurde, griff ich sofort zu. Mein Weg führte durch Madrid, und ich dachte, wie wundervoll es doch sein müßte, den Grafen de Morphy wiederzusehen. Immer noch hatte ich ein ungutes Gefühl von den Mißverständnissen her, die im vorigen Jahr, als ich nach Paris gegangen war, zwischen uns aufgekommen waren. Ich schrieb dem Grafen einen Brief, worin ich ihm ausführlich berichtete, was ich unterdessen erlebt hatte, auch das Engagement erwähnte, das ich jetzt in Espinho hatte, und anfragte, ob er mich sehen wolle, wenn ich durch Madrid käme. Angstvoll erwartete ich seine Antwort. »Kommen Sie so schnell Sie können«, schrieb er zurück; das war charakteristisch für sein Verständnis und seine Güte.

Kaum in Madrid angelangt, eilte ich zu seinem Hause, und er empfing mich wie einen Sohn. Wir plauderten und plauderten, es war, als hätte es nie Schwierigkeiten zwischen uns gegeben.

In Madrid sah ich auch Königin María Cristina wieder, die mich mit großer Wärme begrüßte und von mir in allen Einzelheiten erfahren wollte, was ich seit unserem letzten Zusammentreffen an Abenteuern erlebt hatte. Als ich ihr die Prüfungen schilderte, die meine Mutter und ich in Paris zu erdulden hatten, war sie tief bewegt; um so mehr freute sie sich über meine neue Anstellung in Barcelona. Sie bat mich, ihr im Palast vorzuspielen. Nach meinem Vortrag nahm sie mich beiseite. »Pablo«, sagte sie, »ich möchte Ihnen gern etwas schenken, das Sie immer an mich denken läßt. Ich möchte gern, daß es etwas zum Anfassen ist.« Damit deutete sie auf ein erlesen schönes Armband, das sie angelegt hatte. »Welchen dieser Steine mögen Sie am liebsten?« fragte sie.

Ich war fast zu bewegt, um antworten zu können. »Sie sind alle so wunderschön, Majestät«, stammelte ich.

»Dann sollen Sie diesen hier haben«, sagte sie und sonderte einen prachtvollen Saphir aus.

Später ließ ich den Stein in meinen Bogen einlegen als teueres Vermächtnis jener allergnädigsten Frau, an die ich mit Liebe und Verehrung zurückdenke.

Von Madrid ging es nach Espinho. Das überladen möblierte Etablissement mit Blick aufs Meer war hauptsächlich als Spielkasino für portugiesische Aristokraten, wohlhabende Kaufleute und andere elegante Gesellschaft gedacht, die hier die Sommertage totschlug. Die Kurverwaltung wünschte sie bei Laune zu halten – vielleicht für den Fall, daß die Verluste im Spiel das erträgliche Maß überstiegen –, und zwar mit gefälliger Musik. Getanzt wurde natürlich auch. Wir waren ein Septett, und wie im Café Tost spielte ich einmal in der Woche ein Solo. Wir musizierten in einem Café, das unmittelbar an den Spielsaal anschloß. Unsere Konzerte sprachen sich herum, und Musikliebhaber aus allen Gegenden Portugals fanden sich allmählich im Kasino ein. Gegen Saisonende erhielt ich zu meiner großen Überraschung eine Einladung des Königs und der Königin von Portugal, sie in ihrem Palast zu besuchen. Als ich dort eintraf, empfingen mich König Carlos und Königin Marie-Amélie mit großer Herzlichkeit. »Und werden Sie für uns spielen?« fragten sie. In diesem Moment wurde mir bewußt, daß ich vergessen hatte, mein Cello mitzubringen. Ich sagte: »Ja, natürlich spiele ich gerne – nur: ich habe kein Cello dabei, ich habe es im Hotel in Espinho stehenlassen.« Sie lachten gutmütig über meine Verwirrung. Man ließ mein Cello herbeischaffen, und ich spielte am nächsten Tag. Das war das einzige Mal in meiner Musiker-Laufbahn, daß ich zum Konzert ohne Cello erschienen bin.

Einige Jahre später sollte ich zusammen mit meinem lieben Freund, dem Pianisten Harold Bauer, den Palast zu Lissabon abermals betreten. Bauer – ich erinnere mich noch gut daran – war von der Schönheit der Königin Marie-Amélie tief beeindruckt, die eine wirklich auffallend strahlende Erscheinung war. Nicht minder beeindruckte ihn ihre Größe – sie war über einen Meter achtzig groß! Er machte hinterher seine Bemerkungen über den Größenunterschied zwischen der Königin und mir – ich bin nie viel größer gewesen als mein Cello –, und ich gab ihm zurück: »Ich bin nicht zu klein, sie ist zu groß!«

Ende des Sommers machte ich auf der Heimreise abermals halt in Madrid. Anläßlich dieses Besuches spielte ich zum ersten Male öffentlich als Solist mit Orchester, und zwar das d-Moll-Konzert von Lalo. Mein ehemaliger Lehrer Tomás Bretón dirigierte, und viele Freunde aus meinen Madrider Studienjahren wohnten der Aufführung bei. Wieder besuchte ich den Grafen de Morphy und Königin María Cristina. Die Königin überließ mir ein kostbares Gagliano-Cello, außerdem verlieh sie mir einen Orden, den zweiten schon! Den ersten hatte ich noch als Schüler des Königlichen Konservatoriums erhalten. Diesmal war es der Orden Karls III., eine hohe Ehre für einen Zwanzigjährigen, aber ich nahm ihn vor allem als Zeichen ihrer persönlichen Zuneigung und des Vertrauens, das sie in mich setzte.

Nach meiner Rückkehr nach Barcelona schlossen sich einige Kollegen und ich zu einem Streichquartett zusammen, und wir gaben Kammermusikabende in Valencia, Madrid und anderen Städten. Die anderen Quartett-Mitglieder waren der hervorragende belgische Geiger Mathieu Crickboom, der sich in Barcelona niedergelassen hatte, der Geiger Galvez und der Pianist und Komponist Enrique Granados.

Pablo Casals (rechts) und Enrique Granados.
Barcelona vor der Jahrhundertwende

Granados und ich hatten uns sehr angefreundet; ich hatte im Liceu die Proben zu seiner ersten Oper *María del Carmen* geleitet, da er zu nervös war, sie selber zu übernehmen. Granados war Ende Zwanzig, als wir uns kennenlernten, und galt schon damals als einer der talentiertesten Musiker Spaniens. Als Sohn eines Armeeoffiziers hatte er seine ersten Musikstunden von dem Leiter der örtlichen Blaskapelle in seiner Geburtsstadt Lérida erhalten. Später hatte er bei dem namhaften Musikwissenschaftler und Komponisten Felipe Pedrell studiert, der eine Fülle spanischer Volksmusik aus vergangenen Jahrhunderten wiederentdeckt hatte und zusammen mit dem Grafen de Morphy für die neu zu schaffende echt spanische Oper wirkte. Pedrell hat viele junge Komponisten stark beeinflußt, aber Granados war in Wirklichkeit fast völliger Autodidakt, und seine köstlichen poetischen Kompositionen, die so sehr den Geist Spaniens atmen, waren durchaus Frucht seiner genialen Eigentümlichkeit. Er war ein wunderbarer, ein geborener Pianist und hatte eine merkwürdige Angewohnheit: Mitten in einem Werk von Beethoven, Schubert oder sonst einem großen Komponisten, wer er auch sein mochte, verfiel Granados plötzlich ins Improvisieren und fuhr damit ohne die geringste Scheu fort! Er war ein guter Mensch, und gut aussehend dazu, mit dunklen Augen, dunkel-gewelltem Haar und dem Antlitz eines Poeten. Unsere Freundschaft, die mir so viel bedeutete, dauerte bis zu seinem allzufrühen Tode zwanzig Jahre danach.

Mit Granados zu musizieren, war für mich eine Quelle ungetrübter Freude. Niemals habe ich mich gern solistisch produziert; viel lieber spiele ich Sonaten oder sonstige Kammermusik, schon deshalb, weil ich da viel weniger Lampenfieber habe – ich teile die Verantwortung mit andern! Was ich freilich am liebsten mache, ist: gar nicht spielen, sondern dirigieren.

Ein anderer Musiker, den ich damals kennenlernte, war der erstaunliche Geiger Pablo de Sarasate, damals in den Fünfzigern und seit langem Spaniens berühmtester Virtuose. Genaugenommen hatten wir uns schon früher getroffen. Zum ersten Male hörte ich ihn spielen, als ich noch ein Junge war und in Barcelona studierte. Señor Tost führte mich in ein Konzert Sarasates, dessen brillantes Spiel mich überwältigte – nie hatte ich etwas Ähnliches gehört. Später, als ich in Madrid studierte, nahm mich Graf de Morphy zu einem Besuch in das Hotel mit, in dem Sarasate wohnte. Er war sehr elegant, sehr liebenswürdig und hatte einen langen, dünnen Schnurrbart, schwarzes wallendes Haar und funkelnde, schwarze Augen. Unaufhörlich rauchte er Zigarren. Im Verlauf der Unterhaltung bot er mir Brandy an. Als ich ablehnte, sagte er: »Was, Sie wollen Künstler sein und trinken nicht? So etwas gibt's doch nicht!«

Sarasate spielte Geige mit phantastischer Leichtigkeit. Seine Konzerte waren blendend, spektakulär – das reinste Feuerwerk! Er war der geborene »Showman«. Wenn er spielte, fixierte er seine Hörer, als ob er sagen wollte: »Seht ihr wohl, was ich alles kann, wie ich mein Publikum im Bann halte?« Niemals übte er oder bereitete sich sonst auf ein Konzert vor; er kam eben und spielte. Er war ein großer Geiger, ohne ein großer Künstler im wahren Sinne des Wortes zu sein.

Er war ein sehr amüsanter Mann mit einem etwas verschrobenen Sinn für Humor und stets zu Späßen aufgelegt. Manchmal kam er mit seinen Freunden, dem Geiger Fernández Arbós und dem Cellisten Rubio, nach San Sebastián, wo ich den Sommer über zu spielen pflegte, und wohnte dann im Kasino. Und Tag für Tag wiederholte sich dieselbe kleine Zeremonie, wenn Arbós und Rubio ihn morgens in seinem Zimmer aufsuchten:

»Habe ich euch schon meinen neuen Stock gezeigt?« fragte dann Sarasate – er hatte eine prachtvolle Sammlung von Stöcken, die er während seiner Reisen um die Welt zusammengetragen hatte. Arbós und Rubio verneinten pflichtschuldigst: »Nein, Pablo, den neuen kennen wir noch nicht.« Daraufhin stieg Sarasate aus dem Bett, segelte, in ein langes Nachthemd gehüllt, ausladenden Schrittes zum Schirmständer, wählte einen der dort abgestellten Stöcke aus und präsentierte ihn mit großer Geste: »Hier, der ist es. Ein ganz wundervoller Stock, schaut genau hin! So stark und dabei so geschmeidig, daß ich ihn nach Belieben in die Länge ziehen oder zu einem geschlossenen Reifen umbiegen kann!« Sarasate begleitete seine Worte mit den entsprechenden Gesten, und seine Besucher taten so, als sähen sie, was er ihnen da vorflunkerte, wirklich. Aber Sarasate ließ nicht locker: »Und dann will ich euch noch etwas ganz Außergewöhnliches vorführen: wie mein

Stock auf das Wetter anspricht. Fällt die Temperatur, dann könnt ihr meine Initialen auf dem Stock lesen, steigt sie aber, dann verschwinden sie. Überzeugt euch selbst! Was seht ihr heute? Nichts! Kein Wunder, es wird ja auch wärmer!«

Die Zeremonie erfuhr immer neue Abwandlungen.

Eines Morgens, als Arbós und Rubio Sarasate fragten, wie er geschlafen habe, warf er seine Arme in die Höhe und sagte erbittert: »Schlafen? Wie hätte ich, bitte sehr, schlafen sollen?«

»Was meinst du damit, Pablo?«

»Nun, wie kann ein Mensch schlafen, wenn das Zimmer von Schildkröten nur so wimmelt?«

Arbós und Rubio nickten verständnisvoll und taten so, als seien sie von Schildkröten eingekreist: »Ach ja, wie unangenehm! Wirklich scheußlich!«

Dasselbe Theater wiederholte sich mehrere Tage lang; dann, als Arbós und Rubio eines Morgens wieder dieselbe Frage nach seiner Nachtruhe gestellt und die nämliche Antwort erhalten hatten, sagten sie: »Richtig, Pablo. Du solltest dich beschweren. Eine unmögliche Situation ist das, schau dir bloß die Bescherung an!« Und sie deuteten rings um sich in alle Zimmerecken.

Als Sarasate aufblickte, sah er, daß im ganzen Zimmer Schildkröten durcheinander krochen. Arbós und Rubio hatten sie nächtlicherweise eingeschmuggelt.

Aber Sarasate zeigte keinerlei Überraschung. Resigniert seufzte er auf und sagte: »Da seht ihr's mal wieder ...«

Zu jener Zeit – ich unterrichtete damals noch in Barcelona – knüpfte ich eine Verbindung an, die sich als eine der haltbarsten meines Lebens erweisen sollte und die mir stets teuer war: Ich lernte die Mönche von Montserrat kennen und besuchte sie häufig in ihrem Kloster. Wir verstrickten uns in lange Gespräche über Musik, Kunst und einen ganzen, weiten Themenkreis. Montserrat wurde mein zweites Zuhause.

Dieses Kloster ist eine der erstaunlichsten Institutionen, die ich kenne. Es liegt in der Nähe von Barcelona in einer phantastischen Umgebung. Der Name Montserrat (= Zackenberg) deutet auf die Form des Berges, auf dem die Abtei errichtet wurde; seine zackigen Bergspitzen

GRAN CASINO EASONENSE

CONCIERTO EXTRAORDINARIO

Para el Jueves 12 de Agosto, á las seis y cuarto de la tarde, por los señores

CRICKBOOM — VIOLINISTA

CASALS — VIOLONCELLISTA

GRANADOS — PIANISTA

PROGRAMA

PRIMERA PARTE

1.° Trio en re menor.
(a) Molto allegro agitado.......... Mendelssohn.
(b) Andante..........
(c) Scherzo..........
(d) Finale..........

SEGUNDA PARTE

2.° Adagio (violín).......... Max Bruch.
Rondó capriccioso.......... Saint-Saëns.
3.° Valses poéticos (piano).......... Grenados.
Allegro appassionato.......... Saint-Saëns.
4.° Nocturne (violoncello).......... Chopín.
Tarantelle.......... Fopper.
5.° Fantasía «Faust» (violín).......... Vieux Temps.

Konzertprogramm, San Sebastian, 1897

ragen in den Himmel wie die Türme einer gigantischen Kathedrale. Ich kenne keinen Berg, der größere Ehrfurcht einflößte, mehr die Phantasie beflügelte. Das Kloster ist in Gipfelnähe auf einem kleinen Plateau gelegen mit Blick über tiefe Schluchten und gähnende Abgründe; seine gewaltigen Mauern scheinen im Fels verwurzelt zu sein. Im 9. Jahrhundert, vor mehr als tausend Jahren also, wurde Montserrat gegründet, als man in einer Höhle eine Statue der Jungfrau Maria entdeckt hatte, die dort während des Maureneinfalls in Katalonien versteckt worden war. Später wurde das Kloster zu einem Wallfahrtsort, wohin Pilger aus ganz Europa kamen, um »Unserer Lieben Frau von Montserrat«, der Schutzheiligen Kataloniens, ihre Verehrung zu erweisen. Viele Leute glaubten auch, Montserrat berge den heiligen Gral, sei also jenes legendäre Montsalvat, von dem die Troubadours und Minnesänger des Mittelalters singen und sagen. Nicht nur Kirchenmusik, auch Volksmusik gehörte seit frühester Zeit zum Klosterleben; die Pilger sangen und tanzten auf dem Platz vor der Kirche, und die Mönche selbst komponierten die Gesänge dazu und richteten sie zur Aufführung ein. Bereits im 14. Jahrhundert legten die Mönche eine Anzahl von Pilgergesängen in einem Kodex nieder, der unter dem Namen *Llibre Vermell* bekannt geworden ist, einem der ältesten Denkmäler europäischer Mehrstimmigkeit. Seit dem Mittelalter haben die Mönche in ununterbrochener Folge Bedeutendes nicht nur auf dem Gebiete der Musiktheorie, sondern auch in anderen Künsten und Wissenschaften geleistet, glänzende Gelehrte, Wissenschaftler, Dichter und Musiker sind aus ihren Reihen hervorgegangen. Wie viele unvergeßliche Stunden habe ich doch in der Gesellschaft der Benediktiner-Fratres in Montserrat verbracht! Bis zum heutigen Tag ist die Verbindung zwischen uns nicht abgebrochen.

Obwohl sie ihr Leben Gott geweiht haben, befassen sich die Mönche von Montserrat gründlich mit weltlichen Dingen. Die Abtei ist eine Bewahrerin katalanischen Erbes. Vor einigen Jahren wurde ihr Abt, Pater Escarré, ein Mann von großer Weisheit und Herzensgüte, gezwungen, Katalonien der Widersetzlichkeit wegen zu verlassen, die er gegenüber dem Franco-Regime an den Tag gelegt hatte. Er ging damals nach Mailand, und wir korrespondierten weiterhin regelmäßig. Einem seiner Briefe fügte er ein langes Interview bei, das er der französischen Tageszeitung *Le Monde* gegeben hatte. Die Überschrift lautete: »Das heutige Spanien ist kein christliches Land.« Der Abt starb vor kurzem und wurde, wie er es gewünscht hatte, nach Katalonien überführt und in Montserrat beerdigt.

Den Erlassen Francos zum Trotz fuhren die Mönche von Montserrat fort, in katalanischer Sprache zu trauen und Messe zu lesen, auch als dies ausdrücklich verboten war. Selbst in den finstersten Zeiten sangen sie meine Kompositionen.

Jahrelang habe ich meine geistlichen Werke dem Kloster überlassen, von der Veröffentlichung fast aller anderen Werke habe ich Abstand genommen. Die Mönche von Montserrat indessen haben meine geistliche Musik auch publiziert. Regelmäßig singen sie meine Messen und täglich meinen Rosenkranz.

Vor nicht langer Zeit sprach ich mit einem sehr bekannten jungen amerikanischen Musiker. Er ist ein guter, wirklich begabter Musiker, aber als ich Montserrat erwähnte, kannte er es nicht einmal dem Namen nach. »Montserrat?« sagte er, »ist das nicht ein französischer Maler?« Seine Frage wirft ein bezeichnendes Licht auf die zeitgenössische Musikerziehung. Jeder Musiker sollte den Namen Montserrat kennen, denn Montserrat ist ein Teil des Erbes jener Vergangenheit, ohne die unsere heutige Kultur nicht möglich wäre.

In Barcelona enthielt ich mich in der Zeit nach meiner Rückkehr aus Paris aller Extravaganzen und legte soviel Geld auf die Seite, wie ich nur konnte. Die Entbehrungen der Pariser Tage und die vorausgegangenen jahrelangen Kämpfe wollten mir nicht aus dem Sinn. Ich war entschlossen: Meine Mutter und mein Vater, die so viel für mich geopfert hatten, sollten es jetzt leichter haben. Nichts freute mich mehr, als wenn ich meine Mutter und meine beiden jüngeren Brüder ein bißchen verwöhnen durfte oder meinem Vater zu einer besseren Behandlung seines schrecklichen Asthmas verhelfen konnte. Gleichzeitig sparte ich nach Kräften, um meine Rückkehr nach Paris zu ermöglichen, wo ich meine Laufbahn so fortzusetzen gedachte, wie sie François Gevaert vorgeschwebt hatte.

Im Sommer 1899 war es soweit. Ich redete mit meinen Eltern, auch sie waren der Ansicht, es sei nun an der Zeit für mich, nach Frankreich zurückzukehren; und als die berühmte Sängerin Emma Nevada – ich hatte sie durch den Grafen de Morphy kennengelernt – mich einlud, sie in ihrem Hause in der Nähe von Paris zu besuchen, nahm ich die Einladung mit Freuden an. Die Lebensgeschichte von Emma Nevada, damals einer Frau von Ende Dreißig, war ein abenteuerlicher Roman. Schon der Name Nevada war nur angenommen. Ihr Vater, ein amerikanischer Arzt, war während des Goldrausches nach Kalifornien gezogen; sie war in der Nähe von Nevada City, einer kleinen Goldgräberstadt, auf die Welt gekommen und hatte später Nevada zu ihrem Künstlernamen gemacht. Zur Zeit ihrer Geburt war Kalifornien noch Grenzland, der Bürgerkrieg brach aus, als sie zwei oder drei Jahre alt war. Ihre Kindheit hatte sich in der bizarren Welt von Goldsuchern, Berufsspielern und *vigilance committees* abgespielt. Als sie acht Jahre alt war, steckten ihre Eltern sie in eine Privatschule in der Nähe von San Franzisko, und dort entdeckte man ihr ungewöhnliches Gesangstalent. Im Alter von fünfzehn Jahren kam sie mit einer fahrenden Operntruppe nach England, und wenige Jahre später debütierte sie in der Londoner Oper mit phänomenalem Erfolg. Im Triumph zog sie von einer europäischen Hauptstadt zur anderen. Sie lernte Verdi kennen, der sie für die Mailänder Scala engagierte, und Gounod wurde ihr Pate.

Als ich in Emma Nevadas Haus eintraf, war sie gerade im Aufbruch. Sie hatte ein Engagement nach London und fragte, ob ich nicht mit ihr kommen wolle, und so ergab sich meine erste Englandreise. Man lud mich ein, in verschiedenen Hauskonzerten mitzuwirken, wie sie damals die feinen Leute bei sich veranstalteten. In London debütierte ich bei dieser Gelegenheit im Kristallpalast, einem ungeheuren Glasgebäude, in dem ständig Ausstellungen stattfanden und wo außer Konzerten auch noch sonst öffentliche Darbietungen aller Art veranstaltet wurden. Ich spielte das Saint-Saëns-Konzert, das Orchester leitete der Dirigent August Manns. Als das Konzert zu Ende war, stellte man mich einer Mrs. Elliot vor, Hofdame Königin Victorias. Sie fragte mich: »Würden Sie für Ihre Majestät spielen?«, und ich antwortete, ich würde mich glücklich schätzen.

Das Konzert fand in Osborne House statt, dem Sommersitz Königin Victorias auf der Isle of Wight. Es war ein schöner Bau, einige

Zur Zeit des Pariser Debuts, 1899

hundert Jahre alt und von wunderbar gepflegten Gärten umgeben. Die Atmosphäre während des Konzertes war sehr viel steifer, als ich es vom königlichen Palast in Madrid her gewohnt war. In dem eher kleinen Saal, wo ich spielen sollte, herrschte feierliche Stille; ungefähr dreißig Gäste waren geladen, und sie unterhielten sich, bis das Konzert anfing, mit so leiser Stimme, daß sie kaum zu vernehmen waren. Unter den Gästen im Saale waren auch der Prince of Wales, der bald darauf König Edward VII. werden sollte, und der Herzog von York, der künftige König Georg V.; beiden wurde ich vorgestellt. Sehr gespannt war ich auf Königin Victoria, die damals achtzig Jahre alt und eine legendäre Gestalt war. Sie war eine kleine, etwas korpulente Frau mit weichen, runzeligen Wangen und hervorquellenden Augen und trug ein weißes Spitzentuch als Kopfbedeckung, das ihr bis zu den Schultern reichte. Während sie sich mit einem britischen General unterhielt, standen die übrigen Gäste in respektvollem Schweigen herum. Ein indischer Diener in grün-seidener Livree und gelbem Turban schob ihr einen Schemel unter die Füße, und sie hob die kleine, rundliche Hand zum Zeichen, daß das Konzert nun beginnen solle. Es dauerte nur kurz. Der Pianist Walker begleitete mich. Wir spielten, wenn ich mich recht erinnere, drei Stücke, darunter das Allegro aus dem Saint-Saëns-Konzert. Zwischen den Stücken gab es keinen Beifall, nur am Ende des Konzertes war ein höfliches Klatschen zu hören.

Königin Victoria wandte sich auf französisch an mich und beglückwünschte mich zu meinem Spiel; sie habe schon Königin María Cristina von Spanien über mich erzählen hören. Sie wünschte mir für meine weitere Laufbahn viel Erfolg und überreichte mir einige Geschenke. Ehe ich ging, plauderte der Herzog von Connaught kurz mit mir auf spanisch und ersuchte mich, meinen Namen in das *Book of Honorable Guests* einzutragen.

Einige Zeit später, als ich wieder in Madrid war, schenkte mir Königin María Cristina ein Telegramm, das sie unmittelbar nach dem Konzert von Königin Victoria bekommen hatte. Es war in deutscher Sprache abgefaßt. Königin Victoria ließ darin wissen, sie habe mein Spiel »entzückend« gefunden.

Als ich nach Paris zurückkehrte, ereignete sich etwas, was sich als Wendepunkt meiner Laufbahn herausstellen sollte. Graf de Morphy

THEATRE DE LA RÉPUBLIQUE

SAISON 1899-1900 Ancien Théâtre du Château-d'Eau, 50, rue de Malte 19me ANNÉE

ASSOCIATION

DES

# CONCERTS LAMOUREUX

Sous la Direction de **M. Charles LAMOUREUX**

**Dimanche prochain 17 DÉCEMBRE 1899, à 2 h. 1/2**

*(Ouverture des portes à 1 h. 3/4)*

SÉRIE **B** **SIXIÈME CONCERT** SÉRIE **B**

AVEC LE CONCOURS DE Mme

## JANE MARCY

DE L'OPERA

ET DE M.

## PABLO CASALS

*PROGRAMME*

***SYMPHONIE en ut mineur*** (nº 5) . . . . . . **BEETHOVEN**

***MUDARRA,*** Drame musical en 4 Actes, de MM. TIERCELIN et BONNEMÈRE . **F. LE BORNE**

A. Prologue symphonique.

B. Prélude et 1re Scène du 2me Acte.

**Mme Jane MARCY** (de l'Opéra).

***CONCERTO pour Violoncelle*** . . . . . . . . . **SAINT-SAËNS**

Par **M. PABLO CASALS.**

***CAPRICCIO ESPAGNOL*** . . . . . . **RIMSKY-KORSAKOW**

Pour Orchestre.

***AIR DE PROSERPINE*** . . . . . . . . . . . **PAËSIELLO**

**Mme Jane MARCY** (de l'Opéra).

***OUVERTURE DE TANNHÄUSER*** . . . . . . . **WAGNER**

**PRIX DES PLACES** : Avant-Scènes de Rez-de-Chaussée, **6** fr.; Avant-Scènes de Balcon, **8** fr.; Avant-Scènes de Première Galerie, **4** fr.; Avant-Scènes de Deuxième Galerie, **2** fr.; Fauteuils d'Orchestre, **8** fr.; Loges de Balcon, **8** fr.; Fauteuils de Balcon (1re série), **8** fr.; Fauteuils de Balcon (2me série), **6** fr.; Fauteuils de Foyer, **5** fr.; Stalles de Deuxième Galerie, **3** fr.; Stalles de Troisième Galerie, **1** fr. **50**.

**Le Bureau de Location sera ouvert, au THÉATRE DE LA RÉPUBLIQUE, rue de Malte, 50, tous les jours, à partir de Mercredi, de 1 heure à 5 heures, et le jour du Concert, de 10 heures à midi.**

**S'adresser, pour les abonnements, au Secrétaire de l'ASSOCIATION DES CONCERTS LAMOUREUX, 2, rue Moncey**

*On trouve des Billets :* chez MM. DURAND et FILS, 4, place de la Madeleine; DURDILLY, 11 *bis*, boulevard Haussmann; L. GRUS, place Saint-Augustin; HAMELLE, 22, boulevard Malesherbes; NOËL, 22, passage des Panoramas; QUINZARD, 24, rue des Capucines; ROSENBERG, 31, boulevard Haussmann; ALLETON, 13, rue Racine.

12-99 40. — Paris. Typ. Morris Père et Fils, rue Amelot, 64

Programm des ersten Konzerts in Paris

hatte mir ein Empfehlungsschreiben an den gefeierten französischen Dirigenten Charles Lamoureux mitgegeben, und ich suchte ihn in seinem Büro auf, wo er, als ich hereingebeten wurde, gerade an seinem Schreibtisch saß und sich über einige Blätter beugte. Er war einer der hervorragendsten Interpreten Wagnerscher Musik, hatte »Lohengrin« und andere Werke des großen Komponisten in Frankreich erstaufgeführt. Nun bereitete er gerade die Erstaufführung von »Tristan und Isolde« in Paris vor und war dabei, Bezeichnungen in die Partitur einzutragen. Er war völlig in diese Beschäftigung vertieft, hob nicht den Kopf und gab auch sonst nicht zu erkennen, ob er wußte, daß sich außer ihm noch jemand im Zimmer befand. Nachdem ich einige Minuten schweigend herumgestanden hatte, wurde mir die Sache langsam peinlich. Schließlich sagte ich: »Monsieur, ich bedauere, Sie bei der Arbeit gestört zu haben, aber ich möchte nur einen Brief des Grafen de Morphy abgeben.« Lamoureux warf den Kopf herum und schaute mich an – er war körperlich behindert, und Bewegungen, vor allem der Beine, bereiteten ihm Schmerzen. Ich bemerkte, wie blaß er war – dieser große Künstler sollte noch vor Ablauf dieses Jahres sterben –, aber sein Blick war durchdringend. Wortlos streckte er mir die Hand entgegen, ich legte den Brief des Grafen hinein. Er las ihn und sagte abrupt: »Kommen Sie morgen früh wieder, junger Mann, und bringen Sie Ihr Cello mit.«

Am anderen Morgen erschien ich abermals in seinem Büro. Am Klavier saß ein junger Mann, von dem ich annahm, daß er mich begleiten sollte. Aber wie tags zuvor war Lamoureux völlig in seine Arbeit versunken und sagte, als ich eintrat, kein Wort zu mir. So stand ich wieder da und wartete. Nach einer Weile murmelte er etwas in seinen Bart über Leute, die ihn immer dann stören müßten, wenn er versuchte, sich auf etwas zu konzentrieren. »Monsieur, ich denke nicht daran, Sie stören zu wollen«, sagte ich, »ich werde sofort wieder verschwinden.«

Lamoureux schaute unter seinen buschigen Augenbrauen zu mir hoch. »Junger Mann«, sagte er, »Sie gefallen mir. Spielen Sie mir etwas vor.« Das war alles; und schon war er wieder bei der Arbeit und versenkte sich in die Partitur auf seinem Schreibtisch.

Ich stimmte mein Cello. Der Begleiter und ich begannen mit dem

Lalo-Konzert. Kaum hatte ich die Anfangstöne gespielt, als Lamoureux seine Feder beiseite legte. Er lauschte angespannt für ein paar Sekunden. Dann begann er zu meinem Erstaunen sich mühselig in seinem Stuhl herumzudrehen und sich, wie es schien, unter Schmerzen, auf die Füße zu stellen. Und er blieb stehen, uns beiden zugewandt und leicht nach vorne geneigt, bis der erste Satz zu Ende war. Dann hinkte er auf mich zu und umarmte mich, Tränen in den Augen. »Mein lieber Junge«, sagte er, »Sie gehören zu den wenigen, die auserwählt sind. Nächsten Monat beginnt die Konzert-Saison, und Sie werden in meinem ersten Konzert spielen.«

Obwohl es mir damals gar nicht zum Bewußtsein kam, war mit diesen Worten der Weg frei für alle künftigen Erfolge, die mir meine Musik einbringen sollte.

In jenem Oktober debütierte ich in Paris als Solist im Château d'Eau mit dem Lamoureux-Orchester – ich spielte das Lalo-Konzert –, und einen Monat später spielte ich schon wieder unter Lamoureux. Die Konzerte verliefen so erfolgreich, wie ich es in meinen kühnsten Träumen nicht zu hoffen gewagt hätte!

Aber ein Schatten trübte meine Freude: Ich konnte sie nicht mehr mit dem Manne teilen, der alles erst ermöglicht hatte. Nur wenige Wochen zuvor war Graf de Morphy in der Schweiz gestorben. Man hatte ihn gezwungen, Madrid zu verlassen – gewisser Schwierigkeiten bei Hofe halber. Später erfuhr ich, daß dieser vornehme Mann, der so sehr Spaniens Kultur bereichert hatte, in Armut gestorben war. Sein Tod erfüllte mich mit Schmerz.

Ein Kapitel meines Lebens war zu Ende.

# DÄMMERUNG EINES ZEITALTERS

Ich war dreiundzwanzig Jahre alt, als das neue Jahrhundert anbrach. Es war eine Zeit großer Hoffnungen. Eine neue Epoche stehe unmittelbar bevor, so glaubten viele, die Jahrhundertwende werde sich als Wende der Menschheitsgeschichte erweisen. Man berief sich auf die jüngsten Errungenschaften der Naturwissenschaften und prophezeite, daß die Zukunft auch in sozialer Hinsicht große Fortschritte bringen werde. Die Zeiten, da Armut und Hunger endgültig verschwunden sein würden, ließen nun nicht mehr lange auf sich warten. Wie die Leute sonst beim Beginn eines neuen Jahres Besserung geloben, so schien diesmal alle Welt entschlossen zu sein, auch den Weg in ein neues Jahrhundert mit guten Vorsätzen zu pflastern. Wer hätte damals voraussehen können, daß die kommenden Jahrzehnte die unvorstellbaren Schrekken zweier Weltkriege mit sich bringen würden mit ihren Konzentrationslagern und ihren Atombomben?

Für mich war die Zukunft vielversprechend. Fast über Nacht wurde mir im Anschluß an meine Konzerte unter Lamoureux weltweite Anerkennung zuteil. Man belagerte mich förmlich mit Angeboten für Konzerte und Cello-Abende. Auf einmal öffneten sich mir alle Türen, und das konnte einem jungen Mann am Beginn seiner Laufbahn schon zu Kopfe steigen. Aber ich hielt mir immer vor Augen, wie sehr alles an den Umständen gelegen hatte. Gearbeitet hatte ich freilich hart, aber ich war doch sehr vom Glück begünstigt worden. Die Natur hatte mich mit einem gewissen Talent begabt, ich war mit einem wahrhaft einzigartigen Elternpaar gesegnet, die Freundschaft einer Frau wie der Königin María Cristina war mir zuteil geworden, ich hatte Lehrer gehabt wie den Grafen de Morphy, Monasterio, Bretón, García; und was ich geworden war, hatte ich der Teilnahme dieser Männer und Frauen zu verdanken. Hätte ich auch nur auf einen dieser Helfer verzichten müssen, um wieviel ärmer wäre ich da gewesen! Das gilt für mein ganzes Leben. Immer werde ich ihnen dankbar sein. Ich weiß, was ich ihnen schulde.

François Gevaert hatte nicht zuviel versprochen! Das Paris der »belle époque« war damals tatsächlich der kulturelle Mittelpunkt der Welt, ein Mekka für schöpferische Menschen, Heim- und Arbeitsstätte vieler Künstler und Literaten. Und in dieser Stadt mit ihren von Menschen wimmelnden Straßen, ihren Terrassen-Cafés und Maronenverkäufern, ihren Bauten, auf denen sich die Patina der Jahrhunderte niedergeschlagen hatte – hier, wo es noch vor wenigen Jahren meiner Mutter und mir so übel ergangen war, fand ich nun ein anregendes Arbeitsklima, konnte ich mich in der Gesellschaft brillanter Männer und Frauen ganz dem Reiz des Neuen hingeben. Durch meine Musik kam ich in engen Kontakt zu anderen Berufskollegen, und zum Kreis meiner Freunde gehörten bald so international bekannte Künstler wie die Geiger Eugène Ysaÿe und Jacques Thibaud, die Pianisten Harold Bauer und Alfred Cortot, die Komponisten Vincent d'Indy, George Enesco, Maurice Ravel, Arnold Schönberg und Camille Saint-Saëns. Nicht, daß ich mich bei der Wahl meiner Bekannten nur auf Musiker beschränkt hätte! Auch mit Malern wie Degas und Eugène Carrière schloß ich Bekanntschaft, mit Staatsmännern wie Georges Clemenceau und Aristide Briand, mit dem Schriftsteller Romain Rolland, dem Philosophen Henri Bergson. Es waren faszinierende Männer, und viel konnte ich von ihnen lernen.

Die Gespräche mit Bergson fand ich immer besonders anregend. Wir mochten uns recht gern; ich besuchte ihn häufig. Zunächst war es mir rätselhaft, daß dieser gefeierte Philosoph Zeit opfern wollte, sich mit einem jungen Menschen wie mir zu unterhalten. Ich wußte doch, wie ungeheuer überlastet er mit seiner schriftstellerischen Arbeit und seinen Vorlesungen an der Universität war. Auch fühlte ich, daß meine Kenntnisse einem Manne von so umfassender Gelehrsamkeit doch recht beschränkt vorkommen mußten, aber er versicherte mir, daß auch er viel aus unseren Unterhaltungen lerne. Worauf wir ziemlich oft zu sprechen kamen, war das Thema »Intuition« – natürlich, er hatte ja darüber viel geschrieben –, und nun suchte er von mir zu erfahren, welche Rolle der Intuition in der Musik zukommt. Nun war ich schon immer der Ansicht, daß beim Komponieren und Interpretieren von Musik Intuition den Ausschlag gibt. Natürlich geht es nicht ohne Technik ab: Man muß sein Instrument spieltechnisch beherrschen, um all seine Möglichkeiten auszuschöpfen. Und auch Intelligenz ist vonnöten: Nur so lassen sich alle Facetten eines musikalischen Kunstwerkes ausleuchten. Aber letztlich kommt der Intuition doch die Hauptrolle zu. Ich meine, der bestimmende Faktor im Schaffensprozeß, der das Werk erst lebendig werden läßt, ist der musikalische Instinkt.

Ich kann nicht sagen, daß ich in meinen frühen Pariser Jahren nur Erfreuliches erlebt hätte. Höchste Leistungen der Menschheit entsprechen nicht selten ihren Torheiten und Schwächen. So begegnete man im strahlenden Paris, in dem Künste und Wissenschaften blühten, auch sozialem Unrecht und erschreckender Ignoranz. Ein besonders schokkierendes Beispiel dafür war der berüchtigte Dreyfus-Prozeß. Meine Freundschaft mit Oberst Georges Picquart, den ich kurz nach meiner Ankunft in Paris kennengelernt hatte, brachte es mit sich, daß ich den Fall aus nächster Nähe verfolgte. Oberst Picquart war ein Offizier von ungewöhnlicher Art. Groß und gut aussehend mit seinem grauen Schnurrbart, war er ein sehr kultivierter Mann, höflich und von einnehmendem Wesen, zudem auch ein recht guter Amateurpianist. Er hatte einen unerschütterlichen Sinn für Gerechtigkeit. Seine Devise war: »Vollkommenheit in der Kunst, Gerechtigkeit im Leben!« Und eben dieser Gerechtigkeitssinn hatte Picquart in die Dreyfus-Affäre verwickelt, aus der er schließlich als einer ihrer wahren Helden hervorgehen sollte. Freilich war er selber viel zu bescheiden, um seine Rolle in diesem Lichte zu sehen. Durch ihn erfuhr ich, was sich hinter den Kulissen wirklich abspielte.

Zur Zeit meiner Ankunft war die Affäre bereits eine *cause célèbre* und in aller Munde. Bei Hauskonzerten war es nicht anders; ehe man sich versah, war von Musik keine Rede mehr, und jedermann begann, sich über den Hauptmann Dreyfus auszulassen. Drei oder vier Jahre zuvor war dieser jüdische Offizier fälschlich bezichtigt worden, militärische Geheimnisse an die Deutschen verraten zu haben. Auf Grund gefälschter Indizien wurde er von einem Kriegsgericht überführt und zu lebenslänglicher Haft auf der berüchtigten Teufelsinsel verurteilt. Wahrscheinlich wäre er dort umgekommen, wäre nicht Oberst Picquart gewesen, der als Offizier im französischen Kriegsministerium auf einige vertraulich zu behandelnde Aktenvermerke gestoßen war, die ihn von Dreyfus' Unschuld überzeugten. Er informierte Angehörige des französischen Generalstabs und erhielt darauf den dienstlichen Befehl, die Sache auf sich beruhen zu lassen. Andere Offiziere hätten vielleicht gehorcht – nicht so Oberst Picquart! Er fuhr fort, Nachforschungen anzustellen, mit dem Erfolg, daß er auf einen gottverlassenen Posten nach Afrika abgeschoben wurde. Bevor er Frankreich verließ, übergab er das von ihm aufgefundene Material einem bekannten Rechtsanwalt. Die Sache wurde vom Parlament aufgegriffen. Zuerst waren nur wenige willens, Dreyfus zu Hilfe zu kommen, und Oberst Picquart selbst wurde unter der Anschuldigung des Verrats militärischer Geheimnisse ins Gefängnis geworfen. Aber als dann mehr Fakten in die Öffentlichkeit drangen, entwickelte sich der Fall Dreyfus zu einem nationalen Skandal. Émile Zola publizierte seinen berühmten offenen Brief *J'accuse,* worin er die Regierung der Unterdrückung der Wahrheit bezichtigte. Der Protest erreichte solche Ausmaße, daß sich die Behörden gezwungen sahen, Dreyfus nach Frankreich zurückzuholen und ein zweites Verfahren gegen ihn einzuleiten. Neues Beweismaterial einschließlich der Funde Oberst Picquarts – man hatte ihn unterdessen wieder in Freiheit gesetzt – entlastete Dreyfus ganz offensichtlich. Aber die Armee wollte nicht das Gesicht verlieren, und so befand das Kriegsgericht Dreyfus wieder für schuldig, allerdings billigte man ihm, wie es hieß, mildernde Umstände zu und verkürzte das Strafmaß auf zehn Jahre Gefängnis. Bald danach wurde Dreyfus von der Regierung begnadigt, aber seine erwiesene Unschuld wurde immer noch nicht offiziell anerkannt, und so setzten Oberst Picquart und andere ihren Kampf fort, um Dreyfus auch von dem letzten Makel zu reinigen. Erst Jahre später wurde Dreyfus endlich rehabilitiert und wieder in die Armee aufgenommen. Was er durchgemacht hatte, war seinen Feinden immer noch nicht genug: Ein fanatischer Antisemit schoß auf ihn in der Absicht, ihn zu ermorden. Dreyfus kam mit einer Verwundung davon.

All dies erschreckte mich und machte mich geradezu krank. Ich weiß, es gibt Leute, die meinen, Künstler sollten in einem Elfenbeinturm leben, weitab von den Kämpfen und Leiden ihrer Mitmenschen – eine Ansicht, die ich mir nie habe zu eigen machen können! Wer die Menschenwürde anderer beleidigt, beleidigt mich mit; das Gewissen fordert, gegen Unrecht anzugehen. Sage niemand, ein Künstler brauche es mit den Menschenrechten nicht so genau zu nehmen wie andere Leute. Hat er denn einen Freibrief, der ihn von seinen Pflichten als Mensch entbindet, nur weil er Künstler ist? Nein, wenn überhaupt jemand Verantwortung trägt, dann er, weil er sensibler ist und ein feineres Wahrnehmungsvermögen besitzt. Wenn er seine Stimme erhebt, wird sie eher gehört als andere Stimmen. Und wem könnte an der Verteidigung der Freiheit und des Rechtes auf freie Meinungsäußerung mehr gelegen sein als gerade dem Künstler? Es gehört zum Wesen seiner schöpferischen Tätigkeit, daß sie nur in Freiheit gedeiht.

Das vielleicht Schrecklichste an der Dreyfus-Affäre war für mich die Tatsache, daß viele Leute nur deshalb gegen Dreyfus waren, weil er Jude war. Und ich fand es fast unglaublich, daß hier in Paris, dieser Wiege europäischer Kultur und seit jeher Bewahrerin der Menschenrechte, daß hier in der *ville lumière*, der Stadt der Aufklärung, Antisemitismus wie eine Seuche um sich greifen konnte. Es fehlen einem die Worte, diese Krankheit zu beschreiben, die später eine ganze Nation infizieren sollte. Die Vernunft faßt es nicht, wie es dazu kommen konnte, daß Millionen Menschen, Frauen und Kinder, hingeschlachtet wurden, nur weil »jüdisches Blut« in ihren Adern floß. Welch ungeheuerliches Verbrechen, vor dem der Verstand ins Wanken gerät!

Allein die Vorstellung, ich könnte die Juden hassen, ist mir unbegreiflich. Jüdischen Freunden und Kollegen habe ich mich stets herzlich verbunden gefühlt, und wie sehr haben sie doch mein Leben bereichert. Welches Volk auf Erden hat mehr zur Menschheitskultur beigetragen als das jüdische? Kein Wunder, daß die Juden so wunderbare Musiker sind. Sie haben soviel Herz, jawohl: Herz, und Geist dazu; das ist der Grund. Wenn ich dirigiere und den Orchestermitgliedern sage: »Spielt es jüdisch«, dann wissen sie, was ich damit meine. Mein Freund Sascha Schneider sagt mir manchmal: »Wissen Sie, Don Pablo, Sie sind halt doch Jude.« Ich beteuere dann, meine Eltern seien

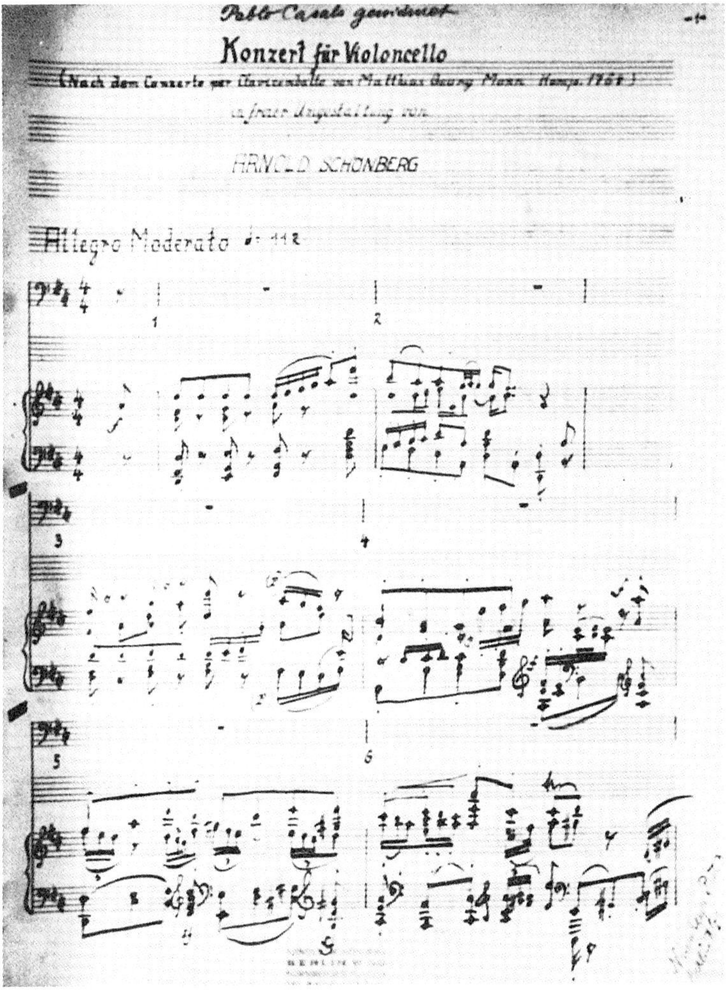


Arnold Schönbergs Konzert für Pablo Casals.
Klavierauszug

katholisch gewesen und ich sei Vollblutkatalane, aber er läßt sich nicht davon abbringen. Gutmütig schüttelt er den Kopf und erwidert: »Sie irren sich. Auch wenn Sie als Sohn katholischer Eltern in Katalonien geboren wurden, sind Sie eben doch Jude. Beweis? Nun, könnten Sie etwa so spielen, wie Sie spielen, wenn Sie kein Jude wären?« Ich weiß das Kompliment zu würdigen, aber ich sage dann zu Sascha: »Die Ausnahme bestätigt die Regel ...«

Im Jahr 1901 bereiste ich mit Emma Nevada und einem begabten jungen Pianisten, dem Franzosen Léon Moreau, zum ersten Mal die Vereinigten Staaten. Raymond Duncan, der Bruder der Tänzerin Isadora Duncan, hatte eine Tournee mit achtzig Konzerten vorbereitet.

Daß mein Lebensfaden dereinst in den Bildteppich dieses großen Landes würde verwoben werden und daß ich mehr als ein halbes Jahrhundert später in dieser Hemisphäre eine neue Heimat finden würde, konnte ich nicht ahnen, aber das Land beeindruckte mich damals schon tief. Ich hatte viel über Amerika gehört, besonders von Emma Nevada, deren Heimat es schließlich war, aber von manchen Dingen macht man sich keinen Begriff, solange man sie nicht selber erlebt. Und Amerika wurde für mich zu einem phänomenalen Erlebnis. Welch krasser Unterschied zwischen Amerika und den europäischen Ländern, in denen ich mich allein auskannte! Wir bereisten Dutzende von größeren und kleineren Städten, fuhren quer durch den Kontinent vom Atlantik bis zum Pazifik, aber immer wußte ich: Was sich auch vor meinen Blicken auftat an weiten Prärien, ungeheuren Bergketten und schreckenerregenden Wüsten – es war nur ein winziger Ausschnitt dieses unermeßlichen Landes. Nie zuvor hatten mich Größe und Vielfalt der Natur so sehr überwältigt; nie zuvor war es mir stärker zu Bewußtsein gekommen, wie unüberwindlich der Pioniergeist der Menschen gewesen sein mußte, die in diese Räume vorgestoßen waren, um sich für immer dort niederzulassen. Es gab nichts, was sie sich nicht zugetraut hätten. Jeder von ihnen war seines Glückes Schmied.

Das Wort von der »Neuen Welt« hörte auf, für mich eine bloße Phrase zu sein. Das war alles so neu, so überschäumend! Man fühlte: Wie eine große Symphonie während der Proben allmählich Kontur gewinnt, war hier eine Nation im Entstehen begriffen.

Natürlich war das Amerika von 1901 nicht das Amerika von heute. Zwar gab es schon Großstädte, aber es gab auch *frontier towns*, Grenzstädte, jenseits derer die menschliche Besiedlung aufhörte. Es gab Gebiete, wo die Wildnis noch nicht gerodet war; Orte, wo ich das Gefühl hatte, selber noch zu den Pionieren zu gehören. Sogar die größeren Städte hatten wenig gemeinsam mit denen von heute. Damals konnte man noch den Himmel sehen, Dunstglocken und Wolkenkratzer waren noch nicht erfunden. Nur gelegentlich begegnete einem ein seltsames Vehikel, das man Automobil nannte. Ich muß gestehen: Wenn ich heute New York oder Chikago besuche, sehne ich manchmal die alten Zeiten zurück. Damals gab es keine Taxis, die sich im Schneckentempo durch den Verkehr quälen mußten, sondern bequeme, von Pferden gezogene Wagen, die einen ohne Verspätung dorthin brachten, wo immer man hin wollte.

Zu jener Zeit nahmen gewisse europäische Intellektuelle eine abschätzige Haltung den Vereinigten Staaten gegenüber ein. Amerikaner, so sagten sie, ermangelten jeglicher Kultur, und von Kunst könne schon gar nicht die Rede sein. Was mich während meiner ersten Amerikareise und auch später mit am meisten beeindruckte, war hingegen, wie sehr die Amerikaner sich gerade um kulturelle Dinge und besonders um Musik bemühten. Ich war überrascht, wieviel Wert an den Schulen der Musikerziehung beigemessen wurde. Blaskapellen, Schulorchester und Chöre gab es überall, und häufig staunte ich, wieviel Interesse der Musik entgegengebracht wurde und wieviel Möglichkeiten einer musikalischen Betätigung – wenn auch vielleicht auf noch etwas rohe Art – sich in gottverlassenen Gegenden und kleinen Städtchen auftaten.

Aber mehr als alles andere beeindruckte mich, glaube ich, das Gefühl der Gleichheit, das alle Menschen beseelte. Ich war an die Klassenunterschiede Europas gewöhnt, hatte sie aber als Republikaner durch Geburt und Überzeugung immer als absurd und anstößig empfunden. Niemals hatte ich gelten lassen, daß es Menschen unterschiedlichen Ranges gebe und daß manchen von ihnen Vorrechte zuständen, nur weil sie zufällig vornehmer Abkunft waren oder ein Vermögen gemacht hatten. Und nun fühlte ich mich als Glied einer Gesellschaft, in der Verdienst nach Charakter und Fähigkeiten zugemessen wurde.

Sicher war noch nicht alles so, wie es sein sollte, aber für mich, den Vierundzwanzigjährigen, wurde Amerika zu einem Emanzipationserlebnis.

Mein Kollege Léon Moreau, der mich auf dieser Tournee begleitete, war ein richtiger Teufelskerl, immer auf dem Sprung, sich in ein neues Abenteuer zu stürzen. Auch mich trieb die Neugierde, und wir hatten beide keine Lust, nur in unseren Hotelzimmern und Konzertsälen herumzusitzen, sondern brannten darauf, alles mitzubekommen, was es in diesem seltsamen und aufregenden Lande zu sehen gab. Kaum waren wir in einer neuen Stadt angelangt und hatten unsere Siebensachen ausgepackt, gingen wir auf Entdeckungsreisen, wobei wir nicht selten in recht bizarre Situationen gerieten.

So erinnere ich mich, daß es uns eines Tages in die kleine Bergwerksstadt Wilkes-Barre in Pennsylvanien verschlug. Natürlich mußten wir unbedingt ein Bergwerk besichtigen, erkundigten uns nach dem Wie und Wo und rannten los. Am Schacht angekommen, fuhren wir ein und fanden es unter Tage so geheimnisvoll und faszinierend, daß wir an nichts anderes mehr dachten, uns mit den Bergleuten unterhielten, die Gänge inspizierten ... Plötzlich sagte Moreau: »Um Gottes willen, unser Konzert! Wieviel Uhr ist es?« Das Konzert sollte in wenigen Minuten beginnen, wir hatten keinen Augenblick zu verlieren. Ins Hotel zurückzukehren und uns umzukleiden, war keine Zeit mehr, also rannten wir geradewegs zum Konzertsaal, ohne vorher auch nur Hände und Gesicht zu waschen. Als wir anlangten, sahen wir mehr wie Bergleute aus als wie Musiker. Aber wir machten Katzenwäsche und fingen an zu spielen.

In jenen Tagen war der Wilde Westen noch Wirklichkeit; wenn ich mir heute Cowboy-Programme im Fernsehen anschaue, fallen mir wieder die Städtchen ein, in denen wir auf unserer Wildwest-Tournee Station machten. Man erwartete uns in großer Erregung. Riesige, quer über die Straßen gespannte Transparente kündigten das Konzert an, und an den Häuserwänden hingen unsere Plakate bisweilen unmittelbar neben Steckbriefen, auf denen für die Ergreifung von Gesetzesbrechern Belohnungen ausgesetzt waren. Die Säle, in denen wir spielten, waren oft mehr als primitiv, aber immer brechend voll, und die

Konzerte fanden in einer fröhlichen und lauten Atmosphäre statt. Während der Pausen stolzierten die Platzanweiser in den Gängen auf und ab und verkauften Schokolade und Erdnüsse. Eines Tages bummelten Moreau und ich durch ein Wildwest-Städtchen und gerieten in einen *saloon*. Bald waren wir mit einigen Cowboys am Pokern – alle hatten sie Pistolen im Gürtel und machten einen ziemlich abgebrühten Eindruck. Ich war im Pokern sehr unerfahren, hatte aber das Glück – eigentlich müßte ich sagen: das Unglück! –, ständig zu gewinnen. Als die Silbermünzen vor mir sich immer höher türmten, entging es mir nicht, daß die Gesichter der anderen Kartenspieler sich allmählich verfinsterten. Die Atmosphäre wurde zusehends gespannter. Ich beäugte die Revolver meiner Gegner und konnte mich des Gedankens nicht erwehren, daß unserer Tournee möglicherweise ein jähes und unvorhergesehenes Ende beschieden sein könnte. Jedermann trank Whisky; einer der Cowboys bot mir ein Glas davon an. Ich lehnte so höflich, wie ich irgend konnte, ab und sagte, ich tränke nie beim Spielen –, daß ich auch sonst kaum Alkohol zu mir nahm, ging ja niemand etwas an. Der Cowboy gab zurück: »Hier trinkt man und spielt trotzdem!« Endlich bekam ich ein anderes Blatt und hatte das Glück, in eine Pechsträhne zu geraten. Sofort erwärmte sich das Klima wieder, die Gesichter erhellten sich, und als Moreau und ich schließlich aufbrachen, umarmten wir uns alle wie alte Freunde.

Ein andermal fragte mich ein Mitreisender in der Eisenbahn, ob ich jemals in einer amerikanischen Wüste gewesen sei. Als ich verneinte, sagte er: »Das dürfen Sie sich nicht entgehen lassen, es wird für Sie ein unvergeßliches Erlebnis werden.« Die Gelegenheit ergab sich, als wir zu einem Konzert in einer kleinen Wüstenstadt in Texas haltmachten. Selbst Moreau war es nicht ganz geheuer bei dem Gedanken, daß wir in die weite Einöde hinauswandern sollten, die sich rings um die Stadt erstreckte, aber ich blieb unerbittlich. Der Eindruck war in der Tat überwältigend! Man hatte das Gefühl, auf einem anderen Planeten zu sein. Nach einer Weile sagte Moreau: »Meinst du nicht auch, daß wir jetzt weit genug marschiert sind? Komm, wir gehen zurück!« Aber gerade da sah ich in weiter Ferne etwas, das sich wie ein Haus ausnahm. »Du wartest hier«, sagte ich zu Moreau, »ich will mal nachsehen, was das für ein Gebäude ist, und komme dann hierher zurück.«

Er wollte mich nicht allein ziehen lassen, also wanderten wir zusammen eine weitere halbe Stunde oder noch länger, bis wir zu dem Gebäude kamen, das sich als eine halbverwitterte Bretterhütte herausstellte. Sie schien unbewohnt zu sein – jedenfalls kam es uns anfangs so vor –, als wir jedoch eintraten, fanden wir einen Mann und eine Frau vor, die uns, erhitzt und müde, wie wir waren, etwas zu trinken anboten. Der Mann war wie ein Cowboy gekleidet, aber sein Akzent klang etwas merkwürdig, was mir sofort auffiel, und so sagte ich:

»Sie sind wohl nicht von hier?«

Er antwortete: »Nein, ich komme von Übersee.«

»Und woher?«

»Ach, aus einem Land, von dem Sie noch nie gehört haben.«

»Und das wäre ...?«

»Katalonien.«

Und da standen wir nun: zwei Katalanen mitten in der amerikanischen Wüste!

Katalanen findet man eben überall.

Lang vor diesem seltsamen Zusammentreffen in der texanischen Wüste hatten andere aus Katalonien kommende Reisende Amerika ihren Stempel aufgeprägt. In Barcelona steht eine Säule, von der herab ein Standbild von Christoph Kolumbus über den Hafen hinweg die Hand gen Westen reckt, denn nach Barcelona kehrte Kolumbus zurück, um zum ersten Male über die Entdeckung der Neuen Welt vor Ferdinand und Isabella Bericht zu erstatten. Die einzigen schriftlichen Zeugnisse, die wir von Kolumbus besitzen, sind nicht italienisch, sondern katalanisch geschrieben und tragen die Unterschrift »Colom«, was auf katalanisch »Taube« bedeutet. Als ich zum ersten Male nach Kalifornien kam, ging mir auf, daß der erste Europäer, der diese Gegend großenteils erforscht hat, ein franziskanischer Missionar namens Fra Junípero Serra war. Er gründete die San-Franzisko-Missionsstation im Jahre der amerikanischen Revolution. Fra Serra war auf der katalanischen Insel Mallorca geboren ...

In San Franzisko hatte ich ein Erlebnis, das nicht nur zum Abbruch meiner Amerika-Tournee führte, sondern auch um ein Haar meiner Laufbahn als Cellist ein jähes Ende bereitet hätte. Ich war von der Stadt und ihrer ländlichen Umgebung sehr angetan, und als einige junge Leute, mit denen ich mich eben angefreundet hatte, mich einluden, mit ihnen über die Bai zu fahren und den Mount Tamalpais zu besteigen, war ich begeistert mit von der Partie. Bergsteigen war schon immer meine Leidenschaft gewesen. Wir überquerten also die Bai auf einem Fährboot, es war, glaube ich, das reichst ausgestattete Schiff, das ich je gesehen habe, ein richtiges schwimmendes Schloß.

Der Unfall ereignete sich beim Abstieg vom Mount Tamalpais. Plötzlich schrie einer meiner Begleiter: »Vorsicht, Pablo!« Ich schaute über mich und sah einen gewaltigen Felsbrocken direkt auf mich zurollen. Ich warf meinen Kopf zur Seite und konnte von Glück sagen, daß ich mit dem Leben davonkam. So aber traf der Felsbrocken meine linke Hand – die Hand also, mit der ich die Saiten greife – und zerschmetterte sie. Meine Freunde waren außer sich. Ich selbst reagierte anders. Als ich auf meine zerquetschten und blutenden Finger schaute, war seltsamerweise mein erster Gedanke: »Gott sei Dank! – nie wieder werde ich Cello spielen müssen.« Zweifellos hätte ein Psychoanalytiker auch dafür eine plausible Erklärung parat; aber es ist nun einmal Tatsache: Wer völlig in seiner Kunst aufgeht, begibt sich damit in eine Art von Sklaverei – und ich habe ja auch immer unter so schrecklichem Lampenfieber gelitten ...

Ich blieb in San Franzisko zurück, während Emma Nevada und Moreau die Tournee fortsetzten. Die Ärzte prophezeiten, ich würde meine Hand nie wieder voll gebrauchen können, aber auch Ärzte können irren: Ständige Behandlung und Bewegungsübungen bewirkten, daß meine Hand im Laufe von vier Monaten völlig abheilte und ich wieder anfangen konnte zu üben. In die Stadt San Franzisko war ich richtig verliebt – wer wäre das nicht? – und knüpfte Verbindungen an, die die Jahre überdauern sollten. Ich wohnte bei Michael Stein, dem Präsidenten der Städtischen Seilbahngesellschaft, einem hochkultivierten Manne und Förderer der Künste, der sehr gastfreundlich war. Sein Haus war voller Bilder, Bücher und Zeitschriften in den verschiedensten Sprachen – jedermann schien dort ständig zu lesen und sich ausführliche Notizen zu machen –, und immer wieder kam man auf Kunst zu sprechen. Er hatte eine jüngere Schwester, die Medizin studierte, ein kräftiges junges Mädchen Anfang Zwanzig mit einem ausdrucksvollen und schönen Gesicht. Sie hatte einen scharfen Verstand und die Gabe, sich ungemein lebendig auszudrücken; sie hieß Gertrude. Natürlich war Gertrude Stein damals noch nicht weltberühmt.

Als ich einmal, die Hand im Gipsverband, vor ihr saß, sagte Gertrude: »Sie sehen genauso aus wie El Grecos *Bildnis eines Edelmannes mit der Hand auf der Brust.*«

Ich lachte und sagte: »Nun, wenn ich auch nicht spielen kann, so liegen meine Finger doch wenigstens richtig: auf dem wahren Instrument aller Kunst und Musik.«

Jahre später besuchte ich Gertrude Stein und einen anderen Bruder von ihr, Leo, als sie nach Paris zogen. Sie wurde dort zu einer legendären Gestalt in der Welt der Kunst und Literatur, er wurde ein bedeutender Kunsthistoriker. Wann immer ich Gertrudes Studio am Jardin de Luxembourg betrat, traf ich sie beim Lesen, ihn beim Zeichnen. Die Wände der Wohnung waren über und über mit Bildern bedeckt. »Diese Bilder«, pflegte sie zu sagen, »stammen von jungen Malern, von denen kein Mensch etwas wissen will.« Es waren Arbeiten von Matisse, Picasso und anderen. Picasso hatte ich in den späten neunziger Jahren in Barcelona getroffen, als er dort noch an der Kunsthochschule studierte, und schon damals hegte ich große Bewunderung für sein Werk, aber es ergab sich nie, daß sich unser Wege in Paris kreuzten.

Eine mir besonders teure Freundschaft verband mich während meines ersten Aufenthaltes in San Franzisko mit einer jungen Frau namens Theresa Hermann, deren Vater Rabbiner war. Sie spielte Klavier, ihre Schwester war Geigerin. Bei jenem denkwürdigen Ausflug auf den Mount Tamalpais war auch sie dabei. Unsere Freundschaft überdauerte fast sieben Jahrzehnte. Immer, wenn ich nach Kalifornien kam, besuchte ich sie, und nachdem in den fünfziger Jahren das Casals-Festival eröffnet war, kam sie zu meinen Konzerten nach Puerto Rico. Als sie vor kurzem starb, bin ich tief traurig gewesen. Sie war eine meiner letzten Freundinnen aus jenen frühen Tagen. Ach ja – so viele Erinnerungen leben weiter und so wenige Freunde.

1904 machte ich meine zweite Tournee durch die Vereinigten Staaten. Bei meinem ersten Auftreten mit dem Metropolitan Orchestra in New York City spielte ich das Saint-Saëns-Konzert und, noch in derselben Saison, den Solopart der Symphonischen Dichtung *Don Qui-*

*xote* von Richard Strauss, die zum ersten Mal in New York aufgeführt wurde. Der große Komponist dirigierte selber, und das Konzert war ein Erfolg, aber einige Leute von der Werbung meinten, ich sollte auf dem Konzertpodium doch ein bißchen mehr Theater machen. Mätzchen waren damals sehr gefragt, und man beurteilte das musikalische Talent eines Solisten nicht selten nach der Länge seiner Mähne. Mit üppigem Haarwuchs habe ich nie aufwarten können – um ehrlich zu sein: Ich war damals schon drauf und dran, kahl zu werden –, und mein Impresario meinte, ich könnte beträchtlich höhere Honorare herausschlagen, jedenfalls bei meinen amerikanischen Konzerten, wenn ich auf dem Podium eine Perücke tragen wollte.

Mit meinem Impresario hatte ich auf dieser Tournee ein ungutes Erlebnis. Während meiner ganzen Laufbahn habe ich versucht, so wenig wie möglich mit Gelddingen zu tun zu haben. Natürlich braucht man, Gott sei's geklagt, Geld zum Leben, und wie ich höre, verwendet man es manchmal sogar zu wohltätigen Zwecken, aber irgend etwas stößt mich trotzdem daran ab. Ich nehme es nicht gern in die Hand. Während meiner Konzertreisen hatten immer Impresarios das Finanzielle geregelt, meine Honorare eingezogen und sie auf mein Konto überwiesen. Auf meiner zweiten Amerika-Tournee hielt ich es nicht anders, nur daß ich diesmal dahinterkam, daß mein Impresario für jedes meiner Konzerte ein sehr viel höheres Honorar einstrich, als er mich wissen ließ. Ich war sehr wütend – nicht des Geldes wegen, sondern weil der Mann so unredlich war.

Als ich nach Abschluß der Tournee nach New York City zurückkehrte, telefonierte ich meinem Impresario, er solle in mein Hotel kommen. Er meinte, wir könnten uns doch in seinem Büro treffen, aber ich sagte: nein, er solle zu mir kommen. Dann ging ich in die Hotel-Vorhalle und stellte einen Tisch und zwei Stühle in die Nähe der Drehtür am Eingang und wartete. Als er kam, bat ich ihn, Platz zu nehmen, und wir setzten uns.

Er fragte: »Nun, wie ging's diesmal?«

Ich antwortete: »Prächtig – mit einer Ausnahme.«

»Und die wäre?« fragte er.

»Ich hatte einen Dieb zum Impresario«, sagte ich.

Er wurde blaß, totenblaß, und riß die Augen auf.

»Wovon reden Sie überhaupt?« sagte er schließlich.

»Geben Sie sich keine Mühe«, antwortete ich, »Lügen hat keinen Zweck. Ich weiß genau, wieviel Sie bei jedem meiner Konzerte in die eigene Tasche gesteckt haben.«

Er stand auf und begann zu stottern.

Da packte ich ihn, wie ich es mir vorgenommen hatte, stieß ihn in die Drehtür und brachte sie zum Rotieren, so schnell ich nur konnte. Er wirbelte innen herum, und ich stieß von außen so schwungvoll gegen die einzelnen Glastüren, daß sie zerbrachen. Er torkelte auf die Straße und rannte auf und davon.

Natürlich mußte ich die Drehtür bezahlen – damit hatte ich gerechnet. Ich habe keinen Pfennig von dem wiedergesehen, was er unterschlagen hatte, aber auch das berührte mich nicht sonderlich. Ich habe ihm, glaube ich, eine Lektion erteilt.

Als ich mehr als ein halbes Jahrhundert danach nach Washington ging, um vor Präsident Kennedy zu spielen, schrieben manche Zeitungen, dies sei mein erster Besuch im Weißen Haus. In Wirklichkeit hatte ich aber schon vorher für Präsident Roosevelt gespielt – nicht für Franklin Delano Roosevelt, sondern für Theodore Roosevelt –, und zwar während meiner Amerikareise im Jahre 1904.

Ich spielte bei einem Empfang, den der Präsident gab, und ließ mich von seiner Fröhlichkeit anstecken. Nach dem Konzert legte er seinen Arm um meine Schulter, führte mich durch die Gäste, stellte mich jedem vor und redete dabei wie ein Wasserfall. Ich fühlte: Dieser Mann war Amerika in Person und verkörperte in gewissem Sinne die ganze Nation mit all ihrer Energie und ihrem kraftvollen Selbstvertrauen. Es war nicht schwer, ihn sich auf einem galoppierenden Pferd vorzustellen oder bei der Großwildjagd, die er so sehr liebte.

Als ich 1961 abermals das Weiße Haus besuchte, wurde ich einer stattlichen weißhaarigen Dame vorgestellt, die mir erzählte, sie sei als junge Frau dabeigewesen, als ich zum ersten Mal hier gespielt habe. Sie hieß Mrs. Nicholas Longworth und war Theodore Roosevelts Tochter.

# GEEINT DURCH MUSIK

Schon wenige Jahre nach meiner Niederlassung in Paris kannte ich mich auch in einem guten Dutzend anderer Länder aus. In meinem Herzen war und blieb Katalonien meine Heimat, aber allmählich fühlte ich mich auch in St. Petersburg und São Paulo, in Philadelphia und Budapest, in London, Venedig, Stockholm, Buenos Aires zu Hause. Natürlich war Reisen damals etwas ganz anderes, als es heute ist. Jetzt fliegt man in ein paar Stunden über den Atlantik; meine Überfahrt mit Emma Nevada und Léon Moreau dauerte damals achtzehn Tage. Ich reiste Zehntausende von Kilometern, und neue Orte, neue Bekanntschaften, neue Eindrücke wechselten in diesen Jahren so rasch wie die Bilder eines Kaleidoskops.

Wie viele Konzerte ich damals gab, bekomme ich nicht mehr zusammen; ich weiß nur, daß es oft um die zweihundertfünfzig im Jahr gewesen sein müssen. In Ländern, in denen die Städte nicht weit auseinander liegen, gab ich manchmal mehr als dreißig Konzerte im Monat – sonntags oft eines nachmittags und noch eines am Abend. Mein Terminkalender ließ mir keine freie Minute, aber ich sagte nie ab. Trotz meiner kräftigen Konstitution fühlte ich mich oft am Rande der Erschöpfung. Einmal – es war in Berlin – wurde ich mitten im Konzert ohnmächtig, aber nach einer kurzen Pause brachte ich das Konzert zu Ende.

Es war keine ideale Lebensweise, das muß ich schon sagen! Koffer ein- und auspacken habe ich nie gemocht, und selbst bei einem noch jungen Manne voller Energie und Tatendrang hinterläßt die Aufregung eines solchen Reiselebens ihre Spuren. Da bringt man hier eine

Nacht zu und dort ein Wochenende; nach den Konzerten hetzt man los, um noch den Zug zu erwischen, die durchschwitzte Kleidung zu wechseln, ist keine Zeit; dann wieder fährt man eine Nacht durch, kaum angekommen, hat man schon wieder Probe. All das ermüdet und läßt einen unbefriedigt. Und es ist traurig, neugewonnene Freunde wieder verlassen zu müssen. Wie erfolgreich auch meine Konzertreisen verliefen, ich war immer glücklich, wenn sie vorüber waren und ich nach Paris zurückkehren konnte, am glücklichsten aber, wenn der Sommer anbrach und ich Katalonien wiedersehen und meinen Vater und meine Mutter besuchen konnte.

Obgleich ich mich oft nach einem Zuhause sehnte, kann ich doch nicht sagen, daß ich mich einsam gefühlt hätte. Ich hatte meine ständigen Weggefährten – Bach, Beethoven, Brahms, Mozart, und auf vielen Konzertreisen fuhr ich zusammen mit so lieben Freunden und Kollegen wie Harold Bauer, Alfred Cortot, Jacques Thibaud und Fritz Kreisler. In welchem Land ich auch spielte – ob im Großen Saal des Tschaikowski-Konservatoriums in Moskau oder in einer Universitätsaula in Maryland –, nie fühlte ich mich als Fremder in einem fremden Land. Dankbar gedachte ich oft des Grafen de Morphy, der mich mehrere Fremdsprachen hatte lernen lassen – sieben davon spreche ich jetzt ziemlich fließend –, aber wohin ich auch kam, war es vor allem meine Musik, mit der ich mich den Leuten verständlich machte. Wenn auch ihre Muttersprache sich von der meinen unterschied, die Sprache unserer Herzen war überall die gleiche; da änderte sich auch nichts daran, wenn man Landesgrenzen überschritt oder in wildfremden Städten nächtigte: Überall begegnete man jener Kameradschaft des Geistes.

Der Anblick von Leuten, die sich in einem Konzertsaal versammelten, gewann damals symbolische Bedeutung für mich. Wenn ich mir ihre Gesichter anschaute und sah, wie sie mit mir zusammen der Schönheit dieser Musik teilhaftig wurden, wußte ich, daß wir Brüder und Schwestern waren, allesamt Mitglieder *einer* großen Familie. Den schrecklichen Konflikten der dazwischenliegenden Jahre und all den falschen Barrieren zum Trotz, die man zwischen den Nationen aufgerichtet hat, hat mich dieses Wissen nie verlassen, und ich lasse es mir auch nicht nehmen bis an mein Ende. Ich sehne den Tag herbei, an dem alle Völker dieser Erde sich zusammenfinden wie in einem großen Konzertsaal: glücklich geeint von Liebe zum Schönen.

Kurz nach meinem Debüt unter Lamoureux lernte ich Harold Bauer kennen. Er war damals sechsundzwanzig Jahre alt und als Pianist in weiten Kreisen bekannt; er hatte als Geiger begonnen. Er war ein gutaussehender junger Mann mit blitzenden Augen und einem roten Schopf; als er noch ein junger Bursche war und in England lebte, hatte Paderewski gescherzt: »Du würdest einen guten Pianisten abgeben; du hast so schönes Haar!« Als Bauer sich einige Jahre später in Paris niederließ, sattelte er tatsächlich um und wurde Pianist – und was für einer! Besonders hinreißend spielte er Brahms, Schumann und Chopin. Wir fanden sofort Gefallen aneinander, als wir uns kennenlernten, und Bauer schlug vor, wir sollten uns zu ein paar Konzerten zusammentun. Wir spielten einige Male in Spanien und Holland, und das war – um 1900 – der Beginn einer langen und erfreulichen Zusammenarbeit. In den folgenden Jahren gab ich mehr Konzerte mit Bauer als mit allen sonstigen Kollegen. Wir ergänzten uns großartig, es herrschte eine Art instinktiven Einvernehmens zwischen uns. Wenn es um Musik ging, waren wir uns immer sofort einig. Von Anfang an war es, als wären wir seit Jahren aufeinander eingespielt.

Bauer war ein angenehmer Gesellschafter; ein brillanter Kopf, dabei feinfühlig und von scharfer Auffassungsgabe; er hatte einen ausgeprägten Sinn für Humor und konnte glänzend Leute nachmachen. An Büchern verschlang er alles, was ihm in die Hände fiel, in seinem Reisegepäck befand sich immer ein gutes Dutzend Bücher, und bei Seereisen verbrachte er Stunden damit, in der Schiffsbücherei herumzustöbern, Exzerpte anzufertigen und bis spät in die Nacht hinein zu lesen. Wie ich war auch er ein begeisterter Sportler, und oft veranstalteten wir in unserer Kabine einen Ringkampf. Er war ein ganzes Stück größer als ich, aber ich war in jenen Tagen sehr kräftig, und es gelang mir gewöhnlich, ihn auf die Schultern zu legen. Dabei machten wir manchmal so viel Lärm, daß der aufgeschreckte Steward herbeigestürzt kam, um nachzusehen, was los war. Bauer steckte dann den Kopf aus der Kabine und sagte: »Was los ist? Nichts ist los. Sie hören doch, daß wir üben.«

1907 in einem Maleratelier in Holland

Aber Bauer hatte auch seine schwache Stelle: Er litt fürchterlich unter Seekrankheit. Er probierte alle erdenklichen Gegenmittel der Reihe nach aus, eine Zeitlang trug er sogar eine Art Korsett, das seine Bauchmuskeln in einer bestimmten Lage halten und so das Ausbrechen von Seekrankheit unmöglich machen sollte. Aber nichts half. Es war eine scheußliche Plage.

Eine unserer frühen Konzertreisen führte uns 1903 nach Brasilien. Wir traten in Rio de Janeiro und in einigen anderen Städten auf. Die Tournee war von einem höchst originellen Mann organisiert worden, der mir schon vorher in Portugal ein Konzert in Oporto vermittelt hatte. Er hieß Moreira de Sa und gehörte zu jenen seltenen Persönlichkeiten, die fast alles können und – es gut können. Außer einem erfolgreichen Geschäftsmann war er ein bedeutender Gelehrter, brillanter Mathematiker, Schulbuchautor, Philosoph und Maler. Zu allem Überfluß war er auch noch ein guter Musiker und spielte hervorragend Geige. Er reiste mit Bauer und mir nach Brasilien und spielte in einer ganzen Reihe von Konzerten mit. Gegen Ende unserer Tournee und kurz vor unserer geplanten Rückfahrt nach Europa kam Moreira de Sa zu Bauer und mir und eröffnete uns unter vielen Entschuldigungen, er könne nicht mit uns zurückfahren. Etwas habe sich anders entwikkelt, als er habe voraussehen können; der jetzige Stand der Dinge fordere nun gebieterisch sein Verbleiben in Rio für einige weitere Wochen. Und dann erzählte er voller Aufregung, was passiert war: Er hatte eben einen Mann getroffen, der etwas von japanischen Lackarbeiten verstand, einer Kunst, die zu erlernen schon immer sein Traum gewesen war. Der Mann hatte sich erboten, sie ihn zu lehren. Und so blieb Moreira de Sa in Brasilien.

Mit Bauer zu reisen war nie langweilig, und oft hatten wir beide die lustigsten Erlebnisse. Eines davon trug sich während unserer ersten Brasilienreise in São Paulo zu. Vor dem Konzert probten wir im Hotel und merkten erst kurz vor Konzertbeginn, wie spät es war. Wir warfen uns in unsere Fräcke, ich schoß in meine Hosen, und dabei verhedderte sich mein Fuß. Ich versuchte es mit Gewalt, und schon hatte die Hose das schönste Loch. Ich war vor Schreck wie gelähmt. Es sah nicht so aus, als ließe sich der Schaden beheben, die ganze hintere Partie war aufgeplatzt. Was tun? Selbst Bauer blieben für einen Moment seine Späße im Halse stecken. Wir alarmierten ein Zimmermädchen, zeigten ihr die zerrissene Hose; sie huschte davon und erschien wieder mit Nadel und Faden. Während wir die Sekunden zählten, nähte sie den Riß, so gut sie konnte, zu. Auch wenn die Näharbeit etwas fachmännischer ausgeführt worden wäre, hätte ich nicht dankbarer sein können – wenigstens konnte ich in Hosen das Podium betreten.

Ich erinnerte mich an diesen Zwischenfall erst kürzlich wieder, als ein Freund mir einen Zeitungsausschnitt aus San Franzisko zusandte. Eine junge Dame, offensichtlich beeinflußt von der Oben-ohne-Welle, stand vor Gericht, weil sie in entsprechend mangelhaft bekleidetem Zustand Cello gespielt hatte. Der Richter sagte ihr, er bezweifle, daß ein Oben-ohne-Spiel auf dem Cello noch als künstlerisch wertvoll zu bezeichnen sei, und fuhr wörtlich fort: »Ich bezweifle, daß Pablo Casals ein besserer Cellist geworden wäre, wenn er ohne Hosen gespielt hätte.« Ich kann diesen Richterspruch schwerlich anfechten, denn ich habe nie ohne Hosen gespielt, aber in jener Nacht in São Paulo vor nun fast siebzig Jahren kam ich diesem Zustand jedenfalls bedrohlich nahe, und ich gebe zu: Manchmal, wenn es hier auf Puerto Rico sehr heiß ist, spiele ich in Shorts ...

Nach meiner zweiten Amerikatournee im Jahre 1905 begann meine Zusammenarbeit mit dem in der Schweiz geborenen Pianisten Alfred Cortot und dem französischen Geiger Jacques Thibaud. Unsere Kammermusikgemeinschaft hat über dreißig Jahre lang bestanden. Als wir anfingen, Trio zu spielen, war ich achtundzwanzig, Cortot siebenundzwanzig und Thibaud vierundzwanzig Jahre alt – addiert man die Jahre, so waren wir allesamt nicht so alt, wie ich heute bin.

Ich habe schon erwähnt, daß ich nicht so gern solistisch auftrat, sondern viel lieber Kammermusik spielte. Unser Trio bot mir dazu die ideale Gelegenheit. Musikalisch waren wir uns völlig einig und bildeten ein Ensemble, das allen Ansprüchen gerecht wurde; nicht nur im Zusammenspiel, auch in der Freundschaft. Allmählich entstand bei uns die Tradition, einen Monat im Jahr zusammen zu reisen und Kammermusikabende zu geben, und unser Trio wurde bald sehr bekannt.

Wir haben auch gemeinsam einige der frühesten Schallplattenaufnahmen klassischer Musik eingespielt – auf Wachszylinder hatte ich mich schon um 1903 aufnehmen lassen. Ein paar dieser Platten, so das B-Dur-Trio opus 99 von Schubert, das viele Jahre hindurch immer wieder neu aufgelegt werden mußte, trugen dazu bei, die Vorurteile der Musiker gegen das Grammophon zu zerstreuen, das damals noch in den Kinderschuhen steckte und viel zu wünschen übrigließ. Aber ich finde ja bis zum heutigen Tag Schallplattenaufnahmen bei weitem nicht voll befriedigend.

Cortot und Thibaud waren Künstler höchsten Ranges. Cortot, zweifellos einer der großen Pianisten unseres Jahrhunderts, spielte mit ungehemmtem Elan und erstaunlicher Kraft. Er war auch ein ausgezeichneter Musikschriftsteller, dessen Werke über Klaviertechnik und musikalische Gestaltung internationale Anerkennung gefunden haben. Er spielte großartig Beethoven, und seine Bewunderung für Wagner war grenzenlos. In seinen Zwanzigern hatte er schon in Bayreuth korrepetiert, mit Vierundzwanzig dirigierte er die Pariser Erstaufführung der *Götterdämmerung*. Sein vielleicht kostbarster Schatz war ein Wagner-Porträt von der Hand Renoirs. Er war unermüdlich und höchst diszipliniert bei der Arbeit, ob er sich nun musikalisch oder wissenschaftlich betätigte, und er war sehr ehrgeizig, sehr auf Karriere bedacht. Vielleicht war es dieser Ehrgeiz, der ihn zu jenen unglückseligen Handlungen verleitete, für die er dann später büßen mußte.

Thibaud war ein Protegé des berühmten französischen Dirigenten Édouard Colonne. – Colonne hatte den blutjungen Thibaud entdeckt, als er noch als Stehgeiger im Café Rouge in Paris spielte, und ihm die Konzertlaufbahn eröffnet. Wie Cortot beherrschte er sein Instrument vollkommen und geigte mit unvergleichlicher Eleganz, aber in vielem war er Cortot entgegengesetzt: Er haßte Arbeit und übte selten. Er hatte, wenn man es so ausdrücken will, kein Verantwortungsbewußtsein und benahm sich oft wie ein Kind – ein unartiges Kind! Dabei war er sehr witzig und immer fröhlich. Wenn wir drei auf Tournee waren, sorgte er ständig für Unterhaltung und war unerschöpflich im Aushecken von Streichen aller Art.

Ich erinnere mich, wie wir einmal sehr früh zur Bahn mußten. Als wir uns eben anschickten, das Hotel zu verlassen, ging Thibaud plötzlich zum Zimmer nebenan und klopfte an die Tür. Eine schlaftrunkene Männerstimme fragte: »Wer ist da?«

Thibaud sagte: »Der Friseur, mein Herr.«

»Friseur? Sie haben sich in der Tür geirrt. Ich habe keinen Friseur bestellt.«

Thibaud sagte: »Entschuldigen Sie, mein Herr.«

Ein paar Minuten danach klopfte er wieder an die Tür.

»Ja?«

»Ich bin der Friseur, mein Herr.«

»Ich habe Ihnen schon einmal gesagt, ich brauche keinen Friseur.«

Dann ging Thibaud nach unten und sagte dem richtigen Friseur, der Gast in besagtem Zimmer wolle sofort bedient werden; der Gast sei sehr ärgerlich, fügte er hinzu, weil er gestern nacht noch die Anweisung hinterlassen habe, daß er als erstes am nächsten Morgen einen Friseur zu sehen wünsche. Der Friseur raste hinauf; man kann sich vorstellen, wie er empfangen wurde.

Manchmal reiste unser Impresario Boquel mit uns, und Thibaud spielte ihm unablässig Streiche. Boquel war ein sehr eigener Herr, selbst beim Kartenspielen behielt er die Handschuhe an. Einmal verließ er mitten im Spiel das Zimmer und ließ seine Handschuhe auf dem Tisch liegen. Als er zurückkam und sie wieder anzog, schauten seine Fingerspitzen heraus: Thibaud hatte während seiner Abwesenheit die Handschuhe gekappt. Ein andermal wollte Boquel vor einem unserer Konzerte sein Haar bürsten und entdeckte zu seinem Entsetzen, daß die Bürste mit Butter beschmiert war – natürlich Thibauds Werk! Daß sich Boquel durch Dinge dieser Art pikiert fühlte, kann man ihm nicht verdenken.

Ungefähr zur Zeit des Beginns meiner Verbindung mit Cortot und Thibaud lernte ich einen anderen, viel jüngeren Musiker kennen – heute ist er mein ältester Freund und Mitstreiter. Ich spreche von dem wunderbaren Pianisten Mieczyslaw Horszowski. Er war ein kleiner Junge, als ich ihm zum ersten Mal begegnete, und jetzt kenne ich ihn schon seit mehr als sechzig Jahren. Ein halbes Jahrhundert haben wir zusammen musiziert. So ist mir wenigstens ein Freund erhalten geblieben, mit dem ich Erinnerungen austauschen kann, die weit in meine Jugend zurückreichen, Erinnerungen an gemeinsame Partner und Erlebnisse.

Horszowski wurde in den frühen neunziger Jahren in Polen geboren, war ein Wunderkind und hatte im Alter von neun Jahren ein sensationelles Debüt. 1905 kam er mit seiner Mutter auf einer seiner frühesten Konzertreisen nach Spanien und spielte in Barcelona. Ich war gerade zu der Zeit in Paris, aber mein Bruder Enrique hörte ihn und war hingerissen von seinem Spiel. Enrique vermittelte ein Zusammentreffen Madame Horszowskis und ihres Sohnes mit meiner Mutter. Unsere beiden Mütter kamen großartig miteinander aus, hatten vieles gemeinsam und verkehrten sehr gerne miteinander. Meine Mutter schrieb mir das alles, und ein paar Monate später traf ich Horszowski in Italien.

Nach einem meiner Konzerte brachte man ihn an, wir sahen uns im Haus eines Freundes. Ich erinnere mich lebhaft daran. Er war sehr klein – winzig! – und sehr schüchtern, trug einen Matrosenanzug mit kurzen Hosen und einen großen weißen Spitzenkragen. Er sah nicht älter als zehn aus, obwohl er behauptete, damals dreizehn gewesen zu sein, und das wird schon stimmen, denn er ist übergenau in solchen Dingen. Er spielte mir vor, und ich war tief beeindruckt. Sofort wußte ich: ein großes Talent.

Zwei oder drei Jahre später besuchte er mich in Paris, und ich arbeitete mit ihm, besonders an Bach. Nach dem Ersten Weltkrieg gaben wir dann viele Kammermusikabende in Italien, England, der Schweiz und anderen Ländern. Später spielte er als Solist bei meinen Orchester-Konzerten in Barcelona und, lange danach, bei den Casals-Festspielen in Prades und Puerto Rico. Heute noch spielen wir zusammen.

Sehr merkwürdig an Horszowski ist, daß er sich in vielem kaum geändert hat, seit wir uns zum ersten Male begegneten. Trotz seiner immensen musikalischen Begabung ist er immer noch sehr schüchtern und außerordentlich bescheiden und zurückhaltend. Und er ist immer noch sehr klein, kleiner als ich, und das will etwas heißen. Nie bin ich jemandem begegnet, der sich mit den Jahren so wenig gewandelt hätte. Wenn ich ihn heute ansehe, sehe ich ihn immer noch als kleinen Jungen, obwohl ich zugeben muß: Eine Unart, die ihm früher anhaftete, hat er nun abgelegt. Als junger Mann hatte er vor dem ersten Weltkrieg eine Leidenschaft für Sportwagen, ja: Rennwagen; jeden Sommer mußte er sich in einen jener kleinen Zweisitzer werfen, jeden

Sommer jagte er in einem Höllentempo von Paris an die französische Riviera und von dort aus weiter nach Italien. Natürlich war diese Art von Sport damals sehr viel gewagter als heute. Die Straßen waren, so sagte er mir, in fürchterlichem Zustand, voll von Nägeln, die sich ihm in die Reifen bohrten ...

1905 konzertierte ich zum ersten Male in Rußland. Der Zeitpunkt erwies sich als nicht eben günstig, denn die Revolution von 1905 war schon ausgebrochen, als ich nichtsahnend in Paris meine Konzertreise nach Moskau antrat.

Kurz nach dem Grenzübergang wurde unser Zug in Wilna angehalten; alle mußten wir aussteigen. Der Bahnhof glich einem Irrenhaus. Überall türmte sich Gepäck, alles rannte wild durcheinander und schrie und gestikulierte. Ich verstand nur wenig von dem, was gesprochen wurde, denn die meisten Leute sprachen natürlich russisch. Im Wartesaal näherte sich mir ein Herr in Uniform und stellte sich mir vor. Er war ein hoher Eisenbahnbeamter, General in der russischen Armee, und er schien eine Menge über mich und meine Tätigkeit zu wissen. Der gesamte Verkehr bis nach Moskau sei durch einen Eisenbahnerstreik lahmgelegt, sagte er, doch würde ein Sonderzug nach St. Petersburg zusammengestellt. Ob ich mitfahren wolle, er fahre auch dorthin. Ich rechnete nach – nach Paris zurück waren es mehr als 1600 km – und nahm sein Angebot dankend an. Als wir durch die verschneite russische Landschaft gen Norden fuhren, war ich gespannt, wie das alles weitergehen sollte.

Gleich nach unserer Ankunft in St. Petersburg suchte ich Alexander Siloti auf, mit dem ich korrespondiert hatte und der, wie ich wußte, sich als Dirigent einen großen Namen gemacht hatte. Als junger Mensch war er ein brillanter Pianist gewesen, hatte eine Zeitlang bei Tschaikowski und später bei Liszt studiert, der einen großen Einfluß auf ihn ausübte. Mit der Zeit hatte er sich zu einem der bedeutendsten Dirigenten Rußlands entwickelt und leitete nun ein Orchester in St. Petersburg. Siloti empfing mich sehr herzlich. Seine Ähnlichkeit mit Liszt verblüffte mich, er hätte Liszts Zwillingsbruder sein können, selbst die Warze in seinem Gesicht fehlte nicht. Er hatte ein hübsches Haus am Newa-Ufer mit einer herrlichen Musikbibliothek und bestand darauf, daß ich bei ihm wohnte. Als ich sagte, ich sähe keine Möglichkeit, nach Moskau durchzukommen, gestand er mir, er habe eine ganz ähnliche Schwierigkeit: Wegen des Eisenbahnerstreiks könne ein von ihm engagierter Solist nicht nach St. Petersburg durchkommen. Siloti fragte mich, ob ich einspringen wolle, und ich sagte bereitwillig zu. Das Konzert fand in einer dramatisch gespannten Atmosphäre statt, denn des Generalstreiks wegen gab es in der ganzen Stadt keinen elektrischen Strom, und so spielten wir bei Kerzenbeleuchtung. Das Publikum ging wunderbar mit.

Ich blieb zwei oder drei Wochen in St. Petersburg und gab eine Reihe Konzerte unter Siloti. In der ganzen Stadt herrschte eine gespenstische und unheilschwangere Stimmung. Nachts schreckten einen Schüsse aus dem Schlaf. Man hatte das Gefühl, jeden Moment konnte es von allen Seiten über einen hereinbrechen. Jenseits der Newa gab es Straßenkämpfe, und ich sagte Siloti, ich wolle mir das mal ansehen. »Sind Sie verrückt geworden«, herrschte er mich an, »wollen Sie angeschossen werden?« Aber schließlich gab er doch nach, wir nahmen nach dem Konzert eine Kutsche und fuhren hinaus über eine der Newabrücken. Auf dem anderen Ufer hörten wir ganz in der Nähe Schüsse. Plötzlich kam ein Mann um die Ecke gerannt, der eine Fahne schwenkte und, als er an uns vorüberkam, etwas auf russisch brüllte. Ich fragte, was das heiße, und Siloti übersetzte: »Lang lebe die zaristische Republik!«

Diese Begriffsverwirrung war recht bezeichnend für die Zeit. Die Russen wünschten verzweifelt, dem autokratischen System ein Ende zu setzen, unter dem sie so lange hatten leiden müssen, aber sie kannten nichts anderes, und so kam es, daß sich viele eine Republik ohne einen Zaren an der Spitze gar nicht vorstellen konnten.

Bei einer späteren Rußlandreise bekam ich am eigenen Leibe zu spüren, mit welcher Brutalität nach der Niederschlagung der Revolution von 1905 vorgegangen wurde. Ich wurde an der Grenze von einigen zaristischen Beamten festgehalten, großen, ungeschlachten Kerlen in Uniform, die mich als eine Art gefährlichen Umstürzler behandelten. Wessen sie mich verdächtigten, war mir schleierhaft. Sie brüllten mich auf russisch an, und als ich ihnen auf deutsch antwortete, ich könne sie nicht verstehen, nahmen sie davon überhaupt keine Notiz, sondern durchwühlten mein Gepäck, durchsuchten mich von Kopf bis Fuß, ja, zwangen mich sogar, mich auszuziehen. Ich hatte eine fürchterliche Wut. Nach meinem Eintreffen in St. Petersburg erzählte ich sofort Siloti, was passiert war, und er war, glaube ich, noch empörter, als ich schon war, meldete die Sache den Regierungsbehörden und erwirkte, daß man sich offiziell bei mir entschuldigte. Die ganze Episode habe auf einem unglückseligen Mißverständnis beruht. Diese Erklärung trug nicht gerade dazu bei, mich zu besänftigen.

Die Regierenden griffen offensichtlich mit eiserner Faust durch, das sah man auf Schritt und Tritt. Besorgnis, Verdacht, Furcht herrschten überall. Jedem wurde nachspioniert. Pförtner und Hausverwalter hatten der zaristischen Polizei Bericht über das zu erstatten, was in ihren Häusern vorging. Die Geheimpolizei war allgegenwärtig. Der große Komponist Rimskij-Korsakow wurde eine Zeitlang seiner Professur am Petersburger Konservatorium enthoben, weil er ein Protestschreiben veröffentlicht hatte, in dem er sich gegen die Überwachung seiner Studenten durch die Geheimpolizei wandte. Die Leute trauten sich nicht mehr, die Regierung zu kritisieren. Oft glaubte man sich in ein Gefängnis versetzt.

Auf meinen verschiedenen Rußlandreisen konzertierte ich außer in St. Petersburg auch in Moskau, Riga, Kiew und anderen Städten, und wo immer ich hinkam, bestürzte mich der krasse Gegensatz zwischen schrecklichster Armut der arbeitenden Bevölkerung und dem offen zur Schau getragenen Reichtum der Aristokraten; nach meiner Überzeugung war es einzig eine Frage der Zeit, daß das Volk gegen diese untragbaren Verhältnisse revoltieren würde. Als 1917 der Sturm schließlich losbrach, hatte ich das Gefühl, daß sich etwas Unausweichliches ereignete. Gleichzeitig war ich, ich gestehe das ganz offen, abgestoßen von dem Unrecht und der Unterdrückung, die dieser Revolution auf dem Fuße folgten. Ich bin mir darüber klar, daß es in jeder Revolution zu Ausschreitungen kommt; das läßt sich, scheint's, nicht vermeiden. Daß Leute äußerst gewalttätig werden können, wenn sie rebellieren, habe ich selbst miterlebt. Deshalb kann ich aber noch lange nicht die Handlungen jener entschuldigen, die im Namen des sozialen Fortschritts unschuldige Menschen verfolgen, von denen viele selbst sich um die Verbesserung der sozialen Verhältnisse verdient gemacht haben. Kein Zweck heiligt je solche Mittel!

Ich hatte das große Glück, mit einer Anzahl der bekanntesten russischen Komponisten in Berührung zu kommen, so mit Rimskij-Korsakow, César Cui, Glasunow und anderen. In Moskau spielte ich häufig unter der Stabführung Rachmaninows. Es waren alles Männer von ungeheuren Gaben. Wenn man sich vergegenwärtigt, mit welch phänomenaler Schnelligkeit die Musik in Rußland aufgeblüht ist, so kommt einem, was sie alle geleistet haben, nur um so erstaunlicher vor. Und wie freundlich sie alle zu mir waren!

Besonders ist mir eine Begegnung mit Rimskij-Korsakow in Erinnerung. Sie fand in St. Petersburg statt, als Siloti mich zur Aufführung einer Oper von Rimskij-Korsakow ins Maryinski-Theater mitnahm. In der Pause nach dem ersten Akt kam Glasunow – er war Rimskij-Korsakows Schüler gewesen – zu der Loge, wo Siloti und ich saßen, und sagte mir: »Eben habe ich mit Nikolaj Andrejewitsch gesprochen. Ihre Anwesenheit macht ihn nervös, er fürchtet, die Musik könnte Ihnen mißfallen.« Man stelle sich vor: Dieser bescheidene Mann war damals um die Sechzig und auf dem Höhepunkt seiner Schaffenskraft, und ich war kaum dreißig. Ich war zu verlegen, um sofort antworten zu können. Dann bat ich Glasunow, Rimskij-Korsakow doch bitte wissen zu lassen, die Oper gefalle mir ganz außerordentlich. Nach der Aufführung traf ich Rimskij-Korsakow selber und sagte ihm, wie sehr ich seine Musik liebte. Da war er ganz gerührt.

Ich habe es immer merkwürdig gefunden, daß dieser große Musiker auch hoher Marineoffizier war. Ihn habe ich allerdings nie in Uniform gesehen; der Komponist, der oft seine Uniform trug, war César Cui, und mit seinem weißen Vollbart und seinem durchdringenden Blick machte er darin eine ganz gute Figur. Er war General der zaristischen Armee und, wie man mir sagte, unter anderem eine Autorität in Fragen der Artillerie. Sein Vater war bei Napoleons Rückzug aus Moskau im Jahre 1812 zurückgeblieben, und so könnte man vielleicht César Cui eine der wenigen segensreichen Hinterlassenschaften nennen, mit denen Napoleon Rußland beglückt hat.

Von allen russischen Komponisten, denen ich begegnet bin, hat mich Alexander Skrjabin fraglos am meisten beeindruckt. Ein erstaunlicher, ein aufregender Mann! Er war ein wirklicher Neuerer, in der Tat: ein Erfinder, ein Pionier, der seine Ideen und Forschungen nicht auf die

Musik beschränkte, sondern auch philosophisch Neuland erschloß. Immer experimentierte er mit neuen Klängen und neuen Möglichkeiten der Instrumentation. Interessanterweise hatte auch er wie Rimskij-Korsakow und César Cui seine Laufbahn im Waffendienst begonnen. Dann hatte er sich der Musik zugewandt und sich einen Namen als Pianist gemacht, noch ehe er zu komponieren anfing. Er war Ende Dreißig, als wir uns trafen: ein gutaussehender Mann mit gewachstem Schnurrbart und schütterem Kinnbart. Er diskutierte viele seiner Ideen mit mir. Er war fest überzeugt, daß die Musik, wie wir sie bisher gehabt hatten, in mehr als einem Sinne roh und unentwickelt sei. Auch unsere Tonleiter sei viel zu begrenzt, viel zu seicht. Er interessierte sich brennend für die Beziehungen zwischen Musik und Farbe und glaubte tatsächlich, daß analog zu den musikalischen Tonleitern auch für die anderen Sinne Skalen aufgestellt werden sollten, also Farb-, Geruchs- und Geschmacksskalen. Nach seinem Gefühl sollten alle Möglichkeiten ästhetischer Wahrnehmung ausgeschöpft werden. Auch versicherte er, daß, wer Musik höre, unausweichlich von der Umgebung beeinflußt werde, in der die Musik erklinge; daß die Wirkung einer im Dunkeln gehörten Musik sich grundlegend unterscheide von der Wirkung, die von einer in heller Umgebung gehörten Musik ausgehe; daß unsere Empfindungen Farbwechsel ebenso registrierten wie Temperaturwechsel. Er lud mich ein, ihn in seinem Moskauer Haus zu besuchen, und führte mir dort einen Apparat vor, den er erfunden hatte, um Klänge in Farben zu reproduzieren. Ich glaube, ich war einer der ersten, denen er ihn zeigte, eine bemerkenswerte Erfindung, mit der sich erstaunliche Effekte erzielen ließen. Er schrieb damals an einem neuen Orchesterwerk, *Prometheus*, in dem auch ein Farbenklavier vorkam. Verschiedene Farben sollten während der Aufführung auf einer Leinwand zu sehen sein. So etwas hatte es noch nie gegeben. Unausdenklich, daß dieser geniale Mann schon im Alter von dreiundvierzig Jahren starb, nur wenige Jahre nach unserem Zusammentreffen. Kurz vor seinem Tode war er noch mit der Komposition eines monumentalen Werkes für zweitausend Mitwirkende beschäftigt, in dem er Orchestereffekte mit den vielfältigen Effekten von Tanz, Gesang, Rezitation, Farbe und selbst Duftstoffen verband.

Nachdem ich mich in Paris niedergelassen hatte, konzertierte ich in allen europäischen Hauptstädten – mit einer Ausnahme. Und diese Ausnahme war, widersinnig genug, die Stadt, zu der ich mich musikalisch am meisten hingezogen fühlte: Wien. Sosehr ich mich danach sehnte, dort zu spielen – immer wieder verließ mich der Mut. Fast ein Jahrzehnt lehnte ich eine Einladung nach der anderen ab und hielt mich abseits wie ein Mann, der fürchtet, dem Wesen zu nahe zu treten, das er über alles liebt. Der legendäre Zauber dieser Stadt zog mich magnetisch an, aber die Geister, die dort hausten, schreckten mich. Für mich war Wien schlechthin der Tempel der Musik, in dem die Werke von Mozart, Beethoven, Brahms, Schubert, Haydn noch als Echo widerhallten. Diese guten Geister hatten mich seit meiner Kindheit bebegleitet, und nun zögerte ich, ihre Stadt zu betreten, wo sie gelebt und geliebt, gearbeitet und gelitten hatten und wo sie gestorben waren. Endlich akzeptierte ich mit Zittern und Zagen ein Engagement und schickte mich an, in Wien aufzutreten. Nie zuvor hatte ich ein solches Gefühl von Beklemmung vor einem Konzert gehabt, ich irrte durch die Straßen, mein Herz schlug wild. Jeden Augenblick war ich darauf gefaßt, Mozart oder Schubert zu begegnen, war ich gewärtig, daß plötzlich Beethoven vor mir stünde und mich schweigend und unendlich traurig anblickte, wie er mir all die Jahre in meinen Träumen ererschienen war. Das Konzert fand im Saal der Gesellschaft der Musikfreunde statt, alle Plätze waren ausverkauft. Ich hatte Emanuel Moórs Konzert in cis-Moll für diesen Abend gewählt. Ich zog den Bogen für die ersten Töne über die Saiten, da fühlte ich mit panischem Entsetzen, daß er meinen Fingern entglitt. Verzweifelt versuchte ich, den Bogen wieder in meine Gewalt zu bekommen, aber meine Bewegung war zu jäh erfolgt, und nun glitt er vollends aus meiner Hand, und ich sah in hilflosem Schrecken zu, wie er über die Köpfe der vordersten Reihe hinweg ins Publikum flog. Im Saal herrschte lautlose Stille. Irgend jemand hob den Bogen auf, nun reichte man ihn behutsam von Hand zu Hand – immer noch war alles still –, und ich beobachtete gebannt, wie er langsam zu mir zurückkehrte. Und da geschah etwas Seltsames: Meine Nervosität fiel schlagartig von mir ab. Als der Bogen schließlich wieder in meine Hand gelangte, begann ich sofort von vorn, und dieses Mal mit unbedingtem Selbstvertrauen. Ich glaube, nie habe ich besser gespielt als an jenem Abend.

Von nun an besuchte ich Wien Jahr für Jahr.

Wie ich schon erzählt habe, ist mein erster Besuch in Brüssel, damals, als ich neunzehn Jahre alt war, nicht eben glücklich verlaufen; ich bin froh gewesen, schon nach zwei Tagen wieder davonzukommen. Später, als ich als Cellist bereits einen Namen besaß, hatte ich dort ein anderes Erlebnis, das mich auch recht verdroß, wenn es auch einen glücklicheren Ausgang nahm.

Der Zwischenfall ereignete sich bei der Generalprobe zu einem Konzert, das ich zusammen mit einem Symphonieorchester zu bestreiten hatte. Nun gab es einen Brauch, den ich längst abgeschafft wähnte und der eine Zumutung für die Musiker darstellte: Die öffentliche Generalprobe fand vor einem Publikum statt, das dafür Eintritt zu bezahlen hatte; die Orchestermitglieder jedoch erhielten Honorar nur für die eigentliche Aufführung. Jetzt ist eine gute Gelegenheit, dachte ich, um dagegen etwas zu unternehmen, und so verhielt ich mich während der Generalprobe, die vor ausverkauftem Hause stattfand, als ob es sich um eine gewöhnliche Probe handelte. Ich unterbrach, wann immer ich meinte, etwas korrigieren zu müssen, und diskutierte die strittigen Stellen eingehend mit dem Dirigenten. Bald begann das Publikum unruhig zu werden. Als wir das Cello-Konzert hinter uns gebracht hatten, forderte mich der Konservatoriumsdirektor auf, mit der Bach-Suite für Cello allein fortzufahren, die den zweiten Teil des Programms bildete. Ich sagte ihm: »Oh, das ist nicht nötig, die habe ich lange genug geübt; weitere Proben erübrigen sich.« Er sagte: »Aber Sie müssen die Suite spielen, man erwartet das von Ihnen.« Ich sagte, es tue mir leid, aber ich dächte nicht daran. Unterdessen wurde es im Saal immer unruhiger, einige Zuhörer protestierten und fragten, wann endlich weitergespielt werde. Schließlich lenkte der Direktor ein: »Ich flehe Sie an, Monsieur, bitte spielen Sie die Bachsuite! Betrachten Sie sich als für zwei Konzerte engagiert, ich werde dafür sorgen, daß Sie doppeltes Honorar erhalten.« Ich sagte, dann sei ja alles in Ordnung, und brachte das Konzert zu Ende. Nach dem eigentlichen Konzert erhielt ich doppeltes Honorar, sagte aber dem Direktor, ich würde nur eines davon für mich nehmen, das andere – und darauf müsse ich bestehen – solle in die Orchesterkasse fließen. Seither brach man mit der Praxis, vor einem zahlenden Publikum Generalproben abzuhalten. Auch auf dem Konzertpodium sollte man gegen Ungerechtigkeiten protestieren.

Aber Episoden dieser Art sind es nicht, die mir als erstes einfallen, wenn ich an Brüssel denke. Ich verbinde andere Erinnerungen mit dieser Stadt (nicht nur, weil ich hier so oft und mit so viel Erfolg konzertiert habe!), und sie gehören zu den glücklichsten meines Lebens. Für mich ist diese Stadt unwiderruflich mit den Namen zweier ganz einzigartiger Menschen verbunden, mit denen ich im Laufe meines Lebens in enge Berührung gekommen bin. Ich rede von dem unvergleichlichen belgischen Geiger Eugène Ysaÿe und von einer wahrhaft edlen Frau, der Königin Elisabeth der Belgier.

Kurz nach meinem Pariser Debüt unter Lamoureux lernte ich Ysaye kennen; wir konzertierten zusammen, und in regelmäßigen Abständen spielte ich auch mit seinem Brüsseler Orchester. Als Geiger natürlich weltberühmt, war er auch ein hervorragender Dirigent, dessen Orchester zu den besten Europas gehörte. Als wir uns kennenlernten, war er etwas über vierzig Jahre alt, also zwanzig Jahre älter als ich, aber es war, als gebe es keinen Altersunterschied zwischen uns. Wir wurden Brüder – ein großer Bruder und ein kleiner Bruder. Er war ein Riese von einem Mann, aber ein graziöser Riese, der sich mit Leichtigkeit und ohne Mühe bewegte. Mit seinem majestätischen Haupt und seinen wundervollen Augen erinnerte er mich immer an einen Löwen. Nie habe ich einen Künstler erlebt, dessen Auftreten auf dem Podium eindrucksvoller gewesen wäre. So groß er war, soviel Herz hatte er auch: Er war ein Mann von überströmender Wärme und Großmütigkeit und voller unbändiger Lebenslust. Er schöpfte aus dem vollen – wie er sagte, hatte er seine Kerze an beiden Seiten angezündet –, und sein Feuergeist sprang auf die Musik über und adelte sie. Wenn er spielte, fühlte man sich als ein besserer Mensch.

Ysaÿes Laufbahn begann, wie meine eigene, gewissermaßen in einem Café. Der große ungarische Geiger Joseph Joachim entdeckte ihn dort in Berlin und riet ihm, die Konzertlaufbahn einzuschlagen. Dabei unterschied sich seine Art zu spielen grundlegend von der Joachims. Ysaye befreite das Violinspiel von den Fesseln der Vergangenheit. Ich kann denjenigen nicht zustimmen, die meinen, er habe sich zu viele

Freiheiten mit dem Urtext erlaubt und seine Phantasie nicht zügeln können. Man vergesse doch nicht, in welche Zeit er hineingestellt war. Er mußte den damals herrschenden »Klassizismus« und seine Traditionen erst überwinden, die jeden Fortschritt hemmten. In Wirklichkeit war seine schöpferische Phantasie ganz seiner genialen Begabung angemessen; sein Einfluß auf die Kunst des Violinspiels kann gar nicht hoch genug veranschlagt werden. Für mich bleibt er der größte Geiger von allen. Man könnte sagen: Er erst hat die Seele der Geige entdeckt.

Kürzlich habe ich einige Aufzeichnungen wiedergefunden, die ich mir vor Jahren über Ysaÿe gemacht habe. Ich gebe sie hier im Auszug wieder:

> »Als Ysaÿe auf der Bildfläche erschien, setzte er alle Schulen und Richtungen des Violinspiels seiner Zeit außer Kurs.
>
> Er war der größte Geiger seiner Zeit, nicht weil er mehr Noten spielen konnte, sondern weil er sie besser spielte als seine Zeitgenossen. Seinem Einfluß kann man sich auch heute noch nicht entziehen; die Geiger der jungen Generation werden weiterhin von ihm geformt. Das Auftreten Ysaÿes war ein Offenbarung, nicht allein seiner technischen Meisterschaft wegen, sondern um des Reichtums an Farbe, Akzenten, Wärme, Freiheit und Ausdruckskraft willen, den er der Musikinterpretation verlieh. Er war der erste, der die Schranken der deutschen Traditionen durchbrach.«

Manchmal besuchte ich Ysaÿe in seinem Sommerhaus bei Gedinne an der Maas. Er war ein begeisterter Angler, und ich sehe ihn immer noch mit seiner Angelrute am Flusse sitzen und – nicht zu vergessen – mit seiner Pfeife. Er war leidenschaftlicher Pfeifenraucher, und man traf ihn, wie mich, selten ohne Pfeife. Ysaÿes Begeisterung für das Angeln teilte ich dagegen nicht; schon als Junge konnte ich nicht mit ansehen, wie diese schönen Tiere hilflos zappelten, wenn man sie aus dem Wasser zog.

Es war eine Tragödie, daß es diesem lebenssprühenden und großzügigen Mann bestimmt sein sollte, an Diabetes zu erkranken und erst nach langem Siechtum und großen Leiden vom Tode erlöst zu werden.

Bei einem meiner Konzerte in Brüssel zu Anfang des Jahrhunderts begegnete ich zum ersten Male der Königin Elisabeth der Belgier.

Während der Pause kam ein Bote ins Künstlerzimmer und sagte mir, König Albert und Königin Elisabeth würden mich gern in ihrer Loge empfangen. Bei dieser Gelegenheit überreichte mir der König eine Auszeichnung. Königin Elisabeth war damals Mitte Zwanzig, wir waren ungefähr gleich alt. Später kam sie in all meine Konzerte, die ich in Brüssel gab.

Aber wenn ich von Königin Elisabeth erzähle, so fällt mir als erstes eine ganz andere Geschichte ein, die sich in aller Öffentlichkeit zugetragen hat und wirklich Einblick in ihren Charakter gewährt. Wir kannten uns bereits einige Jahre, als unter der Schirmherrschaft des Königlichen Instituts eine Feier stattfand. Die Versammlung tagte in einem großen Saal. Jean Cocteau empfing irgendeine Auszeichnung und hielt eine Rede über die Werke der Colette. Wieder wurde ich in die Königsloge eingeladen. Als ich eintrat, deutete Königin Elisabeth auf einen leeren Sessel neben sich und forderte mich auf, mich darauf niederzulassen. Mir war klar, daß es sich um den Sessel des Königs handelte, und ich zögerte, denn es war, wie ich wußte, völlig protokollwidrig, daß jemand außer ihm diesen Platz einnahm. Sie aber lächelte und sagte noch einmal, auf den Sessel deutend: »Nehmen Sie doch Platz, Pau.« So setzte ich mich eben und blieb für den Rest der Veranstaltung auf dem Sessel des Königs sitzen. Die Leute im Saal starrten nun unablässig zur Loge, und später erfuhr ich, daß ein kleiner Skandal daraus entstanden war. Aber Handlungen wie diese waren typisch für sie. »Protokoll ist manchmal notwendig«, sagte sie mir einmal, »aber ich kann das Wort nicht hören.«

Königin Elisabeth war eine zierliche, fast zerbrechlich anmutende Frau von eiserner Willenskraft. Wenn sie etwas tat, dann immer in der Überzeugung, das Richtige zu tun; es verlangte sie, eigenständig und nach ihrem Ermessen Entscheidungen zu treffen, was auch andere sagen mochten. In vieler Hinsicht war sie die unkonventionellste Angehörige eines Königshauses, die mir je begegnet ist. Aber sie war Königin durch und durch – bei ihr hatte sich der Adel verinnerlicht. Vielleicht wird eines Tages jemand ihr Leben, wie es wirklich war, beschreiben. Ich verspreche mir davon ein Buch, an dem man sich aufrichten kann.

Sie war eine deutsche Prinzessin, Tochter des Herzogs Theodor in

Bayern, eines hochkultivierten Mannes, in dessen Schloß Schriftsteller und Künstler ein und aus gingen. Überdies war er bemerkenswerterweise ein ausgezeichneter Arzt. Er wußte seine Tochter für Medizin zu erwärmen, und so promovierte Elisabeth an der Universität Leipzig zum Dr. med. Sie teilte ihres Vaters Liebe zu den Künsten, Musik aber liebte sie über alles, und dieser Leidenschaft blieb sie ein Leben lang treu. Sie selbst spielte recht gut Geige – sie hatte bei Ysaÿe studiert – und rief in späteren Jahren einen internationalen Musikwettbewerb ins Leben, den Concours International Reine Elisabeth.

Wiewohl Deutsche von Geburt, wurde sie zur vielleicht beliebtesten Bürgerin ihres neuen Heimatlandes Belgien, nachdem sie Prinz Albert um die Jahrhundertwende geheiratet hatte. Besonders nahm sie sich der Probleme der arbeitenden Bevölkerung an. Sie widmete sich jeder Art von Sozialarbeit und gründete eine medizinische Klinik, an der sie selbst Unterricht in Krankenpflege erteilte. Als der Erste Weltkrieg hereinbrach und die Deutschen nach Belgien einfielen, weigerte sie sich zu fliehen. Sie blieb in der Hauptstadt, bis die Deutschen vor den Toren Brüssels standen; dann erst zog sie sich mit der belgischen Armee zurück und diente als Krankenpflegerin. »Solange es noch eine Handbreit freien belgischen Bodens gibt«, sagte sie, »habe ich dort meinen Platz.« Als nur noch ein paar Quadratkilometer dem Feinde nicht in die Hand gefallen waren, blieb sie dort und wohnte mit König Albert zusammen in einem kleinen Haus in einem Küstenstädtchen, das unter schwerem Beschuß lag. Ihr Leben war immerwährend in Gefahr. In einem alten Hotel richtete sie ein Lazarett ein und pflegte die Kranken und Verwundeten, auch organisierte sie eine Schule für Flüchtlingskinder. Als die Deutschen endlich abzogen, folgte sie ihrer nachdrängenden Armee auf dem Fuße nach.

In den Nachkriegsjahren war sie überall dabei, wenn es um die Sache der Freiheit ging. Ihr Verhalten schockierte zuweilen die Aristokratie, aber sie kümmerte sich nicht darum. Vor allem lag ihr der Weltfriede am Herzen, und nach dem Zweiten Weltkrieg war sie maßgeblich am Stockholmer Friedensappell beteiligt, in dem die Ächtung aller Atomwaffen gefordert wurde. Alles, was auf der Welt passierte, interessierte sie. Sie unternahm weite Reisen in Europa, aber auch nach Asien, Afrika und Amerika. Als sie über achtzig Jahre alt war, besuchte sie noch

Nikita Chruschtschow in der Sowjetunion und Mao Tse-tung in China. Sie war immer sehr naturliebend, wußte über Blumen und Bäume soviel wie ein Botaniker vom Fach, und irgendwie fand sie auch noch Zeit, sich der Ornithologie zu widmen und ein gelehrtes Buch unter dem Titel »Die Singvögel von Laeken« zu verfassen. In der Einleitung schrieb sie: »Ich widme dieses Buch allen Kindern und bitte sie herzlich, unseren Brüdern, den Vögeln, ihr Ohr zu leihen.«

Unsere Pfade kreuzten sich über sechzig Jahre hindurch immer wieder. Nie verloren wir uns aus den Augen – nie, trotz aller Wechselfälle ihres und meines Lebens, trotz zweier Weltkriege und des Spanischen Bürgerkrieges. Wann immer ich nach Belgien kam, suchte ich sie auf, gab Konzerte in ihrem Palast, und manchmal spielten wir sogar zusammen Kammermusik. Sie liebte Kammermusik über alles und lud oft Musiker zu einem Trio- oder Quartettabend ein. Während meines Exils in Prades schrieb sie mir häufig, und ihre Briefe waren eine Quelle der Freude und des Trostes für mich. Später nahm sie an den Musikfestspielen in Prades und, nach meinem Umzug nach Puerto Rico, an den Festspielen in San Juan und Marlboro, Vermont, teil. Sommers fuhren meine Frau Martita und ich gerne nach Brüssel zu Besuch und wohnten als ihre Gäste im Palast. Das letzte Mal geschah dies im Sommer 1966. Wenige Monate später starb diese große Persönlichkeit im Alter von neunundachtzig Jahren.

In ihrem Testament hinterließ sie mir einen Edelstein mit der Anweisung, ihn Martita zu übergeben.

# DER STURM BRICHT LOS

Mein Vater hatte in den Jahren nach meiner Übersiedlung nach Paris zunehmend unter Asthmaanfällen zu leiden. In seinen Briefen verlor er kein Wort darüber, und wenn ich in den Ferien nach Hause kam, bagatellisierte er seine Krankheit, aber von meiner Mutter und den Ärzten wußte ich, wie schlimm es um ihn stand. Die Ärzte meinten, ein Klimawechsel sei unumgänglich. Er müsse Bergluft haben. So drängte ich ihn, ihrem Rat zu folgen, kaufte in einem Bergdorf namens Bonastre ein Haus, und er zog auch dorthin, aber mit seiner Gesundheit ging es immer weiter bergab.

Im Herbst 1906 war ich in Basel, um bei einer Aufführung der Bachschen *Matthäus-Passion* mitzuwirken. Der große holländische Sänger Johannes Messchaert sang eine der herrlichsten Arien dieses Werkes, und ich spielte den obligaten Cellopart, als mich plötzlich eine schreckliche Ahnung befiel. In diesem Augenblick wurde es mir zur furchtbaren Gewißheit, daß mein Vater im Sterben lag. Sofort nach der Aufführung sagte ich alle anderen Verpflichtungen ab und reiste auf dem kürzesten Wege nach Vendrell. Bei meiner Ankunft erfuhr ich, daß mein lieber Vater an dem Tag, als ich in Basel gespielt hatte, gestorben war. Er wurde nicht weit von der Kirche beerdigt, deren Organist er gewesen war und wo ich als Kind im Chor gesungen hatte, wenn er Orgel spielte.

Zu jener Zeit, da mein Vater starb, hatte ich mein Standquartier in dem Pariser Viertel Auteuil aufgeschlagen. Ich bewohnte eines jener Einfamilien-Miethäuschen, die alle eng auf einem Grundstück namens Villa Molitor zusammenstanden. Hinter dem Haus lag ein winziger

Garten, dort habe ich gern in der Abenddämmerung gesessen und Pfeife geraucht. Das Haus wurde zum Treffpunkt für meine Freunde, und nur selten verging ein Tag, ohne daß einige von ihnen mich besucht hätten. Wir spielten dann Schach, plauderten und machten auch manchmal Kammermusik. Ich war immer glücklich, mich nach meinen Konzerttourneen in die Villa Molitor zurückziehen zu können.

Meine Mutter hingegen fand, daß ich ein eigenes Haus in Katalonien haben sollte. »Bei all deiner Reiserei«, sagte sie mir bei meinem Sommerbesuch zu Hause, »brauchst du einen Ort, wo du wirklich ausruhen kannst. In Paris geht das nicht. Du mußt hier in deiner Heimat am Meer etwas suchen.« Kurz nach dem Tode meines Vaters regte sie an, ein Haus in San Salvador zu bauen. Wir kauften ein Stück Land unmittelbar an der Küste. Den Bauplan entwarf sie selber – ein einfaches, aber reizendes Häuschen unmittelbar an dem Strand, wo ich so viele Stunden als Kind verbracht hatte – und leitete praktisch den Bau, überwachte das Anlegen der Gärten, das Pflanzen der Obstbäume und übernahm die Oberleitung der ganzen ländlichen Wirtschaft. Die Leute, die für sie arbeiteten, hatten gewaltigen Respekt vor ihr; sie spürten, daß meine Mutter auch den Fachleuten noch etwas vormachen konnte.

Jeden Sommer verbrachte ich zwei oder drei Monate meiner Ferien in San Salvador bei meiner Mutter und meinen Brüdern Luis und Enrique, die damals noch nicht zwanzig waren. Luis besuchte eine Landwirtschaftsschule, und bei Enrique zeigte sich bereits ein ungewöhnliches Geigertalent. Dort zu sein, war für mich immer eine reine Freude. Früh beim Morgengrauen stand ich auf und schlenderte den Strand entlang, sah die Sonne über dem Ozean aufgehen und blieb dann und wann stehen, um mit den Fischern zu plaudern. Die Gegend hatte nichts von der Faszination verloren, die sie auf mich ausgeübt hatte, als ich noch Kind war. Jedesmal, wenn ich dorthin zurückkehrte, hatte ich das Gefühl der Befreiung. Wie aus einer unversiegbaren Quelle habe ich immer in der Natur neue Kraft geschöpft. Auch kam ich in jenen Tagen nur während meiner Besuche in San Salvador ernstlich zum Komponieren.

Was meine Mutter über mein Leben in Paris sagte, traf zu. Mein Arbeitspensum war anstrengend und kostete mich viel Zeit. Einmal hatte ich natürlich eine Menge Konzerte und Hauskonzerte zu geben, mußte Proben abhalten und verschiedenen anderen Verpflichtungen nachkommen. Dazu kam meine Arbeit an der École normale de Musique, die ich zusammen mit Thibaud und Cortot hatte gründen helfen. Zu jener Zeit unterrichtete ich viel. Einer meiner begabtesten Schüler war Maurice Eisenberg, mit dem mich bald eine Freundschaft verband, die sich in späteren Jahren für mich als besonders wertvoll erweisen sollte. Doch immer, wenn ich von Konzertreisen nach Paris zurückkehrte, blieb mir kaum Zeit, mich zu entspannen. Gewöhnlich trat genau das Gegenteil ein.

Ein Erlebnis ist mir noch im Gedächtnis, das nicht eben typisch genannt werden darf – glücklicherweise blieb mir Ähnliches erspart! –, das aber doch veranschaulicht, was einem Musiker in Paris alles das Leben verbittern konnte:

Allmählich war es schon Tradition geworden, daß ich an den jährlichen Benefiz-Konzerten für die Orchester Lamoureux und Colonne teilnahm. Diesmal ergab es sich, daß das Konzert genau auf den Tag fiel, da ich von einer längeren Konzertreise nach Paris zurückkehrte. Die Generalprobe war morgens angesetzt – das war damals so üblich –, und ich begab mich, obwohl ich müde war von einer im Zug verbrachten Nacht, direkt in den Konzertsaal. Der Dirigent Gabriel Pierné und ich hatten uns ein paar Wochen vorher darauf geeinigt, daß ich das Dvořák-Konzert spielen sollte. Unmittelbar vor der Probe kam Pierné in meine Garderobe, um nochmals die Partitur mit mir durchzugehen und meine Auffassung zu besprechen. Irgend etwas an seinem Benehmen kam mir seltsam vor, er schien beinahe uninteressiert an dem zu sein, worüber wir sprachen, aber ich dachte, wahrscheinlich gingen ihm andere Dinge im Kopfe herum. Da, plötzlich, schmiß er die Partitur hin, verzog das Gesicht und rief: »Was für ein schauderhaftes Stück.« Ich dachte zuerst, er mache Spaß; daß er das im Ernst meinen könnte, war für mich unvorstellbar. Immerhin war er selbst Komponist und hatte bei Massenet und César Franck studiert. Aber er ging weiter: »Das Konzert ist nicht wert, daß man es aufführt. Das ist überhaupt keine Musik!« Er sagte das alles in einem Tone, daß ich nicht mehr im Zweifel sein konnte: Er meinte es tatsächlich ernst.

Ungläubig starrte ich ihn an. »Sind Sie wahnsinnig geworden?« fragte ich ihn. »Wie können Sie derart über solch ein herrliches Werk herziehen?« Ob er nicht wisse, fragte ich weiter, daß Brahms es für ein klassisches Werk gehalten und gesagt habe, er selbst würde auch ein Cello-Konzert komponiert haben, wenn er gewußt hätte, daß man solche Effekte herausholen könne.

Pierné zuckte die Achseln: »Was besagt das? War Brahms unfehlbar? Sie sind doch Musiker genug, um zu erkennen, wie miserabel diese Musik ist.«

Ich war fast sprachlos vor Zorn. »So also stehen Sie zu dem Werk?« sagte ich. »Dann sind Sie offensichtlich unfähig, es zu dirigieren. Da ich nun einmal diese Musik liebe, kann ich mich nicht dazu hergeben, sie zu entweihen. Das tue ich nicht. Ich weigere mich zu spielen.«

Die Orchestermitglieder drängten sich an uns vorüber und nahmen ihre Plätze ein. Jemand sagte, der Saal sei voll, wir sollten anfangen. Pierné sagte mir: »Nun, wir haben keine andere Wahl. Sie werden spielen müssen.«

»Ganz im Gegenteil«, sagte ich, »ich gehe nach Hause.«

Pierné rannte aufs Podium, hob beschwörend die Hände und erklärte mit gesträubtem Bart und Haupthaar: »Pablo Casals weigert sich, heute für uns zu spielen.«

Im Saal entstand große Bewegung. Ich wollte erklären, was wirklich passiert war, aber bei all dem Getöse konnte ich mich nicht verständlich machen. Die Leute kletterten auf die Bühne, beschwerten sich, wollten ihr Geld zurückhaben. Ich erblickte den Komponisten Claude Debussy, der in meiner Nähe stand. Ich erklärte ihm die Situation und sagte zu Pierné: »Hier, fragen Sie Debussy, ob er meint, ein Künstler könnte unter solchen Umständen auftreten.«

Zu meinem Erstaunen zuckte Debussy mit den Achseln und sagte: »Wenn Sie wirklich spielen wollten, könnten Sie schon.«

Ich erwiderte: »Das mag Ihre Ansicht sein, Monsieur Debussy, aber ich versichere Ihnen, daß ich nicht daran denke, zu spielen.«

Damit nahm ich mein Zeug an mich und verließ den Saal.

Tags darauf erhielt ich eine gerichtliche Vorladung wegen Kontraktbruches. Die juristischen Formalitäten nahmen Wochen in Anspruch. Als der Fall endlich zur Verhandlung kam, sagte der Vertreter der Anklage selber, daß vom künstlerischen Standpunkt aus mein Verhalten zu rechtfertigen sei, aber es gebe nun einmal bestimmte Unterschiede zwischen den Erfordernissen der Kunst und denjenigen des Gesetzbuches. Der Richter entschied zu meinen Ungunsten. Ich wurde mit 3000 Francs Konventionalstrafe belegt, und das war, wenn man den damaligen Wechselkurs in Rechnung zieht, wahrhaftig keine Kleinigkeit.

Ich gestehe – Urteil hin oder her –, ich würde heute nicht anders handeln. Entweder man glaubt an das, was man tut, oder man läßt die Finger davon. Musik darf man sich nur kompromißlos in voller Hingebung nähern, und man kann sie nicht an- oder abstellen wie einen Wasserhahn.

Zur Zeit meiner Kontroverse mit Pierné übten die Pariser Blätter an mir Kritik. Ich sei streitsüchtig, hieß es da, und mein Temperament gehe mit mir durch. Nun liegt es gar nicht in meinem Wesen, Streit anzufangen. Das Gegenteil ist wahr, finde ich. Ich bin an anderen Leuten so sehr interessiert und besonders an ihren verschiedenartigen Denkweisen, daß ich, ganz gleich, ob ich ihrer Meinung bin oder nicht, mich nicht mit ihnen herumstreite, sondern von ihnen lernen möchte. Wenigstens versuche ich das. Die Frage, wie's mit dem Temperament bestellt sei, ist schon schwerer zu beantworten. Ich glaube, fast alle Menschen haben ganz bestimmte Idiosynkrasien, und diese Idiosynkrasien gehören zweifellos zu den Eigenschaften, die sie überhaupt erst zu Individuen machen. In Interviews hat man mich häufig nach meinen eigenen Idiosynkrasien gefragt. Nun enttäusche ich meine Befrager ungern; ich weiß, sie möchten gern etwas Aufregendes oder doch Unübliches nach Hause tragen. Ich weiß auch, es läßt sie unbefriedigt, wenn ich ihnen erzähle, daß ich leidenschaftlich gern Domino spiele und ohne Pfeife nicht leben kann oder daß meine Augen sehr lichtempfindlich sind und ich zu ihrem Schutz einen Sonnenschirm trage. Aber was sonst soll ich ihnen erzählen? In Wahrheit halte ich mich selbst für einen ganz unkomplizierten Menschen mit sehr einfachen Vorlieben und Abneigungen. Auch in der Musik suche ich Einfachheit – vielleicht ist dies heute meine Hauptidiosynkrasie: meine Abneigung gegen alles Gekünstelte.

Einer ziemlich verbreiteten Ansicht zufolge soll zum Temperament eines Künstlers eine gewisse Exzentrik gehören, aber ich teile diese

Meinung nun einmal nicht. Ich bin sicher, daß man auch unter Klempnern und Bankiers höchst exzentrischen Menschen begegnet. Andererseits glaube ich: Wenn wir heute Bach oder Shakespeare begegnen könnten, wir würden über ihren Mangel an Exzentrizität staunen. Natürlich waren einige große Komponisten über die Maßen exzentrisch; ich denke dabei an Richard Wagner und die Geschichten, die mir sein Freund, der Dirigent Hans Richter, von ihm und seinem feurigen Temperament, seiner Eigenwilligkeit und seiner Egozentrik erzählt hat. Doch meine ich, Eigenschaften dieser Art machen nicht das Wesen eines schöpferischen Genies aus, sondern sind eher Schwächen, mit denen man Nachsicht haben sollte. Für den Künstler sind sie kaum von Belang: Nicht seine Schrullen, seine Werke sind denkwürdig. Manchmal freilich können die Eigenheiten eines Künstlers seinem Werk ernstlich schaden. Ein Beispiel dafür bietet mein Freund, der in Ungarn geborene Komponist Emanuel Moór.

Moór war meiner Meinung nach ein echtes Genie, einer der wirklich bedeutenden Komponisten dieses Jahrhunderts. Dazu war er ein glänzender Pianist und ein bemerkenswerter Erfinder. Unter anderem erfand er ein zweimanualiges Klavier und ein mechanisches Streichinstrument, das sämtliche Register vom Kontrabaß bis zur Violine umfaßte. Aber seine exzentrische Veranlagung war so ausgeprägt, daß sie der Aufnahme seiner Musik böse im Wege stand.

Ich lernte Moórs Musik unter dramatischen Umständen kennen. Ich traf ihn bei einem meiner Konzerte in Lausanne in der Schweiz, wo er damals lebte. Ein russischer Cellist namens Brandukoff stellte ihn mir als »Liebhaberkomponisten« vor, aber irgendwie spürte ich etwas Bedeutendes an diesem Mann. Die Intensität seines Wesens sprach schon aus seinem Gesicht. Ich sagte ihm, ich würde gern seine Werke hören, und lud ihn ein, mich in Paris zu besuchen. Kurz danach kam er zu mir nach Villa Molitor und brachte einen wahren Berg von Partituren angeschleppt. Kaum hatte er sich ans Klavier gesetzt und angefangen zu spielen, wußte ich: Dies war ein Künstler von ungewöhnlichem Format. Seine Musik überwältigte mich. Er spielte seine Werke, eines nach dem andern, und je mehr er spielte, desto mehr war ich davon überzeugt, daß er ein Komponist ersten Ranges war. Als er aufhörte, sagte ich nur: »Sie sind ein Genie.« Er sah mich einen Augenblick schweigend an, ein Zucken ging über sein Gesicht, und plötzlich brach er in Tränen aus. Dann sprudelte er seine Lebensgeschichte heraus.

Er hatte seine musikalische Laufbahn als Pianist begonnen und beträchtliche Erfolge auf dem Konzertpodium gehabt, aber von Jugend an verzehrte ihn die Leidenschaft zu komponieren. Die Jahre verstrichen, ohne daß es ihm gelungen wäre, seine Werke öffentlich aufzuführen und ihnen ein Publikum zu gewinnen. Ständig bekam er zu hören, seine Kompositionen seien wertlos. Endlich, nach wiederholten Rückschlägen, gab er das Komponieren auf. Er war damals Mitte Dreißig. Die letzten zehn Jahre habe er nichts mehr komponiert, sagte er. »Unmöglich!« rief ich, »was Sie mir gerade vorgespielt haben, ist ausgezeichnete Musik. Sie müssen weiter komponieren.« Er drückte meine Hände und sagte: »Ich will ja ...«

Und er tat es wirklich. Von nun an erschien er regelmäßig einmal im Monat in Paris und brachte jedesmal einige neue Werke mit. Seine Produktivität war erstaunlich, er komponierte mit unglaublicher Geschwindigkeit. Bisweilen brachte er eine Symphonie, manchmal eine Oper, manchmal einen Lieder-Zyklus oder Kammermusik, und immer trugen die Stücke den Stempel seiner eigenständigen genialen Begabung. Ich bemühte mich, seine Musik bekannt zu machen, spielte Werke von ihm in meinen Konzerten und überredete meine Freunde – Ysaÿe, Cortot, Bauer, Kreisler und andere –, es mir nachzutun. Ich gab auch eigens Konzerte, in denen ich seine Werke dirigierte, und drängte andere Dirigenten, Werke von ihm in ihre Programme mit aufzunehmen. Aber ich hatte beständig mit Widerständen aller Art zu kämpfen. Und warum? Hauptsächlich schuld daran war Moórs exzentrisches Wesen.

Nie habe ich einen Menschen mit einer größeren Fähigkeit kennengelernt, andere Leute zu vergrämen und sich Feinde zu machen. Er war kurz angebunden, ohne jede Geduld und entsetzlich starrsinnig. Wer nicht seiner Meinung war, hatte zu gewärtigen, daß Moór wie ein Wilder über ihn herfiel und ihn beschimpfte. Ich erinnere mich, wie ein berühmter Pianist in mein Haus kam, als Moór gerade da war. Es ging gegen Abend, und Moór hatte den ganzen Tag seine Werke vorgespielt. Als nun der andere Pianist anfing zu spielen, konnte Moór kaum an sich halten. Verbittert und in brütendes Schweigen versunken, lauschte er, während der Pianist einige seiner Bach-Transkriptionen spielte, für die er berühmt war. Als der Pianist geendet hatte, wandte er sich an Moór und fragte: »Was halten Sie davon, Monsieur Moór?« Moór platzte heraus: »Ich halte Sie für einen Vollidioten.«

Ein anderes Mal hatte ich es nicht ohne Mühe geschafft, daß Moórs Werke in einem Konzert der Classical Concert Society in London gespielt wurden. Gemeinsam reisten wir nach England. Wir probten im Hause des ausgezeichneten englischen Pianisten Leonard Borwick, eines glänzenden Musikers, der bei Clara Schumann studiert hatte. Während Borwick und ich eine Beethoven-Sonate probten, merkte ich, wie Moór mehr und mehr in Erregung geriet. Ich winkte ihm zu, sich zu beruhigen, aber nichts half. Wir fingen das nächste Werk an, eine Bach-Sonate, als Moór plötzlich mit langen Schritten zum Flügel ging, Borwick an den Schultern packte, ihn vom Klavierstuhl riß und schrie: »Jetzt werde ich Ihnen zeigen, wie man Bach spielt!« Borwick, englischer Gentleman vom Scheitel bis zur Sohle, blieb ganz ruhig und sagte nur: »Vielen Dank, Sir, aber ich spiele eben, so gut ich kann.«

Natürlich machte sich Moór durch ein derartiges Benehmen bei Kollegen mehr als unbeliebt. Sein Betragen ganz allgemein erregte bei vielen Anstoß. Seine Tischmanieren – genauer gesagt: ihr völliges Fehlen – brachten die Leute gegen ihn auf. Ich wußte, daß der Mann sich im Dienste der Musik völlig verzehrte und daß er nur deshalb sein Essen wie ein reißendes Tier hinunterschlang, weil ihm die ganze Nacht Musik durch den Kopf ging und Schlaflosigkeit und Nervosität eine Art Heißhunger in ihm hervorriefen. Ich hatte Nachsicht mit Moórs Betragen, obwohl er auch mir oft auf die Nerven fiel; denn ich wußte, wie sehr der arme Mann litt. Aber andere Musiker teilten meine Sympathie nicht. »Wie kannst du dich mit so jemand abgeben!« sagten sie. »Er ist unerträglich. Wir können ihn nicht ausstehen.« Ich suchte es ihnen zu erklären, konnte sie aber nicht überzeugen. Der Zeitgeschmack und immer wieder die Antipathie, die Moór entgegengebracht wurde, verhinderten, daß seine Werke aufgeführt wurden.

Unglücklicherweise sind Moórs Werke heute so gut wie unbekannt. Das tut, meine ich, ihrem wahren Wert keinen Abbruch. Es hat Zeiten gegeben, in denen die Musik der größten Komponisten nahezu vergessen war. Man denke an J. S. Bach, dessen Werke fast ein Jahrhundert nach seinem Tode erst von Mendelssohn praktisch wiederentdeckt wurden. Ich selbst erinnere mich noch an Zeiten, in denen Mozarts Werke mehr als gefällige Divertissementsmusik angesehen wurden, die man als Lückenbüßer ins Programm aufnahm. Das Genie findet am Ende stets seinen eigenen Weg, sich durchzusetzen, und so bin ich überzeugt, daß Moór eines Tages Gerechtigkeit widerfahren wird.

Bei einem meiner Konzerte in Berlin lernte ich 1913 die bekannte amerikanische Liedersängerin Susan Metcalfe kennen. Sie kam nach dem Konzert hinter die Bühne, um mir zu gratulieren. Als sie mir ihr Interesse an spanischen Liedern bekundete, erbot ich mich, ihr bei der Zusammenstellung eines solchen Repertoires behilflich zu sein. Während der folgenden Monate arbeiteten wir zusammen, und im Frühjahr darauf heirateten wir in New Rochelle, New York, wo sie damals wohnte. Später gaben wir eine Anzahl Konzerte in Europa und in den Vereinigten Staaten, wobei ich als ihr Klavierbegleiter fungierte. Doch paßten wir nicht recht zusammen, und unsere Beziehung währte nicht lange, obwohl wir erst einige Jahre später geschieden wurden. Wir waren nicht glücklich miteinander. Aber dies sind Dinge, über die man nicht spricht.

Die wohl glücklichsten Erinnerungen an meine Pariser Tage verbinde ich mit den zwanglosen musikalischen Zusammenkünften, zu denen meine Freunde und ich sich in regelmäßigen Abständen versammelten. Wir musizierten dann zu unserem eigenen Vergnügen. Allmählich bildete sich eine Tradition heraus, fast so etwas wie ein Ritual, so wenig Rituelles auch im eigentlichen Wortsinne mit im Spiele war. Gewöhnlich trafen wir uns in dem kleinen Wohnzimmer im Hause Thibauds, vier oder fünf von uns waren immer anwesend. Unsere Gruppe bestand aus Ysaÿe, Thibaud, Kreisler, Pierre Monteux, Cortot, Bauer, Enesco und mir. Georges Enesco war der jüngste von uns, er war aus Rumänien nach Paris gekommen, als er ungefähr zwanzig Jahre zählte, also kurz nach 1900. Er war ein sehr empfindsamer junger Mann, gut aussehend auf eine verfeinerte, poetisch anmutende Weise; er spielte gleich großartig Geige und Klavier und komponierte bereits herrliche Musik. Bald wurden wir die besten Freunde.

Jene Zusammenkünfte in Thibauds Wohnung begannen im späten Frühling oder Frühsommer, jedenfalls am Ende der Konzertsaison, wenn wir unsere Tourneen hinter uns hatten. Wir kamen wie die Brieftauben aus allen Teilen der Welt hierher zurück: Ysaÿe etwa kam gerade von seiner Rußland-Tournee, Kreisler aus den Vereinigten Staaten, Bauer aus dem Orient, ich vielleicht aus Südamerika ... Und wie wir diesen Augenblick herbeisehnten! Denn dann konnten wir aus purer Freude an der Musik spielen, ohne an Konzertprogramme denken zu müssen oder an Fahrpläne, Impresarios, Kartenverkauf, Zuhörer, Musikkritiker. Da gab es nur uns selber und die Musik. Wir spielten Duos, Quartette – Kammermusik –, alles und jedes, worauf wir gerade Lust hatten. Wir verstanden einander vollkommen. Dabei wechselten wir immer den Part: Mal spielte der eine die erste oder die zweite Geige oder die Bratsche, mal ein anderer. Manchmal saß Enesco am Klavier, dann wieder Cortot. Gewöhnlich trafen wir uns nach dem Abendessen und spielten und spielten; niemand schaute dabei je auf die Uhr. Die Stunden flogen nur so dahin – wir pausierten nur dann und wann, um etwas zu essen oder zu trinken. Oft dämmerte schon der Morgen, wenn wir endlich aufhörten und Thibauds Haus verließen.

Aber bald sollten diese wundervollen Zusammenkünfte ein jähes Ende finden. Wie das Leben von Millionen anderer Menschen wurde auch das unsere durch den Kriegsausbruch 1914 in seinen Grundfesten erschüttert. In jenem Sommer wurde Kreisler zur österreichischen Armee eingezogen. Man konnte sich diesen fröhlichen und sanften, genial begabten Menschen in Uniform gar nicht vorstellen. Und welcher Schrecken, als er als einer der ersten an der russischen Front verwundet wurde. Bauer verzog bald nach den Vereinigten Staaten, Ysaÿe nach London.

Während der Kriegsjahre kamen einige Mitglieder unserer Gruppe im Hause von Muriel Draper zusammen, einer Dame der amerikanischen Gesellschaft, die damals in London wohnte. Wir musizierten in einem Kellerraum, den wir die »Höhle« nannten. Es war ein sehr ansprechender Raum mit bequemen Stühlen und mit vielen Kissen, die überall herumlagen. Aber es war nicht mehr, was es in Paris gewesen war. Hinter allem stand unsichtbar das schreckliche Gespenst des Krieges.

Zu Anfang dieses Jahrhunderts wußten die meisten Europäer kaum, was Krieg ist. Noch hatten Millionen von Menschen nicht die Schrekken des Grabenkrieges kennengelernt, die grausigen Gefallenenlisten, die Flucht von Frauen und Kindern aus brennenden Städten. Auch war Krieg damals nicht wie heute tägliches Gesprächsthema, eine Abendunterhaltung der Fernsehprogramme und fürs Volksvermögen ein Faß ohne Boden.

Obwohl Spanien Anfang 1900 nicht mehr zu den Großmächten zählte, hatte seine Bevölkerung vielleicht doch nähere Bekanntschaft mit dem Krieg gemacht als andere Europäer. Meine eigenen Kriegserinnerungen reichen noch ins 19. Jahrhundert zurück bis zu dem Ereignis, das man »das Desaster von 1898« nennt. Damals wurde ich in Barcelona Augenzeuge einer alptraumhaften Szene, die ich nicht vergessen kann. Es war im Jahre des Spanisch-Amerikanischen Krieges und des endgültigen Zerfalls des spanischen Weltreiches, das seine Kolonien Kuba, die Philippinen und Puerto Rico einbüßte. Wie alle anderen Spanier wußten natürlich auch die Katalanen von den Strafexpeditionen, die das spanische Militär mehrere Jahre lang durchführte, um die Rebellion gegen die spanische Herrschaft zu unterdrükken; damals war fast eine Viertelmillion spanischer Truppen auf Kuba stationiert. Aber nur wenigen Spaniern war bewußt, welche Verluste ihre Armee durch den Guerillakrieg in den Sümpfen und Dschungeln erlitt, vor allem aber durch Malaria, Gelbfieber und andere Tropenkrankheiten. All dies wurde den Leuten vorenthalten, und während die Verlustlisten immer länger wurden, berichtete die Presse von großen Erfolgen. Unablässig wurde versichert, der Endsieg sei zum Greifen nahe. Dann plötzlich brach im Sommer 1898 mit dem Eintritt der Vereinigten Staaten in den Krieg die Katastrophe herein. Über Nacht flog die Pressekampagne auf. An Stelle des versprochenen Sieges eine totale Niederlage! Ich war damals in Barcelona. Kurz nach den Hiobsbotschaften landeten die Armeetransporter im Hafen mit den Resten der spanischen Truppen. Tagelang wanderten Tausende von Soldaten durch die Straßen der Stadt, verwundet, verstümmelt, von Hunger und Krankheit gezeichnet. Es war ein furchtbarer Anblick, wie eine Szene aus Goyas »Schrecken des Krieges«. Und wozu, fragte ich mich, wozu das alles?

Der dadurch in Spanien ausgelöste Schock war ungeheuer. Überall im Lande erzählte man sich, was sich in Barcelona zugetragen hatte. Die Begebenheit wurde sogar in einem der Singspiele des Jahres aufgegriffen, der Zarzuela *Gigantes y Cabezudos,* »Riesen und wasserköpfige Zwerge«. Da zeigt eine Szene einen zerlumpten Haufen von Heimkehrern, die, am Ebroufer gelagert, ein melancholisches Lied von ihrer Liebe zur Heimat und ihren Leiden auf den überseeischen Schlachtfeldern anstimmen.

Ein gutes Jahrzehnt später war das Leben vieler spanischer Familien abermals vom Krieg bedroht, auch das unsere. Dieses Mal wurde Spanien in einen Krieg in Marokko verwickelt, der sich zu einem langen und blutigen Konflikt ausweitete. Zehntausende wurden eingezogen, um gegen die Rif-Kabylen zu kämpfen; dabei war man überall gegen diesen Krieg. Besonders die Intellektuellen und die Arbeiter in Katalonien opponierten, und wenn ich nach Hause kam, um meine Mutter und meine Brüder zu besuchen, spürte ich rings um mich die Erbitterung der Leute. Als die Regierung die allgemeine Mobilmachung anordnete, protestierten die Arbeiter in Barcelona mit einem Generalstreik. Blutige Zusammenstöße folgten – später sprach man von der »tragischen Woche« –, und das Land wurde unter Kriegsrecht gestellt. Viele wurden von Kriegsgerichten zu Gefängnis verurteilt, manche hingerichtet. Es war eine schreckliche Zeit. 1912 führte die Regierung die allgemeine Wehrpflicht ein. Bis dahin hatte man sich vom Militärdienst loskaufen können, und das war mir beim älteren meiner beiden Brüder, Luis, auch gelungen. Aber bei meinem Bruder Enrique schaffte ich es nun nicht mehr. Er war erst kürzlich aus Prag zurückgekehrt, wo er Violine studiert hatte. Nun war er gerade achtzehn geworden und stand vor der Einberufung. Ich war damals in Vendrell bei meiner Mutter, und damals tat sie jenen Ausspruch, er sei nicht auf die Welt gekommen, um zu töten oder getötet zu werden. Er solle außer Landes gehen. Er entschloß sich für Argentinien, dort wollte er seine musikalische Laufbahn fortsetzen. Ich besorgte ihm eine Schiffskarte nach Südamerika, und er floh. Natürlich verblaßten der Spanisch-Amerikanische und der Marokkanische Krieg vor dem Krieg, der im Sommer 1914 über die Welt hereinbrach. Es war, als ob die ganze Menschheit plötzlich wahnsinnig geworden wäre.

Den Kriegsausbruch erlebte ich in Paris. Die Leute wurden zu Berserkern. Man hätte doch annehmen können, die Menschen seien sich darüber klar, welch schreckliches Unglück über das Land gekommen war. Aber nein, im Gegenteil, alles war in wilder Feststimmung. Militärkapellen spielten, alle Fenster waren beflaggt, bombastische Reden über Ruhm und Patriotismus erklangen. Welch makabre Maskerade! Wer weiß, wie viele dieser jungen Leute, die lächelnd durch die Pariser Straßen paradierten, später im Dreck der Schützengräben umkamen oder fürs Leben verkrüppelt wieder heimkehrten. In wieviel Städten und Ländern wohl ähnliche Paraden abgehalten worden sind?

In den folgenden Tagen und Monaten wurde eine Nation nach der anderen in jenes entsetzliche Gemetzel einbezogen; man spürte, wie die Zivilisation rückfällig wurde, wie alle menschlichen Werte sich verkehrten. Gewalttätigkeit wurde geheiligt, Brutalität ersetzte die Vernunft. Wer die meisten Mitmenschen tötete, war Held des Tages. Und die Menschheit wandte all ihre schöpferischen Fähigkeiten, all ihre Kenntnisse, ihr Wissen, ihre Erfindungsgabe daran, Tod und Vernichtung zu verbreiten. Aber wozu? Millionen wurden massakriert, andere Millionen von Haus und Hof vertrieben, viele verhungerten. Man sagte den Leuten, dieser Krieg solle der Welt die Demokratie sichern. Schon wenige Jahre nach Kriegsende geriet ein Dutzend der kriegführenden Nationen in die Gewalt von Diktatoren, und mittlerweile bereitete man sich schon wieder auf einen neuen und noch schrecklicheren Weltkrieg vor.

Während jener entsetzlichen Zeit des Ersten Weltkrieges ließ mich die Frage nicht los, die mich schon als jungen Menschen in Barcelona umgetrieben hatte, als mir zum ersten Mal das menschliche Elend und das unmenschliche Verhalten von Mensch zu Mensch bewußt wurde. War der Mensch dafür geschaffen worden? Manchmal überwältigten mich Entsetzen und Hoffnungslosigkeit. Für mich ist das Leben eines einzigen Kindes mehr wert als all meine Musik, aber inmitten des kriegerischen Wahnsinns verdanke ich es doch wohl vor allem meiner Musik, daß ich nicht verrückt wurde. Musik allein bestätigte mir, daß der Mensch auch schöne Dinge hervorbringen kann, derselbe Mensch, der nun Tod und Grauen verbreitete. Ich rief mir die Napoleonischen Kriege ins Gedächtnis, die ein Jahrhundert zuvor Europa verwüsteten.

und ich dachte an Beethoven, der, wie sehr er auch unter dem furchtbaren Zwist litt, weiterkomponierte und seine großen Meisterwerke schuf. Vielleicht ist es in Zeiten, in denen Bosheit und Häßlichkeit Trumpf sind, noch wichtiger als sonst, all das zu pflegen, was den Menschen adelt. Während des Krieges waren manche so blindwütig in ihrem Haß, daß sie auch die deutsche Musik zu unterdrücken suchten. Ich aber hielt es für notwendiger denn je, die Werke von Bach, Beethoven und Mozart zu spielen, in denen Menschlichkeit und Brüderlichkeit in beispielhafter Weise Gestalt gewonnen haben.

Bei Kriegsausbruch gab ich meine Pariser Wohnung auf und lebte eine Zeitlang in New York City. Jedes Jahr machte ich eine Konzerttournee durch die Vereinigten Staaten, und meine amerikanischen Freunde drängten mich, für immer dort zu bleiben. »Hier kannst du in Frieden deiner Musik leben«, sagten sie mir, »und du bist in Sicherheit. Du brauchst dich nicht der Gefahr auszusetzen, daß ein Unterseeboot dein Schiff versenkt.« Aber ich brachte es nicht übers Herz, auf die Dauer meine Familie und meine Freunde in Europa im Stich zu lassen. Nach jeder Konzerttournee schiffte ich mich eilig nach Europa ein, um meine Mutter in San Salvador zu besuchen.

Als ich mich 1916 in New York aufhielt, ereignete sich eine Tragödie, die für mich die ganze Sinnlosigkeit und Verrücktheit des Krieges symbolisiert. Im Frühjahr kam mein lieber Freund Enrique Granados aus Barcelona angereist, um an der Welturaufführung seiner Oper *Goyescas* teilzunehmen. Granados hatte eine fast krankhafte Angst vor Reisen – besonders Seereisen –, und jahrelang hatte er sich hartnäckig geweigert, den Atlantik zu überqueren. Aber bei dieser Gelegenheit hatte man ihn zum ersten Male zur Reise bewegen können, da ja der Anlaß wichtig genug war. Er kam in Begleitung seiner Frau Amparo. Als wir uns in New York trafen, war er sehr nervös, weil die Aufführung immer näherrückte. Granados war, was seine Musik anging, von kindlicher Unbekümmertheit. Er maß ihr keine Bedeutung zu – sie strömte eben aus ihm heraus – und er zweifelte immer, ob sie auch wirklich etwas tauge. Wie damals, als ich in unserer Jugend seine erste Oper zwanzig Jahre zuvor in Barcelona einstudierte, fragte er mich, ob ich ihm bei der Probenarbeit helfen könne. Während der Proben in der Metropolitan Oper war er so verkrampft, daß er nie ein Wort sprach, es sei denn, man fragte ihn etwas. Er sprach kein Englisch, und wenn einer der Ausführenden von ihm wissen wollte, wie er diese oder jene Stelle haben wollte, übersetzte ich die Frage, und Granados antwortete stereotyp: »Sag ihnen, sie sollen so spielen, wie sie es für richtig halten.« Das war typisch für ihn. Er meinte, daß Musiker, die seine Werke spielten, selbst entscheiden sollten, wie sie am besten wiederzugeben wären. Die Musik war natürlich großartig, und ich versuchte, meinem Freund die Angst zu nehmen, indem ich ihm sagte, die Oper würde einen großen Erfolg haben. Bei der Premiere sah er dann selbst, wie recht ich gehabt hatte. Die Oper wurde mit tosendem Beifall aufgenommen, ich habe selten mehr Zustimmung erlebt. Das Publikum erhob sich von den Plätzen und schrie und weinte.

Kurz danach mußte Granados wieder nach Hause, schob aber die Rückreise auf, als er von Präsident Wilson eingeladen wurde, im Weißen Hause zu spielen. So schifften er und seine Frau sich erst Anfang März nach Europa ein, und zwei Wochen später erfuhr ich die schreckliche Nachricht: Das Schiff war im Ärmelkanal torpediert worden. Mein lieber Granados und seine Frau ertranken. Er war eben neunundvierzig Jahre alt geworden und auf dem Höhepunkt seiner musikalischen Schaffenskraft.

Paderewski und Kreisler waren damals in New York, und wir drei beschlossen, ein Gedächtniskonzert zugunsten der Kinder von Granados zu veranstalten. Granados hatte sechs Kinder – eines davon war mein Patenkind –, und wir wußten, daß er wenig Geld hinterlassen hatte. Das Konzert fand in der Metropolitan Oper statt, wo Granados nur kurz zuvor Triumphe gefeiert hatte. Wieviel Menschen kamen, weiß ich nicht mehr. In jener Nacht regnete es, aber als ich vor der Oper vorfuhr, standen dort Tausende in den Straßen, die keine Plätze mehr bekommen hatten.

Walter Damrosch dirigierte, Paderewski, Kreisler und ich spielten das B-Dur-Trio op. 97 von Beethoven. Die berühmten Sänger Maria Barrientos, Julia Culp und John McCormack wirkten ebenfalls mit.

Zu guter Letzt wurden alle Lichter gelöscht, nur auf dem Flügel stand eine Kerze. Und dann spielte Paderewski, während diese einsame Flamme auf der Bühne des gewaltigen Saales flackerte, Chopins Trauermarsch.

# MUSIK IN BARCELONA

Gleich nach Kriegsende kehrte ich nach Paris zurück, und bei diesem kurzen Besuch schwankten meine Gefühle seltsam zwischen Freude und Trauer. Dieses Juwel von einer Stadt rief in mir zahllose und lebhafte Erinnerungen wach. All die schönen Boulevards und die engen Straßen, durch die ich jetzt schlenderte, waren ja der Schauplatz vieler und teurer Erlebnisse gewesen; einen großen und wichtigen Teil meines Lebens hatte ich hier verbracht. Hierher war ich als junger Mann gekommen, um Karriere zu machen, hier hatte ich um die Jahrhundertwende unter Lamoureux debütiert, hier hatte ich zuerst Harold Bauer, Oberst Picquart, Cortot, Thibaud und so viele andere gute Freunde kennengelernt, und obwohl fünf Jahre vergangen waren, seitdem ich Paris verlassen hatte, schien es mir, es sei gestern gewesen. Und doch hatte dieses Gestern etwas Fernes und Traumverlorenes an sich, war Teil einer Vergangenheit, die, wie ich wußte, für immer dahin war.

Als ich bei Kriegsausbruch mein Haus in der Villa-Molitor-Gegend aufgegeben hatte, hatte ich viele meiner Sachen in Kisten gepackt und in einem kleinen Warenlager untergestellt. Nun suchte ich sie wieder zusammen und war bestürzt, in welchem Zustand ich sie antraf. Es war ein furchtbares Durcheinander. Man hatte die Kisten aufgebrochen, meine Bücher, Noten und Briefe waren über den Fußboden verstreut, die Korrespondenz war zum großen Teil verloren, darunter ganze Stöße von Briefen, die mir liebe Freunde, alte Kollegen und Bekannte geschrieben hatten, Granados, Saint-Saëns, Richard Strauss, Julius Röntgen, Emanuel Moór und viele andere. Diese Briefe waren mir sehr teuer, Stimmen vergangener Tage und eines intimen Gedankenaustausches, und die Vorstellung machte mich krank, fremde Hände könnten darin herumgewühlt haben. Wie man mir zu verstehen gab, waren Polizeibeamte am Werk gewesen. Sie hatten meine Habseligkeiten durchsucht und alles mitgenommen, was ihnen gerade paßte. Wessen man mich verdächtigte, ist mir schleierhaft. Vielleicht war schon der Umstand, daß ich Ausländer war, ein hinreichender Grund. Im Kriege ist ja alles möglich. In der Hoffnung, meine Briefe zurückzuerhalten, richtete ich mehrere Gesuche an französische Regierungsbehörden. Vielleicht, so dachte ich, sind meine Briefe irgendwo in den Akten vergraben, vielleicht liegen sie da noch. Vor kurzem erst versuchte einer meiner Freunde, bei dem Schriftsteller André Malraux zu intervenieren, als er gerade unter de Gaulle Kultusminister geworden war: Er möge doch ausfindig machen lassen, ob die Briefe sich noch in den Polizeiakten befänden – umsonst! Jedenfalls habe ich weder von den Behörden eine Antwort noch meine Briefe wiedergesehen.

Während der zwanzig Jahre, die ich im Ausland verbracht hatte, hatte ich immer gewußt, daß ich mich früher oder später wieder in Katalonien niederlassen würde. Bei meinen Besuchen in San Salvador diskutierten meine Mutter und ich regelmäßig die Frage, wann ich endgültig zurückkehren sollte. »Wenn es an der Zeit ist«, sagte sie dann, »wirst du es dann schon wissen.«

1919 wußte ich: Es war an der Zeit.

In jenem Herbst nahm ich wieder einmal meinen Wohnsitz in Barcelona, und damit beginnt jener Teil meiner Laufbahn, den ich selbst in vieler Hinsicht für den fruchtbarsten meines ganzen Lebens ansehe.

Als ich nach Barcelona zurückkehrte, gab es dort zwei Symphonieorchester. Regelmäßige Konzerte fanden nicht statt, man spielte nur zu besonderen Anlässen und probte nicht gerade häufig. Als ich sie mir anhörte, dachte ich, welch ein Skandal, daß eine Stadt dieser Größe nichts Besseres zu bieten hatte. Andere europäische Großstädte hatten erstklassige Orchester, warum nicht auch Barcelona?

Ich fragte einen der Orchesterleiter, ob man nichts unternehmen könnte, um die Lage zu verbessern. Er antwortete: »Sie sind zu lange von hier weg gewesen; Sie wissen nicht mehr, wie es in Barcelona zugeht. Wir haben hier nicht die Musiker, um ein besseres Orchester auf die Beine zu stellen.« Ich ging zu dem anderen Dirigenten; er gab mir die gleiche Antwort.

Ich sagte beiden Dirigenten, daß ich gern nach besten Kräften mit ihnen zusammenarbeiten würde, und fügte hinzu, wenn sie es wünschten, würde ich auch mit ihnen auftreten, und wenn sie keinen finanziellen Rückhalt hätten, wolle ich auch Geld für sie auftreiben. Sie waren uninteressiert.

Ursprünglich hatte ich nicht die geringste Absicht, ein eigenes Orchester ins Leben zu rufen. Allerdings ging meine Leidenschaft für das Dirigieren schon auf die Zeit zurück, als ich noch im Chor meines Vaters mitsang, und ich hatte auch die ganzen Jahre über in Paris, London, New York, Wien und in anderen Städten dirigiert. Das Cellospiel allein konnte mich nie ganz befriedigen und befriedigt mich auch heute noch nicht; und dies nicht nur wegen des endlosen Übens und meines verhaßten Lampenfiebers halber, sondern auch, weil dieses Instrument nur begrenzte Möglichkeiten hat. Das einzige Instrument, dessen Möglichkeiten unbegrenzt sind, ist das Orchester, denn es umfaßt alle übrigen Instrumente. Ganz zu Beginn meiner Laufbahn schrieb ich meinem Freunde, dem Komponisten Julius Röntgen: »Wenn ich bisher schon glücklich war, das Cello kratzen zu dürfen, stelle Dir vor, wie glücklich ich sein werde, wenn mir das größte aller Instrumente zur Verfügung stehen wird – das Orchester.« Aber erst, als ich mir von den beiden Dirigenten in Barcelona diese Abfuhr geholt hatte, faßte ich ernsthaft den Plan, mein eigenes Orchester zu gründen. Und dann sagte ich mir: »Schön, wenn die kein gutes Orchester auf die Beine stellen können, tue ich es eben selber.«

Den Entschluß zu fassen, war nur die eine Seite der Medaille, ihn auch auszuführen, die andere. Ich war darauf gefaßt, daß manches problematisch sein würde, aber hatte keine Ahnung, wie viele Schwierigkeiten es zu überwinden galt. Die Gegenwart unterliegt einer Art Trägheitsgesetz: Es gibt immer Leute, die auf jeden Wechsel reagieren, als ob man ihnen persönlich ans Leder wollte. Ich begegnete in allen Kreisen heftigstem Widerstand. Noch ein Orchester in Barcelona? Wo ich mich auch nach Mitarbeit umtat, bei Musikprofessoren, Komponisten, Ratsherren – immer bekam ich zu hören, es bestehe kein Bedarf für ein weiteres Orchester oder, die Sache sei überhaupt nicht zu bewerkstelligen. In der Presse erschienen Artikel, die meinen Plan lächerlich zu machen suchten. So gut wie niemand wollte sich an der Finanzierung beteiligen. Ein sehr wohlhabender Mann sagte mir: »Mir ist überhaupt Stierkampf lieber als Musik.«

Die Wochen verstrichen, und meine Enttäuschung wuchs. Die einzige Ermutigung kam von meiner Mutter, von meinem Bruder Enrique sowie von einigen nahen Freunden. Aber selbst aus ihren Reihen mußte ich hören, ich hätte doch etwas von einem Don Quijote, wenn ich den Kampf weiterführen wolle. Aber war nicht Don Quijote wie ich ein echter Spanier? Ich jedenfalls rannte weiter gegen Windmühlen an.

Bringe ich nicht das nötige Geld zusammen, um ein Orchester aufzustellen, so sagte ich mir, dann werde ich die Orchestermitglieder eben aus meinen Ersparnissen bezahlen. Ich ging zum Musiker-Verband und fragte, was Orchestermusiker gegenwärtig verdienten. Der Betrag war erschreckend niedrig. »Wie kann eine Familie davon leben?« fragte ich. Man sagte mir: »Wir müssen noch nebenher andere Arbeiten verrichten, in Barcelona bleibt einem nichts anderes übrig.« Ich sagte: »Gut, das wird anders werden. Jeder Musiker meines Orchesters erhält doppelten Tarif.«

Ich durchkämmte die Stadt nach Musikern und ließ sie zu Dutzenden vorspielen. Nur wenige hatten Orchestererfahrung, manche hatten überhaupt noch nie hauptberuflich gespielt. Aber all das war kein Kriterium für mich. Ich suchte mir meine Musiker nach ihren Fähigkeiten aus. Schließlich hatte ich achtundachtzig zusammen, und sie bildeten den Grundstock der Orquestra Pau Casals.

Daß ich die katalanische Form des Vornamens »Pau« der spanischen (»Pablo«) vorzog, verstand sich von selbst. In meiner Jugend war es in Katalonien noch Sitte, spanische Taufnamen zu gebrauchen, und so nannte man mich eben Pablo. Aber später gab ich doch der katalanischen Form den Vorzug, denn schließlich ist das Katalanische die eigentliche Sprache meines Volkes. Wie oft habe ich nicht meine Manager gebeten, mich unter dem Vornamen Pau auf meinen Konzerttourneen anzukündigen, aber sie wandten immer dagegen ein: »Für das Publikum sind Sie Pablo Casals; kein Mensch würde mit Pau Casals

Fritz Kreisler, Harold Bauer, Walter Damrosch (sitzend)
und Pablo Casals, 1918 in New York.

etwas verbinden.« Nun, bei der Benennung meines eigenen Orchesters kannte ich keine Rücksichten mehr.

Den achtundachtzig Musikern, die ich herausgesucht hatte, sagte ich: »Wir werden zu einem Orchester werden, das unsere Stadt mit Musik bekannt machen wird, die des Volkes von Katalonien würdig ist.«

Meine Abmachung mit den Musikern lautete: Zweimal täglich Probe, 9 Uhr morgens und 5 Uhr nachmittags. Aber genau einen Tag vor der ersten Probe passierte ein Unglück. Die Anstrengungen der vergangenen Monate mit all ihrem organisatorischen Kleinkram und ihren Enttäuschungen waren zuviel gewesen. Zu viele schlaflose Nächte und tagsüber zuviel Ärger – kurz: Ich wurde krank. Die Ärzte sprachen von einem nervösen Erschöpfungszustand. Erschwerend kam noch eine Augenerkrankung hinzu, eine beidseitige schwere Regenbogenhautentzündung. Ein berühmter Augenarzt spritzte mir etwas, und fast schlagartig fiel mein Kopf auf die Schulter, und ich konnte mich nicht mehr rühren. Ich schwitzte so heftig, daß meine Matratze durchweicht wurde. Ein paar Stunden später kam die Schwester und gab mir die gleiche Injektion noch mal – sie wußte nicht, daß ich bereits eine bekommen hatte. Und nun konnte ich mich überhaupt nicht mehr rühren. Meine Familie sah, wie schlecht es mir ging, und rief unseren Hausarzt. Als er von den Injektionen erfuhr, war er entsetzt. Die Dosis, so sagte er, hätte genügt, um ein Pferd umzubringen. Und so lag ich, während mein Orchester bereit war, mit der Arbeit zu beginnen, hilflos im Bett.

Die erste Probe abzusagen, wäre psychologisch das Falscheste gewesen, was ich hätte tun können, das war mir klar. Wenn ich in diesem heiklen Moment abbaute, würde das ganze Orchester wieder auseinanderfallen. Ich ließ die Musiker über meine Krankheit so lange im unklaren, bis sie im Probensaal versammelt waren. Dann sandte ich ihnen eine Botschaft, in der ich sie bat, sich weiterhin jeden Tag zu den Proben einzufinden, bis ich wieder auf den Beinen sein würde.

Als die erste Woche vorüber war, vergewisserte ich mich, daß alle Orchestermitglieder ihr Honorar ausgezahlt bekamen. Das Orchester saß untätig eine weitere Woche herum. Dann kam eine Abordnung von Musikern, die mir einen Krankenbesuch abstatteten. »Maestro«, sagten sie, »so geht das nicht weiter. So verlieren Sie ein Vermögen.

Wir können doch nicht Ihr Geld annehmen, ohne etwas dafür zu tun.«

Ich wußte, wieviel jetzt von meiner Antwort abhing. »Ich freue mich über Ihren Besuch«, sagte ich ihnen, »aber ich muß darauf bestehen, daß alles so bleibt, wie es ist. Sie halten Ihren Kontrakt, ich halte meinen. Das Orchester soll täglich um 9 Uhr und um 5 Uhr zusammenkommen, bis ich wieder so weit hergestellt bin, um die Proben zu leiten.« Ich wollte ihnen klarmachen, wie ernst ich das Ganze nahm.

Und so trafen sich die Orchestermitglieder Tag für Tag, während ich im Bett lag. Manchmal besprachen sie gewisse Kompositionen, gelegentlich dirigierte auch Enrique etwas – er war der Konzertmeister. Aus Tagen wurden Wochen ...

Nach zwei Monaten hatte ich mich zu Beginn der Sommerferien so weit wieder erholt, daß ich vor das Orchester treten konnte. Ich dankte allen für ihre Treue und sagte ihnen, ich beabsichtige fest, mit ihnen im Herbst weiterzuarbeiten. Jetzt verstanden sie, daß man sich auf mich verlassen konnte.

In jenem Herbst begannen wir ernstlich mit den Proben. Die Musiker ohne Orchestererfahrung hatten viel zu lernen, diejenigen mit Orchesterpraxis vielleicht noch mehr, denn sie hatten sich Unarten angewöhnt, die sie wieder ablegen mußten. Da blieb nichts anderes übrig, als hart zu arbeiten. Anfangs wandte ich Stunde um Stunde an elementare Orchestererziehung. Ich nahm Wagners *Walkürenritt* vor – ein Werk, das viele der Musiker im Schlafe kannten und das sie lieblos und unrein herunterzuspielen gewohnt waren – und ging das Stück mit ihnen wieder und wieder durch, bis sie begriffen, daß es auf jede einzelne Note ankam, daß man jeder von ihnen Respekt entgegenzubringen hatte.

Ich legte auch Wert darauf, daß die Musiker einerseits so zu spielen lernten, als ob sie Solisten wären, andererseits sich aber immer als unabdingbarer Bestandteil eines Ganzen fühlten. Gerade dieses Teamwork und das Gefühl, Mitglied eines Ensembles zu sein, das gemeinschaftlich ein Höchstmaß an Schönheit zu verwirklichen trachtet, hat mir immer als Dirigent Freuden beschert, die mir keine solistische Betätigung je zu geben imstande war.

»Betrachten Sie es bitte als großes Privileg«, sagte ich den Musikern, »daß wir Meisterwerke zu tönendem Leben erwecken dürfen. Aber wir haben alle auch eine große Verantwortung. Uns obliegt es, diese Meisterwerke mit äußerster Integrität zu interpretieren.«

Um ein richtiger Dirigent zu sein, muß man werkgetreu interpretieren. Vor allem muß der Dirigent das Werk, das er aufführt, voll verstanden haben. Nicht nur von den aufführungstechnischen Aspekten ist hier die Rede und von der Rolle, die jedem einzelnen Instrument zugeteilt ist, sondern auch von dem Werk als Ganzem, von der inneren Bedeutung der Musik, ihrem eigentlichen Wesen. Ein solches Verständnis ist nichts Statisches, es muß, wie das Leben selbst, ständig wachsen. Wie oft ich auch schon ein Werk dirigiert habe, immer bereite ich mich mit der gleichen Intensität auf die Aufführung vor, bezeichne tagelang, manchmal wochenlang vor den Proben Partitur und Stimmen, als ob ich das Werk zum ersten Male aufführte. Und immer entdecke ich wieder etwas Neues darin. Bei meinem eigenen Orchester hielt ich es jedenfalls immer so.

Aber die Musik als solche zu meistern, ist immer noch nicht genug. Ein Dirigent muß auch fähig sein, seine Gedanken auf die Musiker zu übertragen, nicht, indem er ihnen seinen Willen aufzwingt, sondern indem er sie von der Richtigkeit seiner eigenen Auffassung überzeugt. Dabei kommt es nicht nur darauf an, was man sagt, sondern wie man es sagt. Die tiefste Wahrheit bleibt wirkungslos, wenn sie grob oder arrogant vorgebracht wird. Die Gefühle der Musiker hat man in jedem Fall zur Kenntnis zu nehmen und sie zu respektieren. »Sie sind nicht meine Diener«, sagte ich meinen Orchesterleuten, »wir alle sind Diener – Diener der Musik.«

Wir gaben unser erstes Konzert im Oktober jenes Jahres. Ich sah der Sache nicht ohne Bangen entgegen, und als ich in den Saal blickte, sank mir vollends der Mut, so viele Stühle waren im Palau de la Música Catalana unbesetzt geblieben. Aber die wenigen Zuhörer reagierten enthusiastisch, und die Kritiker äußerten ihr Erstaunen über die Qualität der Darbietungen.

Und so war mein Orchester vom Stapel gelaufen.

Der große Erfolg kam nicht über Nacht ins Haus, wir hatten lange zu kämpfen, die musikalische Arbeit war intensiv, und es galt, viele organisatorische Probleme zu überwinden. Wir gaben im Jahr zwei Konzertreihen, und zwar im Frühjahr und Herbst. Winters ging ich weiter auf Tournee als Cellist, manchmal auch als Gastdirigent. Diese Tourneen dienten nun einem besonderen Zweck: Sie halfen mein Orchester über Wasser zu halten. Trotz wachsender Unterstützung von seiten der Stadtverwaltung gingen sieben Jahre ins Land, ehe sich das Orchester selbst tragen sollte. Unterdessen kam ich Saison um Saison für das Defizit aus eigener Tasche auf.

Aber jede Spielzeit stießen mehr und mehr Musikliebhaber zu uns und trugen zu unserem Unterhalt bei. Und es kam tatsächlich der Tag, da dieselben Zeitungen, die einst die bloße Idee einer Orchestergründung verspottet hatten, nun hochtrabend verkündeten, es handele sich um eine kulturelle Institution ersten Ranges, und dieses Orchester habe Barcelonas Ruf als Zentrum für symphonische Musik begründet. Wenn ich dies nicht ohne Stolz berichte, so nicht aus persönlicher Eitelkeit. Alle hatten wir Anteil am Erfolg, und ich war nur einer von neunundachtzig!

Ich glaube sagen zu können: Wir haben unser Gelübde eingelöst, Barcelona mit Musik bekannt zu machen, die unseres Volkes würdig sein sollte. Nur noch selten blieben Konzertplätze unbesetzt. Das Publikum war wundervoll, und manchmal mußte ich an diejenigen Zeitgenossen zurückdenken, die behauptet hatten, die Bürger Barcelonas seien nur für Kaffeehausmusik empfänglich.

Gelegentlich hörte sich auch meine Mutter die Konzerte an, aber sie kam selten, da sie wußte, wie nervös ich dabei war, und darunter litt, es mitansehen zu müssen. Lieber wartete sie auf mich, bis ich nach den Konzerten nach Hause kam. Und dann fragte sie einfach: »Zufrieden, Pablo?« Und ich antwortete dann: »Ja, Mutter.« Und dann schlief sie ein ...

Meine Orchesterprogramme enthielten zum großen Teil klassische Musik, die großen Werke von Beethoven, Bach, Haydn, Mozart, Brahms, Schumann. Aber wir führten auch häufig zeitgenössische Werke auf, und ich sah besonders darauf, daß die modernen spanischen und katalanischen Komponisten vertreten waren, Granados, Albéniz, Manuel de Falla, Juli Garreta und andere.

Die ungewöhnlichste Erscheinung unter diesen zeitgenössischen Komponisten war in vieler Hinsicht Juli Garreta. In manchen Musiklexika steht nicht einmal sein Name, aber er war ein Phänomen, ein Genie, wie es einem nur ganz selten begegnet. Ich kann mich keines anderen Komponisten entsinnen, der aus so ärmlichen Verhältnissen stammend so große Werke geschrieben hätte wie Garreta. Nie hatte er irgendwelchen Musikunterricht genossen, er war völliger Autodidakt. Er stammte aus Sant Feliu de Guixols, einem Küstenstädtchen, das drei Stunden von Barcelona entfernt liegt. Als junger Mensch war er einfacher Taglöhner gewesen, dann hatte er das Uhrmacherhandwerk erlernt. Aber Musik war seine große Leidenschaft; woher er seine profunden Kenntnisse auf musikalischem Gebiet bezogen hat, ist für mich fast unbegreiflich, obwohl er natürlich Kirchenmusik und Wandermusikanten hörte und jede Partitur studierte, deren er habhaft werden konnte. In der Nähe seines Uhrenladens hatte er ein kleines Zimmer, in das er sich bei jeder Gelegenheit zurückzog, um dort stundenweise zu komponieren. Einige seiner Werke sind ganz außerordentlich und von universaler Art. Die Musik von Granados, so könnte man sagen, verrät besonders die Einflüsse Madrids und Andalusiens; es ist Musik spanischer Provenienz, meine ich. Aber viele Werke Garretas sind reine Musik höchsten Ranges und erheben sich weit über ihren nationalen Ursprung. Er schrieb viele sehr schöne Sardanas, aber auch Lieder, Kammermusik, symphonische Werke, alles Musik von großem Reichtum, wunderbar in ihrer Struktur und ihrem melodischen Gehalt. Das Komponieren ging ihm unglaublich leicht von der Hand. Sein Uhrenladen hatte freilich darunter zu leiden; die Uhren standen unrepariert auf den Regalen herum, indes er komponierte. Schließlich verlor er alle Kunden, zog nach Barcelona und übernahm, um nicht zu verhungern, die Stelle eines Klavierspielers in einem Kabarett. Dort lernte ich ihn kennen, und wir schlossen schnell Freundschaft. Er war ein sehr kleiner, stiller Mann, lautlos wie eine Maus und ebenso scheu. Er war sehr korrekt gekleidet, obwohl er wahrscheinlich nur einen Anzug besaß. Manchmal ging ich in das Kabarett, wo Garreta spielte. Es war ein drittklassiges Unternehmen, laut und rauchgeschwängert, ein schlimmer Tingeltangel. Ich tat es nicht gern, denn ich hätte weinen können bei dem Gedanken, daß ein solch wundervoller Künstler in einer derartigen Umgebung spielen mußte. Wenn er nicht gerade im Kabarett war, traf man ihn mit Sicherheit in seinem nahe gelegenen,

Bureau International de Concerts C. KIESGEN et E. C. DELAET

47, RUE BLANCHE, 47

Par entente avec M. A. DANDELOT, représ. excl. de M. J. Thibaud, 83, rue d'Amsterdam

# THÉATRE DES CHAMPS-ÉLYSÉES

ANNÉE 1923 — 13, Avenue Montaigne — ANNÉE 1923

Alfred CORTOT

PROGRAMMES

DES

SIX

CONCERTS

Jacques THIBAUD

# Alfred CORTOT
# Jacques THIBAUD
# Pablo CASALS

PRIX : 1 franc

*Photo Castera*

Pablo CASALS

PRIX : 1 franc

Paris, 1923

schäbig möblierten Wohnraum beim Komponieren. Die Musik strömte diesem kleinen Manne nur so zu. Eine Anzahl seiner Werke habe ich mit meinem Orchester uraufgeführt. Immer brachte er mir Kompositionen, die er eben fertiggestellt hatte, überreichte sie schüchtern und wartete, was ich dazu sagen würde. Wenn ich eines seiner Werke dirigierte, kam er ins Konzert, aber die Nacht darauf spielte er wieder im Kabarett. Ohne Garretas Wissen brachte ich das Orchester dazu, ihm eine monatliche Summe auszuzahlen, um ihm und seiner Frau das Existenzminimum zu sichern. Als er starb, erhielt seine Frau diesen Zuschuß weiter.

In Juli Garreta steckte das Zeug zu einem großen Meister, aber die in ihm angelegte Saat ging nie voll auf und kam nicht zur Blüte, weil ihm die richtige Pflege mangelte. Ich bin heute noch davon überzeugt, Garreta wäre ein zweiter Brahms oder Beethoven geworden, wenn er nur einen richtigen Lehrer gehabt hätte. Er starb, noch nicht fünfzig Jahre alt, auf dem Höhepunkt seiner Schaffenskraft.

Einige der denkwürdigsten Konzerte meines Orchesters wurden von Gastdirigenten geleitet. Fritz Busch, Kussewitzky, Richard Strauss, Pierre Monteux, Klemperer, Strawinsky, Arnold Schönberg und andere bedeutende Dirigenten und Komponisten folgten meiner Einladung und kamen nach Barcelona. Ich genoß solche Konzerte mit besonderer Freude, ebenso die Mitwirkung hervorragender Solisten, darunter alte Freunde von mir wie Thibaud, Cortot, Kreisler und Harold Bauer.

Von diesen Konzerten haftet mir eines besonders im Gedächtnis. Es fand im Frühjahr 1927 im Rahmen des Beethovenfestes zum hundertsten Todestag des Meisters statt. Einige Monate vorher hatte ich meinen alten Freund Eugène Ysaÿe in Brüssel besucht. Er war damals fast siebzig Jahre alt und hatte aufgehört zu geigen. Sein letztes öffentliches Auftreten war eine große Enttäuschung gewesen, und ich wußte, wie sehr ihn das kränkte. Als ich ihm gegenübersaß, dachte ich, es müßte doch wundervoll sein, wenn er an der Beethoven-Hundertjahrfeier mitwirken könnte. Ich war überzeugt, daß er immer noch fähig war, hinreißend zu spielen, und so sagte ich zu ihm: »Eugène, du mußt nach Barcelona kommen und das Beethoven-Konzert spielen.«

Er starrte mich erstaunt an. »Aber Pablo«, sagte er, »das ist ausgeschlossen.«

»Und warum?«

»Ich habe das Beethoven-Konzert seit vierzehn Jahren nicht mehr gespielt.«

Ich sagte: »Macht nichts, dann spiel' es jetzt, du kannst es.«

»Glaubst du wirklich?«

»Ich weiß es. Du kannst spielen, und du wirst spielen.«

Er sah plötzlich viel jünger aus und sagte: »Nun, vielleicht geschieht ein Wunder.« Und er willigte ein, ja, er wolle es versuchen.

Einige Wochen nach meiner Rückkehr nach Barcelona erhielt ich einen Brief von Ysaÿes Sohn Antoine. Er war sehr beunruhigt und fragte, wie ich dazu käme, seinem Vater Hoffnung zu machen, daß er je wieder spielen könne. »Wenn Sie ihn sähen«, schrieb er, »wie er Tag für Tag übt, langsam und mühsam stundenlang Tonleitern spielt. Es ist eine Tragödie. Wir können die Tränen nicht zurückhalten.« Der Brief gab mir einen Stich ins Herz. Was hatte ich nur angerichtet! Doch im tiefsten fühlte ich, Ysaÿe würde wieder spielen können.

Das Beethovenfest rückte näher, Ysaÿe traf in Barcelona ein. Er war bei der Probe schrecklich nervös und, sosehr ich es auch vor ihm zu verbergen trachtete, auch ich war bekümmert. Als ich am Abend des Konzerts ans Dirigentenpult trat und ihn ansah, ergriffen mich Sorge und Furcht. Schon wie er hereinkam, langsam, das Gehen schien ihm Mühe zu bereiten – plötzlich dachte ich: Er ist alt geworden. Sollte ich meinem Freund ein großes Unrecht getan haben?

Ich hob den Taktstock, er setzte die Geige ans Kinn, und schon bei den ersten Tönen wußte ich, alles würde gutgehen. Bei manchen Passagen schien er bisweilen etwas ins Wanken zu geraten, und ich fühlte das ganze Stück hindurch, wie nervös er war. Aber er hatte Momente, in denen er ganz der alte, der große Ysaÿe war. Die Wirkung, die vom Ganzen ausging, war überwältigend.

Wieder einmal gab ich mich, wie so oft in der Vergangenheit, dem Zauber seines Spieles hin. Der Beifall am Ende war frenetisch. Dann nahm Ysaÿe meinen Platz am Dirigentenpult ein und dirigierte Beethovens Eroica und dann das Tripelkonzert mit Cortot, Thibaud und mir als Solisten.

Im Künstlerzimmer konnte Ysaÿe vor Bewegung kaum sprechen. Er küßte mir weinend die Hände und rief: »Auferstanden!«

Am nächsten Tag brachte ich meinen Freund an die Bahn. Er lehnte sich aus dem Fenster, sprach mit mir, und als der Zug anfuhr, hielt er immer noch meine Hände fest, als ob er sich nicht von mir trennen könnte, und ich lief neben dem Zug her. Dann, als der Zug schneller wurde, steckte er mir plötzlich etwas zu, der Zug entfernte sich, und Ysaÿe winkte noch lange aus dem Fenster. Dann erst sah ich nach, was ich in Händen hielt, und ich wußte in diesem Augenblick, daß er mir etwas hatte hinterlassen wollen, was man ein Stück seiner selbst hätte nennen können. Es war Ysaÿes Pfeife.

Trotz aller Erfolge, die das Orquestra Pau Casals errang, gab es etwas an unseren Konzerten, was mich nach wie vor bedrückte. Ich hatte das Gefühl, unsere Musik erreichte einen viel zu engen Hörerkreis, nämlich fast nur Leute, denen es gutging, wohlhabende Leute. Die Arbeiterbevölkerung konnte sich die Konzertkarten normalerweise nicht leisten, und die wenigen, die das Geld zusammengekratzt hatten, saßen auf den billigsten Plätzen der Galerie, und ich fühlte, wie sie abgelenkt wurden. Wenn sie auf das luxuriös in Orchestersesseln und Logen untergebrachte aristokratische Publikum hinabsahen, mußten sie ja auf Gedanken kommen, die wenig mit Musik zu tun hatten. Bei Konzerten überhaupt keinen Eintritt zu verlangen, war mir ein unbehaglicher Gedanke. Ich wußte, daß die Arbeiter auf sich hielten und wenig Lust hatten, etwas geschenkt zu bekommen, das nach Almosen aussah. Aber ich wollte nun einmal, daß die Männer und Frauen aus den Fabriken und Geschäften, aus dem Hafenviertel und Werftgelände die Möglichkeit haben sollten, unsere Musik zu hören und sich daran zu freuen. Schließlich war ja ihnen ein Großteil des Wohlstands unseres Landes zu verdanken. Warum sollten sie nicht auch Anteil an den kulturellen Reichtümern haben?

Meine Ansichten hierüber wurden von dem bemerkenswerten katalanischen Patrioten und Musikliebhaber José Anselmo Clavé und seinem Wirken beeinflußt. Clavé war 1874, zwei Jahre vor meiner Geburt, gestorben, aber ich hatte eine Empfindung für ihn, als sei er ein naher Freund gewesen. Er entstammte der Arbeiterklasse und war ge-

Eugène Ysaÿe

lernter Weber. Er spielte Gitarre und brachte sich selbst das Komponieren bei. Er schrieb Instrumentalmusik und Lieder; Lieder, die von einfachen, rührenden Begebenheiten handelten, von den Erlebnissen armer Kinder, von Bauern- und Fischergeschichten, von der Schönheit der Natur und von der Liebe zu Katalonien. Allmählich machten diese Lieder unter den Arbeitern in Barcelona die Runde, und kleine Gruppen formierten sich in den Fabriken, die sie nach Arbeitsschluß sangen. Clavé wußte um die Öde und Armut der Arbeiterklasse und wollte etwas Schönheit in ihr Leben bringen. Er kam als erster auf die Idee, Arbeiterchöre zu bilden – und er hatte phantastischen Erfolg damit. Von ihm angeregt, entstanden nicht nur in Barcelona, sondern landauf, landab in den katalanischen Städten wunderbare Chorvereinigungen, die sich aus Arbeitern und ihren Familien rekrutierten. Ihre Mitgliederzahl ging in die Tausende, und diese Singbewegung war von entscheidender Bedeutung für das kulturelle Wiedererwachen, das sich damals in Katalonien vollzog. So weltberühmte Chöre wie Orfeó Català und Orfeó Gracienc waren neben anderen sein Vermächtnis. Dieser Arbeitermusiker wurde so volkstümlich, daß man ihn, als er Anfang Vierzig war, zum Gouverneur von Tarragona wählte.

Nach Clavés Tod wurde zu seinem Gedächtnis auf der Plaza de Cataluña in Barcelona eine Statue aufgestellt, und immer, wenn ich an ihr vorbeiging, gedachte ich dieses guten Mannes und seines segensreichen Wirkens. Ich fragte mich: Wenn Clavé Arbeiterchöre gründen konnte, warum sollte es nicht möglich sein, sich auch ein Arbeiter-Publikum zu schaffen, das auf unsere Konzerte abonniert wäre? Allmählich nahm mein Plan Gestalt an.

Als mein Orchester sicheren Boden unter den Füßen hatte, ging ich daran, diesen Plan in die Tat umzusetzen. Ich ging in eine Abendschule für Arbeiter, die gelegentlich Kulturveranstaltungen für die Gewerkschaften ausrichtete, und erzählte den Lehrern von meinen Plänen, Konzertmusik unters Volk zu bringen. Sie hörten mir sehr höflich zu, aber eine gewisse Skepsis war unverkennbar. Einige Tage später suchte mich eine kleine Abordnung von Arbeitern auf, die Leute kamen direkt vom Arbeitsplatz und trugen noch ihre Werkskleidung. Sie stellten mir sehr präzise Fragen. Vor allem wünschten sie zu erfahren, wer die Organisation leiten und überwachen sollte, die ich da im Sinne hatte.

Ich sagte ihnen: »Ihr ganz allein werdet das tun. Ich stelle einfach mein Orchester zu eurer Verfügung für eine noch zu vereinbarende Anzahl von Konzerten pro Jahr. Ich werde auch selbst für euch spielen und auch für andere Solisten sorgen.«

»Und wer soll das bezahlen?«

»Ihr!«

»Wie denn?«

»Eure Konzertgesellschaft wird einen Mitgliederbeitrag von sechs Peseten pro Jahr erheben«, sagte ich – sechs Peseten entsprachen damals ungefähr vier DM. »Dafür haben die Mitglieder freien Eintritt zu allen Sonderkonzerten, die ich mit meinem Orchester veranstalte.«

»Und das alles für sechs Peseten?«

»Jawohl, all das für sechs Peseten!«

Die Abordnung ging wieder, und man diskutierte meinen Plan mit den Gewerkschaften und anderen Arbeiterorganisationen. Man entschied sich, einen Versuch zu wagen. Eine Organisation namens Associació Obrera de Concerts – Arbeiter-Konzertvereinigung – wurde ins Leben gerufen. Die Bedingungen für einen Beitritt waren denkbar einfach: Mitglied konnte nur werden, wer monatlich weniger als 500 Peseten verdiente – das entsprach damals knapp 400 DM.

Das Orquestra Pau Casals gab sein erstes Arbeiterkonzert an einem Sonntagmorgen im Herbst 1928 im Olympia-Theater in Barcelona. Mehr als 2000 Arbeiter drängten sich im Konzertsaal. Als ich auf die Reihen dieser einfach gekleideten Männer und Frauen blickte, wie sie warteten, daß das Konzert anfange, war ich unbeschreiblich stolz. Am Ende des Konzertes erhoben sich die Zuhörer wie ein Mann und bereiteten dem Orchester eine donnernde Ovation. Dann fingen sie an, rhythmisch meinen Namen zu rufen. Diese Rufe der Arbeiter von Barcelona bedeuteten mir mehr als aller Applaus, den ich je bekommen hatte.

Mein Orchester begann nun, jährlich sechs Sonntags-Matineen für die Arbeiter-Konzertvereinigung zu veranstalten. Die Mitgliederzahl schwoll an. Zweigorganisationen entstanden in ganz Katalonien.

Eines Tages regte ich an, die Vereinigung solle eine eigene Musikzeitschrift herausgeben.

»Und wer soll dafür schreiben?« fragte man mich.

»Eure eigenen Mitglieder.«

»Worüber?«

»Wie sie auf Musik reagieren, die sie im Konzert hören, und über ähnliche Themen.«

Und sie gaben tatsächlich eine Musikzeitschrift heraus und nannten sie *Fruicions* (»Genüsse«). Und nicht nur sie waren über das Resultat erstaunt, ich selber war es nicht weniger. In einer wahllos herausgegriffenen Nummer finden sich Artikel über »Das Verhältnis zwischen Kunst und Idee«, »Die späten Quartette Beethovens«, »Strawinsky und der Rhythmus«, »Zum Verständnis Schuberts«.

Einige Jahre nach ihrer Gründung – inzwischen war die Spanische Republik Wirklichkeit geworden – hatten sie es zu einer eigenen Musikbücherei und einer Musikschule gebracht. Enrique und ich halfen dabei. Die Vereinigung gründete ein eigenes Orchester, das nur aus Arbeitern bestand, und gab sonntags in Barcelona und in anderen Industriestädten Kataloniens Konzerte, manchmal spielte man auch in Krankenhäusern und Gefängnissen. Musiker, Kritiker und Musikwissenschaftler kamen vom Ausland angereist, um die Vereinigung und ihr Wirken zu studieren.

Die Konzerte meines eigenen Orchesters für die Vereinigung wurden so populär, daß, als wir auch tagsüber an Werktagen Konzerte gaben, die Regierungsbehörden ihre Büros schlossen, um es den Angestellten zu ermöglichen, den Aufführungen beizuwohnen.

Nun ging die Mitgliederzahl der Vereinigung und der ihr angeschlossenen Ortsvereine in die Zehntausende, die sich über ganz Katalonien verteilten. Damals pflegte ich zu sagen: »Hätte ich, nur auf die Mitglieder der Associació gestützt, eine Revolution anzetteln wollen, wetten, daß wir an die Macht gekommen wären?«

Wenn mir diese Erfolge der Arbeiter-Konzertvereinigung auch große Freude machten – kein musikalisches Unternehmen hat mich je mehr beglückt! –, so gab es doch in jenen Nachkriegsjahren auch andere Aspekte des Arbeiterlebens in Katalonien, die mich tief bekümmerten. In den frühen zwanziger Jahren herrschte weithin Arbeitslosigkeit, es kam zu sozialen Unruhen in Katalonien, viele hungerten, überall sah man Bettler. Als die Arbeiter demonstrierten und in Barcelona und in anderen Städten Streiks ausbrachen, ergriff die spanische Regierung harte Maßnahmen zu ihrer Unterdrückung. Wieder einmal wurde das Kriegsrecht verhängt. Viele Arbeiter wurden ins Gefängnis geworfen oder deportiert. Die Lage verschärfte sich, als die spanische Armee eine Reihe katastrophaler Niederlagen in Marokko hinnehmen mußte. An die 20 000 Soldaten fielen im Kampf gegen die Rif-Stämme unter der Führung von Abd-el-Krim. Durch ganz Katalonien schollen Proteste gegen den Krieg. Überall forderte man, die *Responsabilidados* – die Verantwortlichen – sollten zur Rechenschaft gezogen werden. Mehr und mehr sprachen sich die Leute für ein unabhängiges Katalonien aus und forderten das Recht, über ihr Schicksal selbst zu bestimmen. Statt dessen gab es die Militärdiktatur Primo de Riveras, und das bedeutete für die nächsten Jahre neue Unterdrükkung, weitere Verhaftungen und mehr Verbannungen katalanischer Patrioten. Unter den Verbannten war der große katalanische Führer Oberst Francesco Maciá, der schon zur Legende geworden ist. Die Bevölkerung kochte vor Empörung.

Es war unausweichlich, daß meine eigenen Gedanken und meine Arbeit in dieser Atmosphäre in Mitleidenschaft gezogen wurden – Musik läßt sich nun einmal nicht vom Leben trennen. Jedermann wußte, daß ich für ein autonomes Katalonien war, und einmal wurde ich in einen Vorfall verwickelt, der sich fast zu einem nationalen Skandal ausgewachsen hätte.

Der Anstoß zu diesem Zwischenfall war eine Ansprache, die König Alfonso während eines Barcelona-Besuches hielt. Die Ansprache war mehr als töricht. Alfonso bezeichnete sich darin selbst als den Nachfolger König Philipps V. von Spanien, der bei den Katalanen besonders verhaßt war, weil er Katalonien im 18. Jahrhundert viele hergebrachte Freiheiten genommen hatte. Die Bürger von Barcelona waren höchst aufgebracht durch Alfonsos Worte, und auch mich erregten sie. Vielleicht hatte er, so rätselte ich, selbst nicht bedacht, was er damit anrichten würde. Oder hatte man ihn falsch beraten? Kurz danach beschloß ich anläßlich eines meiner regelmäßigen Besuche im Madrider Königspalast, der Königin Mutter María Cristina zu erzählen, was sich an Ärgerlichem in Barcelona zugetragen hatte, und darauf zu drängen, Alfonso solle etwas unternehmen, um die Sache wieder in Ordnung zu bringen. Als ich das Thema anschnitt, schien Königin María Cristina wegzuhören. Schnell lenkte sie die Unterhaltung in eine andere Richtung, fragte mich nach meinen Konzertreisen und meinem Orchester. Ich verließ den Palast mit einem unguten Gefühl und voller böser Vorahnungen.

Indessen hatte meine Unterhaltung mit Doña María Cristina vielleicht doch stärker gewirkt, als ich geglaubt hatte. Nicht lange darauf rang sich König Alfonso in der Tat eine versöhnliche Geste gegenüber dem Volk von Katalonien ab. Er und seine Gemahlin Königin Victoria – sie war eine Enkelin der Queen Victoria – ließen ankündigen, sie würden der Eröffnung der Internationalen Ausstellung beiwohnen, die dieses Jahr in Barcelona abgehalten wurde. Noch ehe Alfonso eintraf, erhielt ich eine Botschaft von ihm, in der er mich wissen ließ, er würde gerne eines meiner Orchesterkonzerte besuchen und sich sehr freuen, wenn ich in das Programm auch ein Cello-Solo von mir aufnehmen könnte. Wiewohl ich gewöhnlich bei meinen Orchesterkonzerten nicht als Solist auftrat, traf ich Anstalten, seinem Wunsch zu willfahren.

Das Publikum, das an diesem Tage das Liceu-Opernhaus füllte, bestand aus Angehörigen des Hofstaats, leitenden Ministerialbeamten, höheren Offizieren und der Crème der Gesellschaft von Barcelona. Die erste Hälfte des Programmes war vorüber, als der königliche Hofstaat eintraf. Gegen Ende der Pause erhielt ich hinter der Bühne die Mitteilung, der König und die Königin samt Gefolge seien im Begriff, das Theater zu betreten. Man bat mich, den Königsmarsch – damals die spanische Nationalhymne – zu dirigieren. Da ich mich gerade auf meinem Cello einspielte, hielt ich es für durchaus angemessen, daß Enrique die Hymne dirigierte, und bat ihn auch, dies zu tun. Sofort gab es eine große Aufregung. Wenn ich jetzt nicht dirigierte, sagte man mir, könne das als Affront gegenüber den Majestäten ausgelegt werden. Emissäre eilten hin und her, während der Hofstaat vor dem Theater wartete. Die Pause wurde immer länger. Endlich wurde mein Vorschlag genehmigt.

Als der König den Saal betrat, empfing man ihn nur mit dünnem Applaus. Die Atmosphäre war eisig. Mir schwante Böses, irgend etwas mußte jetzt passieren. Und das tat es auch. Als ich nämlich mit meinem Cello die Bühne betrat, brach ein Pandämonium aus. Das ganze Publikum sprang auf die Füße, applaudierte und schrie. Die Damen winkten mit ihren Taschentüchern, und der Beifall hielt so lange an, bis auch die königliche Familie sich in ihrer Loge erhob. Da plötzlich schrie einer: »Unser König heißt Casals!« Ich stand wie vom Donner gerührt und wußte nicht, was ich tun sollte. Natürlich war das keine Huldigung für mich mehr – das war eine politische Demonstration. Als der Aufruhr anhielt, erschienen Polizeibeamte und beförderten eine Anzahl Demonstranten aus dem Saal. Allmählich legte sich der Tumult, und ich konnte anfangen zu spielen. Wann immer Mitglieder der königlichen Familie Konzerten von mir beigewohnt hatten, luden sie mich ein, nach Schluß zu ihnen in die Loge zu kommen. Diesmal entfiel die Einladung.

Ich war nachher sehr aufgebracht, nicht nur, weil der Zwischenfall eine Brüskierung des Königs darstellte, sondern weil er doch schließlich bei diesem Konzert mein Gast gewesen war. Ich war zutiefst niedergeschlagen, wenn ich daran dachte, daß dies vielleicht das Ende meiner Freundschaft mit der königlichen Familie bedeuten könnte. Andererseits konnte ich mich natürlich nicht entschuldigen. Ich wußte, wie die Katalanen über Alfonsos Anspielung auf König Philipp V. dachten, und ich teilte ihre Gefühle.

Einige Wochen später ereignete sich etwas Bemerkenswertes. Ich war in Paris, als der spanische Botschafter mich aufsuchte und mir sagte, König Alfonso wünsche, daß ich anläßlich eines Staatsbesuches von König Victor Emanuel und Königin Elena von Italien einen Cello-Abend gäbe. Ich sagte mit Freuden zu. Das Konzert – es fand in der prächtigen Armería statt – wurde zu einer höchst eindrucksvollen Darbietung. Der Saal war nur von Kerzen erhellt und füllte sich langsam mit Damen in großer Abendtoilette, mit Offizieren in farbenprächtigen Uniformen und Mitgliedern des Diplomatischen Corps. In der ersten Reihe nahmen die königlichen Familien von Spanien und Italien Platz. Als ich mein letztes Stück gespielt hatte, kam Alfonso auf das Podium und zog mich in ein Gespräch. Das Protokoll gebot in einem solchen Falle, daß alle stehen blieben, solange er stand und mit mir redete. Er redete und redete über alles mögliche, über die Spiele, die wir zusammen gespielt hatten, als er noch ein kleiner Junge war, über meine Mutter, über meine Brüder Luis und Enrique. Während dieser Zeit standen die anderen Mitglieder der königlichen Familien, standen der König und die Königin von Italien, standen alle Würdenträger wie in Hab-acht-Stellung. Da merkte ich, daß Alfonso dies absichtlich tat. Schließlich sagte er mir lächelnd: »Pablo, Sie sollen wissen, wie glücklich ich war, zu sehen, daß die Katalanen Sie so sehr lieben.« Damit wandte er sich ab und ging weg.

Am Tage darauf waren die Zeitungen voll von der Geschichte, überall war zu lesen, wie der König alle hatte stehen lassen, als er mit mir redete – es wurde ein richtiger Skandal. Schließlich war ich nur ein Musiker und noch Katalane dazu! Aber ich wußte, daß Alfonso auf seine Weise den Fehler seiner Rede in Barcelona bekennen und mir bedeuten wollte, wir verstünden einander.

# SAN SALVADOR

Ich habe Berichte über mein Leben gelesen, in denen der Eindruck erweckt wird, ich verbrächte meine Tage mit pausenloser Arbeit – übend, konzertierend, dirigierend, komponierend. Ich fürchte, ich kann nicht den Anspruch auf so musterhaften Fleiß erheben. Sicher, ich habe mein Teil Arbeit geleistet – dafür hat schon mein Cello gesorgt, das mich fordert und tyrannisiert –, aber ich habe auch ein gut Teil Entspannung, Sport und Erholung genossen. Seit meiner Kindheit habe ich gespielt, und nicht nur auf Musikinstrumenten! Zu den erfreulichsten Stunden rechne ich diejenigen, in denen ich Tennis gespielt habe oder geritten bin oder geschwommen oder Bergtouren gemacht habe. Seit kurzem vertreibe ich mir sogar die Zeit mit Domino. Trotz aller Anforderungen, die meine Pflichten als Leiter des Orquestra Pau Casals und meine fortgesetzten Konzertreisen an mich stellten, habe ich immer noch Zeit für andere, weniger schwierige Formen der Selbstdarstellung gefunden. Die Umgebung von San Salvador begünstigte das natürlich sehr, da ich meinen geliebten Strand und meinen eigenen Tennisplatz in unmittelbarer Nähe meines Hauses hatte.

Mein Lieblingssport war damals Tennis. Ich hatte schon in meinen Pariser Jahren viel gespielt. Wir trugen unsere eigenen Jahresmeisterschaften aus, an denen nur Musiker teilnahmen: Ysaÿe, Cortot, Thibaud und andere. Mein Partner im Doppel war ein Organist namens Kelly; er spielte wie ein Berufsspieler, ich selbst war sehr schnell, und so gewannen wir stets die Meisterschaft im Doppel. Wenn ich nach England reiste, besuchte ich immer Ridgehurst, den Landsitz von Sir Edward Speyer, dem britischen Finanzmann und berühmten Mäzen von Musikern, der die Classical Concert Society mit ins Leben gerufen hatte. Er war fast siebzig Jahre alt, als wir uns kennenlernten – ein wunderbarer alter Mann, der mit Joachim, Brahms und anderen großen Musikern befreundet gewesen war. Speyer war selbst begeisterter Tennisspieler, hatte einen vorzüglichen Tennisplatz in Ridgehurst, und wenn ich dorthin ging, gehörte ein Tennisschläger ebenso zu meinem Reisegepäck wie mein Cello. In seinen Erinnerungen beschreibt Speyer meine Ankunft auf seinem Landsitz. Ich sei in den Jahren nach der Jahrhundertwende einmal bei ihm, in weißes Flanell gekleidet, erschienen mit den Worten: »Erst spielen wir sechs Sätze Tennis und dann die beiden Brahms-Sextette.«

Es gab eine ganze Reihe guter Tennisspieler, die nach San Salvador kamen, aber am besten war ein katalanisches Mädchen namens Panchita Subarina. Sie war damals erst etwa 15 Jahre alt, aber sie spielte schon wunderbar. Sie war die beste Spielerin, der ich je begegnet bin, und gewann viele Meisterschaften. Interessanterweise sind wir uns vor nicht langer Zeit wieder begegnet – gut vierzig Jahre, nachdem wir in San Salvador Tennis gespielt hatten –, als ich an einem Musikfestival in Israel teilnahm. Sie hatte einen Israeli geheiratet und war nach Tel Aviv gezogen.

Tennis blieb über die Jahre hinweg meine große Leidenschaft. Ich verfolge heute noch die Tennismeisterschaften –, schließlich habe ich drei Generationen von Tennischampions erlebt, angefangen von so großen Spielern wie Jean Borotra, den man damals den »springenden Basken« nannte. Eines der letzten Spiele habe ich mit meinem Patensohn Pablo Eisenberg gespielt, als er mich mit seinen Eltern 1947 in Prades besuchte. Er war Jugendmeister, und ich – ich war einundsiebzig . . .

Als ich noch im Ausland lebte, sehnte ich immer meine Sommerferien in San Salvador herbei. Aber nun, nach meiner Rückkehr nach Katalonien, wurde mein Haus wirklich mein Heim. Obwohl ich so viele Wochen des Jahres auf Tournee war und mein Orchester in Barcelona mich viel Zeit kostete, verbrachte ich nicht nur die Sommermonate in San Salvador, sondern kehrte, wann immer ich es einrichten konnte, nach Hause zurück. Welch eine Freude, dort zu sein! Bei meiner Mutter, bei Luis und seiner Familie – und vor meiner Haustüre erstreckte sich das Meer in seiner ganzen Schönheit.

Als Junge ritt ich sehr gern. Nun hatte ich ein eigenes Reitpferd. Es hieß Florian und war ein prächtiges Tier, ein Araberhengst aus Andalusien, groß, pechschwarz und von vortrefflicher Gangart. Jeden Morgen ritt ich den Strand entlang und galoppierte zu der Musik von Wind und Brandung. Wir waren die besten Kameraden. Sein Stall war etwa 200 Meter von meinem Haus entfernt, aber wenn ich frühmorgens aus dem Hause trat, hörte er mich und wieherte aufgeregt. Ich besaß ihn schon, als er noch ein Fohlen war. Er wurde vierundzwanzig Jahre alt.

Die anderen Tiere auf unserem Hof – Gänse, Enten, Kühe, Esel, Tauben – waren eine stete Quelle der Freude für mich. Alle reagierten sie verschieden und waren richtige Persönlichkeiten. Besonders ein kleiner Esel hatte es mir angetan. Er war so sanft, freundlich und intelligent – wer Esel dumm nennt, kennt diese Tiere einfach nicht. Ich pflegte den Esel mit ins Haus zu nehmen, damit er meinen kleinen Nichten und Neffen guten Morgen wünschte. Ich glaube, er genoß diese Zeremonie nicht weniger als die Kinder.

Auch Kanarienvögel hatte ich, acht im ganzen in gesonderten Käfigen, die längs der Diele vor dem kleinen Musikzimmer aufgehängt waren. Dort stand das Klavier, das meinem Vater gehört hatte. Jeden Morgen, wenn ich aufstand und den Tag damit begann, auf meines Vaters Klavier Bach zu spielen, begrüßten sie mich mit ihrem Gesang. Sobald sie meine Tritte auf der Treppe hörten, begannen sie schlagartig damit und sangen fort, solange ich spielte. Manchmal schien es mir, ich sei ihr Klavierbegleiter.

Aber nicht alle Erinnerungen an meine Freunde, die Tiere in San Salvador, sind so ungetrübt. Ich hatte einen deutschen Schäferhund namens Follet, der mir wie mein Schatten folgte. Er schlief außer Haus, aber er kannte meinen Stundenplan auf die Minute, und wenn ich morgens ausritt, wartete er schon an der Schwelle auf mich. Und dann passierte etwas Entsetzliches. Eines Morgens öffnete ich die Tür, und da lag Follet tot in einer Blutlache. Eine Blutspur führte zur Gartentür. Während der Nacht hatte jemand versucht, das Gartentor aufzubrechen, und als Follet offensichtlich versucht hatte, ihn daran zu hindern, hatte der Landstreicher zugestochen und ihn schrecklich verwundet. Vom Gartentor war er dann noch bis zur Haustüre gekrochen

Der Landsitz in San Salvador, Spanien

und hatte dort bis zum Ende auf mich gewartet – so treu war mein Freund.

Ich weiß, es gibt Leute, die Tiere nicht mögen, aber ich glaube, das rührt daher, daß sie sie nicht verstehen, oder weil sie keine Augen im Kopfe haben. Unter den vielen Wundern der Natur nehmen für mich die Tiere – große und kleine – in ihrer erstaunlichen Vielfalt und mit ihren schönen Formen und faszinierenden Verhaltensweisen eine Sonderstellung ein. Ihr Seelenleben fesselt mich. Ich sehe, wie es sie drängt, sich mitzuteilen, und glaube, daß sie echter Liebe fähig sind. Wenn sie Menschen manchmal nicht Zutrauen, sondern Furcht entgegenbringen, so nur, weil die Menschen sie durch Überheblichkeit und Fühllosigkeit dazu gebracht haben.

Gegen Ende der zwanziger Jahre nahm ich in meinem Hause in San Salvador große bauliche Veränderungen vor. In Anbetracht der Zeit, die ich jetzt dort zubrachte, und bei der großen Zahl von Freunden wie Horszowski, Maurice Eisenberg und Sir Donald Francis Tovey, die mich besuchten, brauchte ich mehr Platz. Dann fehlte auch manches, was einem das Leben erleichtert, denn, so bequem das Haus auch war, ich hatte kaum Platz, um meine Bücher und Erinnerungsstücke unterzubringen, die sich die Jahre über angesammelt hatten. Also baute ich einige Zimmer an. Eines davon wurde ein großes Musikzimmer, in dem mehrere hundert Personen Platz hatten und in dem man Konzerte abhalten konnte. Den angrenzenden Raum, den ich ebenfalls neu baute, nannte ich meine *Salle de Sentiments*. Hier hängte ich die Bilder meiner Mutter und meines Vaters auf sowie das Bild des Grafen de Morphy, meiner Lehrer und nahen Freunde, und hier bewahrte ich auch einige teure Andenken auf, wie etwa den Stein vom Fenstersims an Beethovens Geburtshaus, den man mir in Wien verehrt hatte. Wieder ein anderes Zimmer hatte ich, so wie es war, von einem Palast eines katalanischen Edelmannes namens Graf de Guell übernommen und es vollständig hertransportieren lassen. Es stammte aus dem 18. Jahrhundert und verkörperte für mich die katalanische Kultur. Es war ein schöner Salon mit getäfelten Wänden, die mit allegorischen und bukolischen Szenen bemalt waren, mit einer kostbar geschmückten Decke und zierlichen Kristalleuchtern. Vor dem Haus ließ ich eine hohe Kaimauer mit einer Art Wandelgang errichten, von wo aus man einen herrlichen Blick auf den Ozean hatte. Rings um das Haus versah ich das Grundstück mit breiten Terrassen und Teichen, die von Zypressen überschattet waren, und kümmerte mich selbst um die Aufstellung einiger Marmorstatuen, die ich in Auftrag gegeben hatte.

Meine Lieblingsstatue war ein Apollo. Als ich zum ersten Male dem bekannten katalanischen Bildhauer José Clará gesagt hatte, ich wünschte von ihm eine Apollo-Statue, schaute er mich ungläubig an. »Eine Apollo-Statue?« sagte er und lachte, »für einen modernen Bildhauer ist so etwas passé.«

»Nein, lachen Sie mich nicht aus«, sagte ich ihm. »Für mich ist Apollo nicht einfach ein beliebiger Gott der Antike. Für mich verkörpert er die edelsten Tugenden des Menschen. Sie sind ein begabter Bildhauer, ich erwarte von Ihnen einen Apollo.«

Er zuckte mit den Achseln. »Schön, Maestro, wenn Sie das wünschen ...« Der Auftrag schien ihn nicht zu begeistern.

Einige Zeit danach besuchte ich wieder Clarás Atelier, um zu sehen, wie das Werk fortschreite. Er hatte zwei Maquetten vorzuweisen. »Das sind sehr schöne Studien von jungen Athleten«, sagte ich ihm. »Keiner von ihnen ist ein Apollo.« Er schaute mich skeptisch an. Das nächste Mal brachte ich ein Mythologie-Buch mit und las ihm daraus einige Stellen über Apollo vor. Aus der Art seines Zuhörens schloß ich, daß er sich allmählich für seine Aufgabe erwärmte.

»Sehen Sie«, sagte ich, »Apollo kann man nicht einfach festlegen. Er ist vieles in einem, nicht nur der Gott der Musik und Dichtung, der die anderen Götter mit seinem Lyraspiel entzückt. Er ist auch der Gott der Heilkunst – die Alten wußten um die Verwandtschaft von Musik und Medizin, um die Heilkraft, die beiden innewohnt. Vielleicht stellen Sie sich Apollo als Athleten vor, weil er auch der Schutzherr der Leibesübungen war – aber wieviel mehr ist er doch! Er hat die menschliche Gestalt vergöttlicht. Er ist ein Bogenschütze, dessen Pfeile nicht kriegerischen Zwecken dienen, sondern die er nur gegen böse Ungeheuer sendet. Er ist es, der Himmelskörper und Menschenwerk in Harmonie bringt. Und vergessen Sie nicht, daß er sich besonders der einfachen Menschen annimmt; er wacht über Seeleute, Reisende, Emigranten wie ein Schutzgeist und schenkt ihnen günstigen Wind, sichere Häfen und eine neue Heimat ...«

Clará saß einige Minuten schweigend da. »Schön«, sagte er, »ich probier's nochmal.«

Und das tat er. Er arbeitete so lange an diesem Stoff, bis er den Apollo zustande brachte, den ich mir gewünscht hatte. Er steht noch in meinem Garten in San Salvador, und trotz allem Kummer und all den Jahren, die inzwischen vergangen sind – die Ideale, die er verkörpert, sind für mich von bleibender Gültigkeit. Sie haben sich nicht geändert.

Und als kürzlich zum ersten Male, seit der Mensch auf dieser Erde ist, er über sich hinauswuchs und nach den Sternen griff, trug sein Raumschiff zu Recht den Namen Apollos, denn Apollo ist der Beschützer aller Fahrenden und ein Symbol des Menschen schlechthin.

Im Winter 1931 starb meine geliebte Mutter im Alter von siebenundsiebzig Jahren. Ich war gerade auf einer Konzertreise in der Schweiz, wo ich, seltsam genug, fünfundzwanzig Jahre zuvor auch zur Zeit des Todes meines Vaters gewesen. Und wieder ereignete sich etwas Außerordentliches, wie damals, als mein Vater starb und ich das Verhängnis ahnte.

In Florenz hatte ich einen guten Freund namens Alberto Passigli. Er war ein prominenter italienischer Geschäftsmann, ein großer Förderer der Musik, und wir kannten uns sehr gut seit Jahren. An dem Tage, als ich das Telegramm erhielt, meine Mutter sei gestorben, traf Passigli in Genf ein, wo ich zu spielen hatte. Er war von Florenz angereist, weil er, wie er sagte, das Gefühl hatte, ich stünde in einer Krise und brauchte ihn. Er wußte natürlich nicht, daß meine Mutter im Sterben lag, aber das Bedürfnis, zu mir zu kommen, war so übermächtig in ihm gewesen, daß er einfach seine Geschäfte im Stich ließ und nach Genf reiste, um bei mir zu sein.

Was mir meine Mutter bedeutete, habe ich schon gesagt. Obwohl ich wußte, daß sie eines Tages sterben würde, konnte ich mir doch eine Welt, in der es sie nicht mehr gab, gar nicht vorstellen. Ich trauere um sie bis zum heutigen Tag. Sie wurde neben meinem Vater auf dem kleinen Friedhof bei der Kirche von Vendrell beigesetzt.

# PABLO CASALS
# IN SPÄTEN JAHREN

EINE BILDFOLGE VON ALBERT E. KAHN

STEINWAY & SONS

»Die letzten achtzig Jahre habe ich jeden Morgen auf dieselbe Weise begonnen…: Ich gehe ans Klavier und spiele zwei Präludien und zwei Fugen von Bach… Es ist so etwas wie ein Haussegen.«

»Selbstverständlich fahre ich fort zu spielen und zu üben.
Auch wenn ich nochmal hundert Jahre leben sollte, würde ich das tun.«

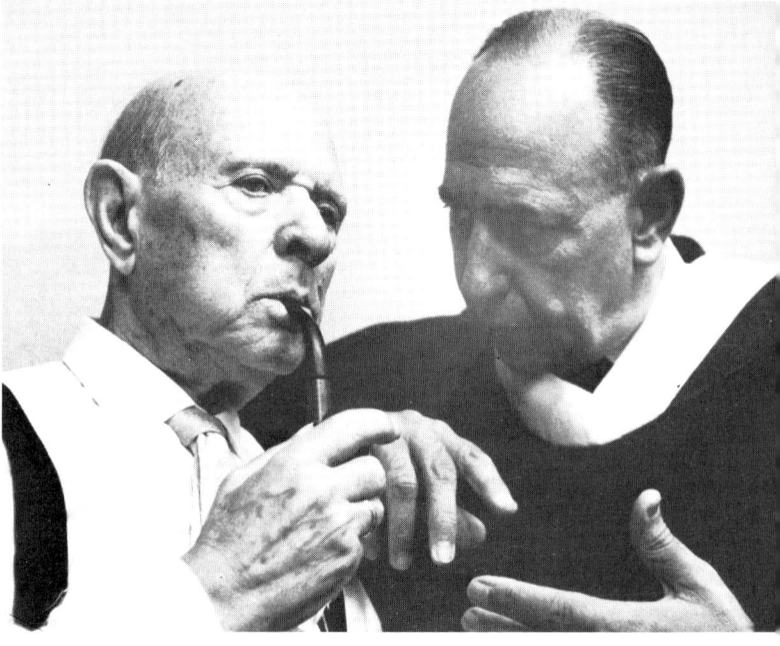

Zeitungsausschnitte aus Barcelona

*Links oben:* Martita ist stets zur Hand
*Links unten:* Mit Alfredo Matilla

*Oben:* Casals-Festival in San Juan de Puerto Rico. Orchesterprobe.

*Links:*
Alexander Schneider, engster Mitarbeiter

*Rechts:*
In der Konzertpause

Ein alte Platte von Sarasate

Friedenskreuzzug
mit »El Pessebre«

Momente in Marlboro:

*Oben:* mit Rudolf Serkin
*Rechts oben:* mit Königin Elisabeth der Belgier
*Rechts unten:* vor dem Orchester

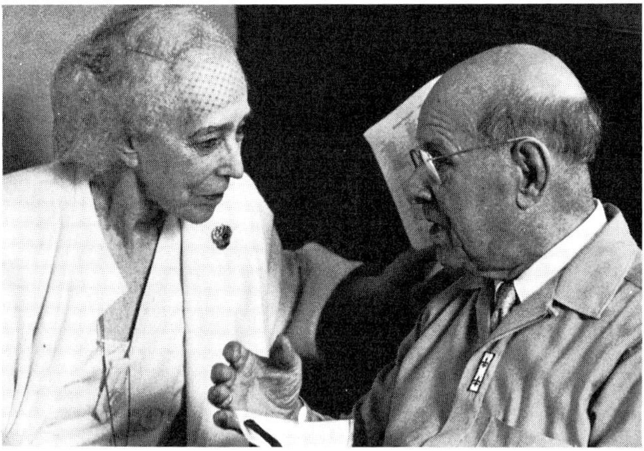

Ein katalanischer Chor singt für Casals seine Hymne: ›O Vos Omnes‹

*Links:*
Zu Hause in Puerto Rico.
Domino mit Frau Martita
und den Freunden
Rosa und Luis Cueto Coll.

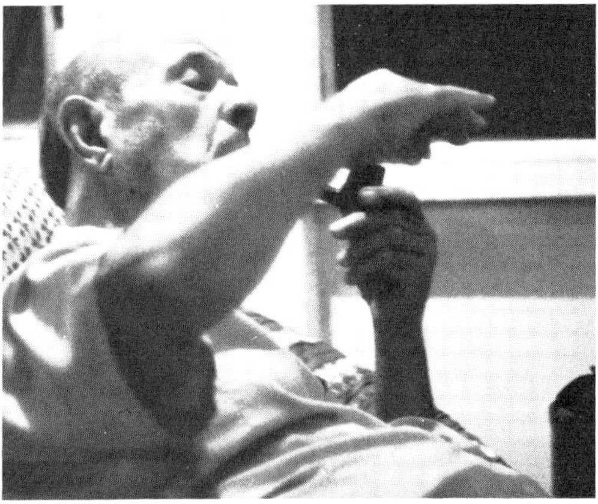

*Rechts:*
Casals hört die Aufnahme
einer eigenen Komposition

# TRIUMPH UND TRAGÖDIE

Wenn für mich 1931 ein Jahr der Trauer über den Tod meiner Mutter war, so war es doch auch ein Geburtsjahr: Im Frühling dieses Jahres trat die Spanische Republik ins Leben.

Wenige Tage nach Bildung der neuen Regierung dirigierte ich mein Orchester in einer Feierstunde zur Ausrufung der Republik. Das Konzert fand in dem großen Palast von Montjuich in Barcelona vor 7000 Hörern statt. Wir führten Beethovens 9. Symphonie auf. Nach dem Konzert erklärte Francesco Maciá, der Ministerpräsident der neugebildeten katalanischen Landesregierung, die Republik sei damit »auf Flügeln des Gesanges« zu uns gekommen, womit er auf jene Hymne der Brüderlichkeit anspielte, mit der die Neunte schließt.

Damals war ich dreiundfünfzig Jahre alt und hatte Beethovens Neunte oft dirigiert. Aber in jener Frühlingsnacht gewannen die gloriosen Worte aus dem Finale eine symbolische Bedeutung wie nie zuvor:

»O Freunde, nicht diese Töne! sondern laßt uns
angenehmere anstimmen und freudenvollere:
Freude, schöner Götterfunken,
Tochter aus Elysium,
wir betreten feuertrunken,
Himmlische, dein Heiligtum.
Deine Zauber binden wieder,
was die Mode streng geteilt.
Alle Menschen werden Brüder,
wo dein sanfter Flügel weilt.«

Ich fühlte, in jenem Augenblick vollzog sich eine wahrhafte Vereinigung von Mensch und Musik. Denn für mich symbolisierte jener Augenblick, was mein Volk lange Jahre des Kampfes und der Leiden hindurch sich erträumt hatte, den Antritt einer Regierung, die sich den höchsten Zielen der Menschheit verschrieben hatte, der Freiheit, dem Glück aller, der Brüderlichkeit über alle Grenzen hinweg. Dieser Augenblick war ein Triumph für alle Spanier – für die Menschen aller Nationen. Ach, wer konnte damals vorhersehen, mit welch schrecklicher Tragödie dieser Triumph enden sollte?

Die ersten Jahre der Spanischen Republik, also die Jahre bis zum Ausbruch des Bürgerkrieges, gehören zu den wichtigsten meines Lebens. Ich bin kein Politiker, nie habe ich einer politischen Partei angehört. Ich sehe, daß Politik nicht selten ein schmutziges Geschäft ist, aber ein Künstler kann es nicht mit seinem Gewissen vereinbaren, sich herauszuhalten, wenn es um strittige Fragen geht, vor allem nicht, wenn Recht und Freiheit auf dem Spiele stehen. Und es war die republikanische Regierung, der Spanien Recht und Freiheit verdankte.

Von Kindheit auf hatten mich meine Eltern gelehrt, die republikanischen Ideale hochzuhalten, und seit meiner Jugend wußte ich, daß mein Platz auf seiten des Volkes war. Und welcher Mensch, der die Menschheit liebt, könnte anders empfinden? Die Spanier wollten in ihrer großen Mehrheit eine echte Demokratie; bei den Wahlen trat dies klar zutage, als das Volk mit überwältigender Mehrheit für die republikanische Regierung stimmte. Zu lange hatten die Spanier unter Hunger und Unwissenheit gelitten, seit Generationen hatten sie Anmaßung und Korruption der Armee, der Aristokratie und anderer Institutionen zu ertragen gehabt und sich dabei aufgerieben. Nun wollten sie Gerechtigkeit und ein menschenwürdiges Leben. Wie die meisten Künstler und Intellektuellen in Spanien teilte ich ihre Hoffnungen. Auch bewegte mich als Katalanen ein besonderes Gefühl der Dankbarkeit gegenüber dieser Republik, da sie Katalonien die Selbstverwaltung gewährte, die meine Landsleute und ich jahrelang angestrebt hatten. Die Geburt der Spanischen Republik war die Erfüllung all dessen, was ich mir erträumt hatte.

Zur Zeit ihrer Gründung gab es Leute, die behaupteten, die Republik sei ein kommunistisches Regime. Das war offenbarer Unsinn. Es war ein Mythos, den jene Minderheit in die Welt setzte (möglicherweise glaubte sie selber daran!), die sich den volkstümlichen Reformen der Republik widersetzte, Leute jenen Schlages also, die sich immer gegen Demokratie stemmen werden. Es war die von den Faschisten – Franco, Hitler, Mussolini – verbreitete Propaganda, und die beiden letzteren bedienten sich ihrer sogar als Vorwand, um offen in Spanien intervenieren zu können. Manche wohlmeinenden Leute ließen sich durch diese Propaganda irremachen; ich weiß, daß man den Leuten manchmal die verrücktesten Dinge einreden kann. In Wirklichkeit waren die jetzt von der Republik in Spanien eingeführten Reformen in anderen Ländern Europas schon seit Jahrzehnten selbstverständlich. Man könnte sagen, die Republik bescherte Spanien eine Art New Deal, der in vieler Hinsicht Roosevelts New Deal in den Vereinigten Staaten entsprach. Den Granden, die von der Idee besessen waren, sie müßten ihre feudalen Privilegien und ihre Macht unter allen Umständen verteidigen, mußte so etwas extrem revolutionär erscheinen. Tatsache ist aber, daß bei der Bildung der spanischen republikanischen Zentralregierung und der Landesregierung in Katalonien kein einziger Kommunist ins Kabinett berufen wurde.

Die Leute, die zur Zeit der Republik die Führung übernahmen, waren keine Allerweltspolitiker. Sie waren Persönlichkeiten von außerordentlichem Format, hochqualifizierte und kultivierte Männer – Gelehrte, Wissenschaftler, Universitätslehrer, Schriftsteller –, Männer mit sozialem Gewissen und hochfliegenden Idealen. Ich glaube, niemals zuvor ist eine Regierung gebildet worden, in der so viele Gelehrte und Menschenfreunde vertreten waren. Ich denke an Männer wie Manuel Azaña und Dr. Juan Negrín, die beide Premierminister der Republik waren. Azaña, ein nobler und brillanter Schriftsteller, war ein feiner Essayist und Romancier, Spaniens hervorragendster Übersetzer von Voltaire und anderen ausländischen Autoren. Dr. Negrín war ein weltberühmter Physiologe, Professor an der Universität Madrid, ein Mann von legendärer Bildung. Ich denke an Fernando de los Ríos, den Erziehungsminister, einen Philosophen und Linguisten; an den Journalisten und Schriftsteller Alvarez del Vayo, der Außenminister wurde; an den bekannten katalanischen Historiker Nicolaú d'Olwer, der ebenfalls Kabinettsmitglied war. Diese ausgezeichneten Männer (und andere Regierungsmitglieder standen ihnen nicht nach!) hatten sich in den Zeitläuften der Unterdrückung und des Kriegsrechtes unter der Monarchie persönlich so sehr eingesetzt, daß manche von ihnen Gefängnisstrafen verbüßen mußten, sogar die Todesstrafe zu gewärtigen hatten. Nie sind sie dabei ihren Idealen untreu geworden.

Der republikanische Staatsmann, für den ich die vielleicht größte Achtung und Bewunderung hegte, war der erste katalanische Ministerpräsident Francesco Maciá. Er war ein echter Patriot, ein Mann von großem Mut und hoher Würde, durchdrungen von der Geschichte und den noblen Traditionen Kataloniens. Er war Oberstleutnant in der spanischen Armee gewesen, hatte aber den Dienst quittiert, um sein Leben der Unabhängigkeit Kataloniens zu weihen. Manche hielten sein Unterfangen für so abenteuerlich wie das des Don Quijote; aber er gab nicht auf. Gejagt und verfolgt von der Polizei, politischer Umtriebe wegen eingekerkert und jahrelang gezwungen, im Exil zu leben, wurde er vom katalanischen Volk angebetet, und überall in den Städten und Dörfern nannte man ihn *el avi,* den »Großvater«; für das Volk war er mehr als ein Vater, eben ein Großvater! Vor 1931 ging ich zu keiner Wahl, denn um die Sorte von Kandidaten, die sich damals in Spanien unter der Monarchie um ein Amt bewarben, kümmerte ich mich nicht. Als ich aber Maciá reden hörte, sagte ich mir: »Das ist dein Mann!« Das erste politische Votum, das ich in meinem Leben abgab, galt ihm. Er war ein gutaussehender Mann mit großem Schnurrbart, und obwohl er um die Siebzig sein mußte, als ich ihn kennenlernte, hielt er sich noch aufrecht wie ein Soldat.

Ich hatte oft Gelegenheit, ihn als Präsidenten zu erleben, und wir führten sehr fruchtbare Gespräche. Seine Höflichkeit mir gegenüber war unglaublich; nie ging er vor mir durch eine Tür. Als er im Winter 1933 starb, trauerte die ganze Nation.

Zu meinen liebsten Freunden in der katalanischen Regierung zählte der Dichter Ventura Gassol. Einige Jahre lang war er Intimus von Maciá gewesen, obwohl er dem Alter nach hätte sein Sohn sein können. Er wurde Kultusminister der Landesregierung, der *Generalitat.* Gassol war ein kleiner, sehr feinfühliger Mann, ein leidenschaftlicher Patriot; er trug immer eine große Lavallière-Krawatte. Mit ihm zusammen zu sein, war eine reine Freude. Er war Lehrer von Beruf und konnte wunderbar mit Kindern umgehen. Er hatte großes Verständnis für Musik, sein Geschmack in diesen Dingen war unfehlbar, er konnte sich völlig auf seinen Instinkt verlassen.

Eine kleine Begebenheit ist bezeichnend für Gassol. Zwischen Vendrell und Barcelona gibt es eine beträchtliche Wegstrecke, die steil emporführt. Wenn ich sie befuhr, dachte ich immer an die Zeit, da es noch keine Autos oder Lastwagen gegeben hatte, um Gemüse, Obst und andere Lebensmittel nach Barcelona zu transportieren; alles hatte man mit Pferde- und Maultierwagen befördern müssen. Ich malte mir dann aus, wie die Tiere sich den Hang hochplagten und die Fuhrleute schrien und mit den Peitschen zuschlugen, und gedachte all der Mühsal, der Pein, der Anstrengung, die eine solche Arbeit kostet. Oben angelangt, hielten die Fuhrleute, um in einer Art Café etwas zu essen und die Tiere zu tränken. Eines Tages beschrieb ich Gassol diese Szene. »Was würden Sie davon halten«, sagte ich, »dort ein Denkmal zu errichten zu Ehren all jener Tiere, die der Stadt Barcelona zu solchem Reichtum verholfen haben und die dabei so sehr leiden mußten?« Gassol, ganz Dichter, sah alles sofort leibhaftig vor sich und rief: »Das ist eine Idee! Das ist eine wundervolle Idee! Machen wir's!« Ohne zu zögern, entschloß er sich, als ob das ganz selbstverständlich sei, und gab sofort Anweisung, Pläne für das Denkmal zu entwerfen. Leider kam es nie zur Ausführung; dem Bürgerkrieg fiel auch dieses Projekt zum Opfer wie so viele andere Pläne und Hoffnungen.

Unter der Führung von Männern wie Maciá, Gassol, Azaña und anderen erlebte Spanien eine wahre kulturelle Wiedergeburt, eine zweite Renaissance. Es war schon begeisternd, diese Entwicklung aus der Ferne zu verfolgen – um wieviel begeisternder also, aktiv an ihr teilzunehmen! Wenn man mir politische Ämter antrug, lehnte ich ab, denn es verstieß gegen meine Prinzipien, ein politisches Amt zu bekleiden. Aber dann wurde ich gebeten, Präsident der Junta de Música – des Musikrates, einer Unterabteilung des katalanischen Kulturrates – zu werden, und da sagte ich bereitwillig zu. Wir tagten einmal in der Woche drei Stunden in der Generalitat, und fast immer nahm Gassol an unseren Sitzungen teil. Zweck dieser Arbeit war, kulturelle Bestrebungen aller Art in Katalonien zu planen, zu fördern und in die Tat umzusetzen.

Seit ich ein kleiner Junge war, hatte mich Kunst jeder Art gefesselt, und durch den Grafen de Morphy hatte ich verstehen gelernt, was das wahre Ziel der Erziehung zu sein hat. Und jetzt sah ich, wie Kunst und Bildung allen Leuten zugänglich gemacht wurden, nicht nur den Wohlhabenden unter ihnen, sondern auch den ärmeren Schichten in der Stadt und auf dem Lande. Die Idee, für deren Verwirklichung ich mit meinem eigenen Orchester und der Arbeiter-Konzertvereinigung gefochten hatte, wurde nun landauf, landab in die Tat umgesetzt, und zwar auf allen kulturellen Gebieten. In schneller Folge wurden zehnmal soviel Schulen gebaut, als unter der Monarchie in einem vergleichbaren Zeitraum entstanden waren, nämlich fast zehntausend in den ersten Jahren der Republik. Viele davon errichtete man in ländlichen Gegenden, wo Analphabetismus noch weit verbreitet war. In den Schulen Kataloniens war es unter der Monarchie untersagt gewesen, die katalanische Sprache zu unterrichten; man lehrte nur Kastilisch. Was aber ist schändlicher, als einem Kinde das Recht auf Unterrichtung in seiner Muttersprache zu verweigern und seinen Stolz auf die Kultur seines eigenen Volkes zu brechen? All das änderte sich nun dank der Republik. Die Kinder lernten jetzt Katalanisch in den Schulen – Kastilisch natürlich auch, aber zuerst Katalanisch. Man lehrte sie auch die Geschichte ihres Landes, brachte ihnen die großen Gelehrten und Helden nahe und machte sie mit dem Reichtum ihres kulturellen Erbes bekannt. Die katalanische Flagge wehte nun über Katalonien neben der Fahne der Republik.

Eine Phase des gewaltigen Erziehungsprogramms der Republik nahm mich besonders gefangen. Sie wurde von der Institución Libre de Enseñanza, dem »Freien Institut für Erziehung«, überwacht. Diese Organisation war ursprünglich in den Jahren unmittelbar vor der Jahrhundertwende von einer Gruppe höherer Lehrer gegründet worden unter Führung des großen Kunstkritikers Manuel Cossió. Diese Lehrer waren von ihren Lehrämtern verjagt worden, weil sie sich geweigert hatten, »Krone, Kirche und Dynastie« den Treueid zu leisten. Die Organisation hoffte, den verstreuten und zurückgebliebenen spanischen Dörfern Spaniens Bildung vermitteln zu können. Unter der Republik machten sich Lehrer und Studenten daran, dieses Programm in großem Rahmen zu verwirklichen, indem sie die Klassiker des Theaters den entlegensten Gegenden zugänglich machten und den Dorfbewohnern halfen, Schulen und Büchereien einzurichten. Die Bücher dazu stifteten sie selber.

In jenen denkwürdigen Tagen behandelten die Regierungsbehörden Künstler und Lehrer – alle diejenigen, die Kultur unters Volk brachten – mit besonderer Hochachtung. Mir selbst kam man äußerst zuvorkommend entgegen. Während meines Lebens bin ich von verschiedenen Regierungen geehrt worden, man ist immer sehr verständnisvoll auf mich eingegangen, ja, oft hatte ich sogar das Gefühl, solche Anerkennung gar nicht zu verdienen. Aber nie und nimmer sind mir so viel Zartgefühl und Zuneigung, so viel fürsorgliche Aufmerksamkeit entgegengebracht worden wie damals in der katalanischen Generalitat und in Kreisen der spanischen republikanischen Regierung. Für mich und meine Musik war ihnen nichts zuviel, nichts, auch nicht das Geringste wurde versäumt, meine Arbeit zu erleichtern. Und dies galt nicht nur für die Regierungsbehörden, sondern auch für die Stadtverwaltungen, die Gewerkschaften, die Fakultäten in den Universitäten. Ich wurde mit Ehren überschüttet, und dies in einem Maße, daß es mir schließlich peinlich wurde und ich ihnen sagen mußte: »Bitte, hört jetzt damit auf. Was zuviel ist, ist zuviel.« In manchen Städten wurden Straßen nach mir benannt, so die schöne Allee Avingunda Pau Casals in Barcelona; es gab öffentliche Ehrungen auch von seiten der Bürgerschaft in vielen Städten. Man ernannte mich zum »Adoptivsohn« der Stadt Barcelona und zum Ehrenbürger von Madrid. An das Konzert, das ich bei diesem Anlaß in Madrid gab, erinnere ich mich noch besonders gut. Die Ovation, die mir anschließend gebracht wurde, war überwältigend, es schien, als ob die Zuhörer überhaupt nicht mehr nach Hause gehen wollten; sie klatschten und klatschten. Dann allmählich leerte sich der Saal, kleine Gruppen gingen weg, und der letzte, der immer noch blieb und weiter applaudierte, ganz am anderen Ende in seiner Loge sitzend, war der Premierminister, Manuel Azaña.

Ich zähle diese Ehrungen nicht aus Eitelkeit auf, sondern weil sie zeigen, wie die Republik zu Dingen der Kultur stand. Ich war damals tief bewegt, denn ich wußte, das war ein Erlebnis eigener Art: Das Volk liebte mich – und für mich ist diese Liebe die höchste Ehrung von allen.

Unter der Monarchie war ich von der königlichen Familie mit großer Freundlichkeit behandelt worden. Daß sich die Wärme meiner Beziehung zum Königshaus im Verhalten der Behördenvertreter widergespiegelt habe, kann ich nicht behaupten. Auf meinen Konzertreisen empfing mich damals, um nur ein Beispiel zu nennen, nie ein Vertreter der spanischen Monarchie am Bahnhof, wenn ich in einer ausländischen Hauptstadt eintraf. Aber wenn ich in den Tagen der Republik ins Ausland fuhr und in eine Stadt kam, wo es eine spanische Botschaft oder ein spanisches Konsulat gab, erwartete mich unweigerlich der Botschafter oder der Konsul auf dem Bahnsteig, stellte mir einen Wagen zur Verfügung und tat alles in seinen Kräften Stehende, um mir während meines Aufenthaltes behilflich zu sein. Das heißt nicht, daß man mich wie einen reisenden Würdenträger empfangen hätte, ganz im Gegenteil! Ich sollte mich nur wie ein Familienmitglied fühlen.

Ich war damals so sehr mit meinen Aufgaben in Katalonien zugange, daß ich weniger als früher die Neigung verspürte, ins Ausland zu reisen. Nur eine Reise trat ich mit besonderer Freude an: meine Fahrt nach Schottland im Jahre 1934. Damals traf ich zum ersten Male Albert Schweitzer; wir sollten beide zu Ehrendoktoren der Universität Edinburgh ernannt werden. Mein alter Freund Sir Donald Francis Tovey war damals Professor für Musik an der Universität und hatte mich eingeladen, das Reid Symphony Orchestra in Edinburgh zu dirigieren. Er hatte ein Cellokonzert komponiert und es mir gewidmet; nun wollte er, daß ich es uraufführte. Dieses glänzende Orchester hatte er selber als ein ständiger Dirigent aufgebaut. Tovey war nicht nur der vielleicht größte Musikgelehrte unserer Zeit – ich habe nie jemanden getroffen, der so viel über Musik gewußt hätte wie er –, sondern auch ein bewundernswerter Komponist. Er war auch ein überragender Pianist, in gewisser Hinsicht sogar der beste, den ich je gehört habe, kurz: Ich betrachte Tovey als einen der vollkommensten Musiker, die je gelebt haben.

Ich hatte meinem Zusammentreffen mit Albert Schweitzer mit Spannung entgegengesehen. Ich kannte nicht nur seine Schriften über Bach, sondern hegte auch große Bewunderung für den Menschen Schweitzer. Damals wurde in Edinburgh eine Anzahl öffentlicher und privater

Konzerte abgehalten, und Schweitzer war von meinem Bachspiel sehr bewegt, bat mich auch, noch länger zu bleiben, weil er noch mehr Bach hören wollte, aber ich konnte nicht, anderer Engagements wegen. Nach meinem letzten Konzert mußte ich noch den Zug erreichen, hatte meine Sachen in den Koffer geworfen und lief eilends einen Korridor entlang, als ich jemand hinter mir herrennen hörte. Ich sah mich um, es war Schweitzer. Er war ganz außer Atem und schaute mich mit jenem wundervollen Ausdruck an, der die große Güte dieses Menschen widerspiegelte. »Wenn Sie schon wegfahren müssen«, sagte er, »dann wollen wir uns doch noch als Freunde auf Wiedersehen sagen.« Er sprach französisch: *»Tutoyons-nous,* duzen wir uns doch, ehe wir auseinandergehen.« Wir umarmten uns und zogen unserer Wege.

Von jenem Tag an blieben wir in enger Fühlung. Uns trennten große räumliche Entfernungen – Schweitzer war natürlich meistens in Lambarene –, und nur zweimal konnten wir uns wiedersehen, aber wir schrieben uns häufig, und in den Jahren nach dem Zweiten Weltkrieg bemühten wir uns mit vereinten Kräften, den Atomversuchen Einhalt zu gebieten und die Menschen vor der gräßlichen Bedrohung eines nuklearen Krieges zu warnen.

Als Mensch war er ein wahrer Gigant. Er verkörperte in Wahrheit das Weltgewissen. Selbst in unseren bitteren Zeitläuften genügt es, seiner zu gedenken, um wieder Hoffnung zu schöpfen für die Menschheit.

Die Führer der Spanischen Republik wußten, daß ich in manchem nicht ihrer Ansicht war, und ich scheute mich nicht, dies auch offen zu sagen. So wußten sie, daß ich, obwohl überzeugter Republikaner, den Mitgliedern des spanischen Königshauses verbunden blieb, und respektierten das. Einmal – es war wenige Jahre nach Ausrufung der Republik – wurde mir zu Ehren ein Abend veranstaltet, und zwar im Rathaus von Madrid. Sehr viele Menschen nahmen teil, darunter hohe Regierungsvertreter. Es war eine wundervolle festliche Veranstaltung, und – wie das immer so ist – viele Reden wurden gehalten. Der Bürgermeister von Barcelona hielt die Festansprache. Zu guter Letzt wurde auch ich gebeten, ich solle *tomar la palabra,* »das Wort ergreifen«. Nun halte ich ungern Reden, aber ich war von dem, was meine Vorredner gesagt hatten, doch recht bewegt und wollte auch meinerseits wissen lassen, wie es mir ums Herz war. Ich erzählte von meiner Kindheit in Vendrell und den Anfängen meiner musikalischen Laufbahn, erzählte von meinen Studienjahren in Madrid, von meinen Mansarden-Nachbarn: dem Schuster, den Zigarrenarbeiterinnen, dem Türhüter, der im Palast Dienst tat. Dann sprach ich von der Zeit, die ich im Palast selbst verbracht hatte, und von meiner tiefen Zuneigung zu Alfonso. »Was ich auch als Musiker erreicht habe«, sagte ich, »mehr, als ich in Worte fassen kann, verdanke ich Königin María Cristina, dieser wunderbaren Frau. Sie war wie eine zweite Mutter zu mir, und ich werde immer mit Liebe an sie denken.« Noch während ich das sagte, brach der Beifall los. Der ganze Saal erhob sich – jawohl! – einschließlich der Regierungsvertreter, der Männer also, die ihr Leben dem Kampf gegen die Monarchie und für die Republik geweiht hatten. Sie erhoben sich ebenfalls und applaudierten. Warum? Weil es großmütige Männer waren, die mich so, wie ich war, akzeptierten. Bei ihrem Beifall brach ich in Tränen aus. Ich weinte über soviel Liebe und Verständnis und weil ich stolz war, einer der ihren zu sein.

Die Spanische Republik entstand zur Zeit der größten Wirtschaftskrise, die die Welt je erlebt hatte, und die Anfangsjahre der Republik waren Jahre einer weltweiten Depression. Arbeitslosigkeit, Hunger und Verzweiflung herrschten überall auf Erden, und über viele Länder brach das Verhängnis herein. In Deutschland wandten sich die Leute in ihrer Verzweiflung dem Nationalsozialismus zu, und die finstere Wolke des Faschismus überschattete allmählich halb Europa. Nur in Spanien war die Volksstimmung gehoben und hoffnungsvoll. Damit will ich nicht sagen, daß die republikanische Verfassung ein Allheilmittel gewesen wäre und daß die Regierung keine Fehler begangen hätte, im Gegenteil! Sie machte sogar vieles falsch. Welche Regierung täte das nicht? Auch waren manche der Intellektuellen, die in der neuen Republik amtierten, vielleicht idealistischer gesonnen, als es die Praxis vertrug. Ich habe ja selbst auch immer meinen Prinzipien größere Wichtigkeit beigemessen als der Praxis. Aber welche Probleme auch anstanden – es ging vorwärts. Und das spanische Volk wußte das.

Freilich gab es auch ganz anders gesonnene Elemente, und das waren dieselben Reaktionäre, die der Republik von Anfang an Widerstand entgegengesetzt hatten, Leute, die demokratische Reformen ebenso leidenschaftlich ablehnten wie den Abbau ihrer Privilegien. Sie konspirierten gegen die Republik und suchten jede schwache Stelle für ihre Belange auszunutzen. Eine Zeitlang – es war im Jahre 1934 – gewannen sie wieder beträchtlich an Macht, und sie nutzten sie bedenkenlos. Auf den Rat der Generäle Manuel Goded und Francisco Franco holte die Armee nordafrikanische Truppen und Fremdenlegionäre ins Land, um sie gegen die streikenden Bergleute in Asturien einzusetzen, von denen viele massakriert wurden. Als das spanische Volk in Neuwahlen sich abermals für die Republik entschied, schwollen die Intrigen der Reaktionäre und Faschisten bedrohlich an. Provokationen, Gewalttaten aller Art, Morde folgten; und es wurde immer weiter geschürt und konspiriert. Manchmal hatte man das Gefühl, auf einem Vulkan zu leben.

Im Sommer 1936 brach der Vulkan aus. Ich befand mich damals in Barcelona in den Vorbereitungen zu einem Konzert, das ich zu dirigieren hatte. Ein seltsamer Zufall wollte es, daß es in derselben Konzerthalle im Montjuich-Palast sein sollte, wo ich vor etwas mehr als fünf Jahren Beethovens Neunte Symphonie zur Feier der Proklamation der Republik dirigiert hatte. Wieder sollte ich die Neunte dirigieren – diesmal zu einem von der Regierung veranstalteten Festakt für »Frieden in der Welt«. Die Generalprobe fand am Abend des 18. Juni im Orfeó Català statt. Nie im Leben werde ich diesen Tag vergessen. In den Morgennachrichten meldete Radio Madrid einen Militärputsch in Marokko, einen Putsch, den faschistische Generale in Szene gesetzt hatten, von denen es hieß, sie planten einen Volksaufstand in ganz Spanien und den Sturz der republikanischen Regierung. Während des Tages wurde die Lage zusehends gespannter, und wilde Gerüchte schwirrten durch Barcelona. Manche wollten wissen, daß in einer Anzahl von Städten ganze Garnisonen unter der Führung faschistischer Offiziere zu revoltieren begännen. Niemand wußte genau, was los war. Aber nach Einbruch der Dunkelheit füllten sich die Straßen und Plätze mit Menschen – Soldaten, Zivilgardisten, Fabrikarbeitern in Arbeitskleidung und Scharen aufgeregter Männer und Frauen. Jedermann hatte das Radio eingeschaltet. In den Straßen waren Lautsprecher aufgestellt, aus denen Meldungen der Regierung zu hören waren: *»Schalten Sie Ihren Rundfunkempfänger nicht ab! Bewahren*

*Sie Ruhe! Verräter streuen wilde Gerüchte aus, nur um Furcht und Panik zu erzeugen. Bleiben Sie auf dieser Welle! Die Republik ist Herr der Lage.«*

Ich bahnte mir meinen Weg durch die brodelnden Massen bis zum Orfeó Català, wo die Probe stattfinden sollte. Wir hatten eben die ersten drei Sätze beendet und wollten mit dem Finale beginnen, schon hatte ich für die Hymne den Chor auf die Bühne gerufen, als ein Mann in den Saal stürzte und mir ein Kuvert übergab. Ganz außer Atem flüsterte er mir zu: »Von Minister Gassol. Man erwartet jeden Moment einen Aufstand in der Stadt.« Ich las Gassols Botschaft, worin stand, ich solle sofort mit der Probe aufhören. Die Musiker sollten auf kürzestem Wege nach Hause gehen. Das Konzert, das auf den folgenden Tag angesetzt war, sei abzusagen.

Der Bote erzählte mir dann, daß seit der Abfassung dieses Schreibens in Madrid ein Putsch ausgebrochen sei und faschistische Truppen jetzt auf Barcelona marschierten.

Ich las die Botschaft dem Orchester und dem Chor laut vor und sagte dann: »Liebe Freunde, wer weiß, wann wir uns wiedersehen. Sollen wir nicht zum Abschied das Finale machen?«

Alles rief: »Ja, weiter!«

Das Orchester spielte, der Chor sang wie nie zuvor: »Alle Menschen werden Brüder, wo dein sanfter Flügel weilt.« Ich konnte vor Tränen nicht mehr die Noten sehen.

Schließlich sagte ich meinen lieben Freunden – wir waren alle wie eine große Familie –: »Der Tag wird kommen, an dem in unserem Lande wieder Friede herrscht. Und an diesem Tage werden wir wieder die Neunte Symphonie aufführen.«

Die Orchestermusiker packten ihre Instrumente ein, und alle verließen wir den Saal und gingen auf die Straße, wo das Volk Barrikaden errichtete.

Der faschistische Putsch in Barcelona wurde an einem Tage niedergeschlagen – nicht nur von den Armee-Einheiten, die der Republik die Treue hielten, sondern auch von der Arbeiterbevölkerung der Stadt. Die meisten katalanischen Arbeiter waren unbewaffnet, aber während Gewehrschüsse die Straßen leerfegten, standen sie neben

Soldaten und holten sich die Waffen der Gefallenen. An manchen Plätzen erstürmten sie mit leeren Händen faschistische Widerstandsnester, Stellungen, die von Maschinengewehren starrten. Arbeiter fuhren in Lastwagen gegen die Häuser an und sprengten so die Einfahrten. Plätze und Straßen waren mit Toten und Verwundeten übersät. Bei Anbruch der Dunkelheit hatten die Regierungsstreitkräfte die Stadt wieder völlig in der Hand, und der faschistische General Goded – er war morgens in einem Wasserflugzeug im Hafen von Barcelona niedergegangen, um die Revolte zu leiten – wurde mit seinem ganzen Stab gefangengenommen. Der katalanische Präsident Luis Companys überredete ihn, im Radio zu sprechen. Goded sagte seinen Anhängern, er sei in Gefangenschaft geraten, weiterer Kampf sei sinnlos.

Am nächsten Morgen erfuhren wir von Radio Madrid, daß auch der Putsch in Madrid und in vielen anderen Städten niedergeschlagen worden war. Nur in manchen Gegenden hätten, so hieß es, die Faschisten vorübergehend die Macht ergriffen, und General Franco sei Berichten zufolge in Spanien gelandet und habe Fremdenlegionäre und nordafrikanische Truppen aus Marokko zum Einsatz gebracht. Aber die meisten Leute spürten, daß der Putsch im ganzen mißglückt war und die Republik binnen kurzem wieder überall im Lande Herr der Lage sein würde. Freilich wußten wir damals alle nicht, daß Hitler-Deutschland und das faschistische Italien schon bald Kanonen, Tanks und Flugzeuge, aber auch 10 000 sogenannte Freiwillige nach Spanien werfen würden, um Franco zu helfen. Auch war es für uns unvorstellbar, daß der Republik, der legalen, demokratisch gewählten Regierung Spaniens, unter Berufung auf das Nichteinmischungs-Abkommen das Recht abgesprochen werden würde, Waffen einzuführen.

Jeder Krieg ist schrecklich, aber Bürgerkrieg ist der schrecklichste von allen. Da kämpft Nachbar gegen Nachbar, Bruder gegen Bruder, der Sohn gegen den Vater. So war der Krieg beschaffen, der mein geliebtes Vaterland für die nächsten zweieinhalb Jahre verwüsten sollte. Diese Jahre waren ein einziger Alptraum voll heilloser Schrecken. Die großartigen Errungenschaften der Republik wurden im Blut ertränkt. Die besten Söhne der Nation, ja, und zahllose Frauen und Kinder starben dahin, Hunderttausende wurden ins Exil getrieben. Es gibt keine Maßstäbe, an denen menschliches Leid von solcher Furchtbarkeit gemessen werden könnte.

In den Wochen, die auf die Niederschlagung des Barcelona-Putsches folgten, entstand eine furchtbare Lage. Obwohl die Revolte bezwungen war, hörten die Gewalttaten keineswegs auf. Viele Leute waren außer sich über die Rebellen und wegen des Todes ihrer Mitbürger dem Wahnsinn nahe. Nun dürsteten sie nach Rache und nahmen das Gesetz in die eigenen Hände. Manche Elemente – vornehmlich unter den Anarchisten, deren Bewegung großen Zulauf hatte – gerieten völlig außer Rand und Band. Sie exekutierten nicht nur die bekannten Feinde der Republik, sondern auch Leute, die sie der Sympathie mit den Faschisten nur verdächtigten. Sie brannten Kirchen nieder und öffneten die Gefängnisse, Berufsverbrecher und Banden jugendlicher Übeltäter streiften plündernd und raubend durch die Stadt und durchs Land. Die verfassungsmäßige Ordnung brach völlig zusammen. Eine Periode des totalen Chaos schloß sich an.

Ich war über diese Entwicklung entsetzt, ging zur Generalitat und forderte schärfste Maßnahmen, um all dem Einhalt zu gebieten. »Was jetzt geschieht, ist untragbar«, sagte ich. »Es handelt sich um grausige Verbrechen und schreckliches Unrecht. Zahllose unschuldige Menschen müssen darunter leiden. Rund um Vendrell haben zum Beispiel die Anarchisten und andere sämtliche Autos im ganzen Landkreis beschlagnahmt. Die Kranken können nicht mehr ärztlich betreut werden. Schickt Soldaten und schafft Ordnung!«

Man antwortete mir: »Wir tun, was wir können, aber wir haben die Situation nicht mehr völlig unter Kontrolle.«

»Ihr zerstört den guten Namen der Republik«, sagte ich, »wenn ihr euch die Kontrolle aus der Hand nehmen laßt, dann tretet zurück!«

Aber sie antworteten: »Dann gäbe es überhaupt keine Regierung mehr in Katalonien.«

Ich ging ins Hauptquartier der Anarchisten. Seltsame Leute waren das! Sie hörten mir respektvoll zu, aber ich merkte, sie verstanden überhaupt nichts von dem, was ich sagte. Sie hielten ihre Aktionen für völlig gerechtfertigt, viele von ihnen hingen einer anarchistischen Philosophie an. Sie waren gegen jede Autorität und achteten Recht und Gesetz nicht im geringsten. »Das Volk allein ist das Gesetz«, sagten sie mir. In vieler Hinsicht schienen mir diese Leute – es mag seltsam klingen – wie Kinder.

Eines Tages stürzten zwei bewaffnete Männer in das Zimmer meines Hauses in San Salvador, in dem ich Cello übte. »Wir sollen Señor Rennon festnehmen«, sagten sie, »er soll hier sein.« Señor Rennon war ein Geschäftsmann in Barcelona, dem ein Sommerhaus nebenan gehörte. Ich sagte den Männern, in meinem Hause sei er nicht. Sie gingen. Bald tauchten sie wieder auf und hatten meinen Nachbarn zwischen sich. Daneben stand seine Frau und weinte. »Wir möchten bei Ihnen nach Vendrell telefonieren«, sagten sie, »man soll uns einen Wagen schicken.« Ich wußte, was das bedeutete. Wahrscheinlich hatten sie die Absicht, meinen Nachbarn hinzurichten. Ich sagte: »Wenn hier jemand telefoniert, dann bin ich es und nicht ihr. Ihr werdet diesen Mann nicht wegbringen.« Sie schauten mich wütend an, und einen Augenblick lang wußte ich wirklich nicht, was sie tun würden. Aber dann schienen sie sich doch unbehaglich zu fühlen und sagten, sie handelten auf Weisung des Bürgermeisters von Vendrell. Ich rief den Bürgermeister an. Er merkte schon am Klang meiner Stimme, wie wütend ich war, und sagte: »Oh, diese Leute sollten anderswohin gehen – das muß ein Mißverständnis sein!« Ich teilte den Männern mit, was der Bürgermeister erklärt hatte. Sie sollten nun mein Haus verlassen, mein Nachbar bleibe hier. Ihre Wut war ihnen anzusehen, aber sie gingen. Dieser Zwischenfall beleuchtet, wie in jenen Tagen »Gerechtigkeit« geübt wurde.

Aber solche Dinge passierten nicht nur in Katalonien. Auch in anderen Teilen des Landes brach die Autorität zusammen. Regierungssprecher, Gewerkschaftsführer und andere prominente Persönlichkeiten wandten sich über den Rundfunk an das Volk und beschworen es, nicht das Gesetz in die eigenen Hände zu nehmen, sondern den Anordnungen der Behörden Folge zu leisten. Aber es dauerte Wochen, bis die Regierung die Lage wirklich wieder unter Kontrolle hatte.

In jedem Krieg werden Ausschreitungen natürlich auf beiden Seiten begangen, und schließlich: Ist der Krieg nicht selbst eine einzige Ausschreitung, wie es keine schlimmere gibt? Aber wenn man vom Spanischen Bürgerkrieg redet, muß eines festgehalten werden: Diese Übergriffe, die sich auf dem von der republikanischen Regierung beherrschten Territorium zutrugen, waren nicht die erklärte Politik der Regierung, sondern Akte unverantwortlicher und unkontrollierbarer Elemente, die die chaotische Situation für ihre Zwecke ausnutzten. Die Regierung bedauerte diese Ausschreitungen und ergriff Maßnahmen, sie einzudämmen.

Bei den Faschisten war das völlig anders. Die faschistischen Führer suchten den Ausschreitungen nicht Einhalt zu gebieten, sondern stifteten in den unter ihrer Herrschaft stehenden Regionen schändliche Unterdrückungs- und Verfolgungsmaßnahmen an. Bei ihnen gehörte Terror zum offiziellen Instrumentarium ihrer Politik. Sie planten und begingen Terrorhandlungen ganz systematisch, und zwar nicht nur in Form abscheulicher organisierter Massenexekutionen in Burgos, Badajoz, Sevilla und anderen Städten, die von ihren Militärjunten beherrscht wurden, sondern auch in Form eines pausenlosen Bombardements der Städte Barcelona, Madrid und anderer Ballungszentren auf republikanischem Territorium. Jene entsetzlichen Luftangriffe, bei denen Tausende und aber Tausende unschuldiger Männer, Frauen und Kinder umkamen, wurden häufig von deutschen und italienischen Bombern durchgeführt. Picasso hat sie in seinem berühmten *Guernica*-Gemälde symbolisch dargestellt – es waren die ersten ihrer Art in der Geschichte, und sie kündigten schon die Bombardierungen an, mit denen die Welt im zweiten Weltkriege auf tragische Weise vertraut werden sollte. Sie waren Ausdruck des Nazi-Terrors, Ausdruck einer Politik des Schreckens.

Ich bin weder Historiker noch Staatsmann. Ich bin Musiker. Aber eine entscheidende Frage oder, besser gesagt, eine simple Tatsache war mir damals schon klar: Die Verantwortung für den Spanischen Bürgerkrieg trugen allein jene, die gewaltsam eine legitime, vom Volk gewählte Regierung zu stürzen suchten, und als sie zunächst ihr Ziel nicht erreichten, Hitler und Mussolini zu Hilfe riefen. Aber darüber redet man leider so gut wie gar nicht mehr. Als die Achse den Zweiten Weltkrieg vom Zaune brach, trug das viel zum besseren Verständnis und zur Erhellung des Spanischen Bürgerkriegs bei. Ich freilich hatte da nie meine Zweifel, ich wußte von Anfang an, worum es ging. Damals wie heute war ich der Ansicht, daß die Stimmzettel des Volkes, und nicht die Kugeln militärischer Verschwörer, darüber entscheiden sollten, wer regiert. Für mich war es einfach eine Prinzipienfrage, die Spanische Republik zu unterstützen. Was hätte ich guten Gewissens anders tun können?

Die einzigen Waffen, die ich hatte, waren mein Cello und mein Taktstock, und während des Bürgerkrieges habe ich sie, so gut ich konnte, eingesetzt, um die Sache zu unterstützen, an die ich glaubte – die Sache der Freiheit und Demokratie. Ich wurde Ehrenpräsident des Musiker-Komitees zur Unterstützung der spanischen Demokratie, eines Komitees, das in den Vereinigten Staaten gegründet wurde und zu seinen Mitgliedern Persönlichkeiten wie Sergei Kussewitzky, Albert Einstein, Virgil Thomson, Efrem Zimbalist und Olin Downes zählte. Ich machte weite Reisen durch Europa, nach Südamerika und Japan und gab überall Konzerte zugunsten des Fonds, aus dem der Ankauf von Nahrungsmitteln, Kleidern und Medikamenten finanziert wurde. Ich ging nicht leichten Herzens ins Ausland; ich fühlte, mein Platz wäre eigentlich zu Hause gewesen, wo ich meinen Landsleuten in ihrer schrecklichen Prüfung hätte beistehen können. Aber Gassol und andere bestanden darauf, daß ich im Ausland für sie von größerem Nutzen sei. Manchmal hatte ich sie sogar im Verdacht, sie suchten mich aus der Schußlinie zu halten. Ich stritt mich mit ihnen, aber der Logik dessen, was sie sagten, konnte ich mich nicht entziehen. Und so reiste ich von einer ausländischen Stadt zur anderen und schluckte meinen Kummer, so gut ich konnte, hinunter. In der Zeitung las ich von den Kämpfen, die mein Land verwüsteten, von brennenden Ortschaften, hungernden Kindern in belagerten Städten. Während ich spielte, fielen Bomben. Ich konnte nachts nicht schlafen. Wenn ich mich mit Leuten unterhielt, hatte ich oft das Gefühl, weit weg zu sein. Es war, als ob nicht ich, sondern ein anderer spräche. Nach den Konzerten irrte ich durch die Straßen, allein und verzweifelt.

In regelmäßigen Abständen kehrte ich nach Spanien zurück, und jedesmal wurde mir aufs neue und immer schrecklicher offenbar, welche Verwüstungen, welche Todeszuckungen ein Krieg mit sich bringt. Ganze Stadtviertel von Barcelona lagen in Trümmern. Überall ragten die Ruinen geborstener Häuser gen Himmel. Die Stadt war von Flüchtlingen überfüllt. Essen war verzweifelt knapp. Ich gab Konzerte in Lazaretten, Theatern, Waisenhäusern. Die Lage der Kinder war am schlimmsten, man konnte es fast nicht mitansehen. Tausende waren heimatlos und verwaist. Tausende waren im Laufe der endlosen Luftangriffe getötet oder verwundet worden. In Barcelona allein erlebte ich Hunderte von Großangriffen. Einmal bombardierten die faschistischen Flugzeuge drei Tage lang ununterbrochen im regelmäßigen Abstand von drei Stunden die Stadt. Und Barcelona verfügte damals über kein einziges Jagdflugzeug, mit dem man sich hätte verteidigen können. Auch gab es keine richtigen Luftschutzräume – nirgendwo konnte man sich vor den Bomben in Sicherheit bringen.

Einmal fielen in unmittelbarer Nähe Bomben, als ich gerade beim Proben im Liceu war. Das ganze Gebäude bebte, und die Musiker rannten im Saal wild durcheinander; ich konnte es ihnen nicht übelnehmen. Ich nahm mir eines der auf dem Podium herumliegenden Celli und begann eine Bach-Suite zu spielen. Die Musiker kehrten auf ihre Plätze zurück, und wir probten weiter.

Ein wahres Wunder war die Moral der einfachen Leute, und ich meine damit nicht nur den Kampf der Soldaten gegen einen ungleich stärkeren Gegner, sondern das heldenhafte Verhalten der gewöhnlichen Männer und Frauen in allen Wohnblöcken der Stadt. Mit welcher Tapferkeit und mit welcher Würde gingen sie ihrer Beschäftigung nach! Es war ein Heldenepos ... Die Worte *No pasarán!* (»Sie werden nicht durchkommen!«) waren in aller Munde. Jeder hielt sich an die Devise: »Lieber stehend sterben, als kniend leben.« Welch ein Unterschied zwischen diesen Worten und dem berüchtigten Trinkspruch des Generals Astray, des faschistischen Begründers der spanischen Fremdenlegion: »Lang lebe der Tod!«

Zwei Episoden, die ich selbst miterlebte, erhellen den ganzen grundlegenden Unterschied zwischen Francos Truppen und denen der republikanischen Regierung.

Die erste Episode handelt von General Queipo de Llano, der einer von Francos Helfern und faschistischer Chefpropagandist war, wenn man will, der spanische Goebbels. Ein widerlicher Bursche, degeneriert bis in die Knochen! Während des Krieges hielt er des öfteren Rundfunkansprachen von Sevilla aus, wo er das Kommando führte. Seine Sendungen wandten sich häufig an die Leute auf republikanischem Territorium und waren vulgär und brutal, voller übler Witze. Er hatte eine Art von Kasernenhofhumor. Auch verhieß er, was alles die Frauen, die die Republik unterstützten, von den nordafrikanischen Truppen unter Franco zu erwarten hätten – man sieht, wes Geistes Kind der Mann war!

Eines Tages hörte ich, wie Queipo de Llano in seiner Nachtsendung mich vornahm. »Dieser Pablo Casals!« sagte er, »ich werde euch sagen, was ich mit ihm anstelle, wenn ich ihn erwische. Er wird nicht weiter hetzen. Seine Arme schneide ich ihm ab, beide Arme, oben am Ellenbogen!« Als er das sagte, brachen seine Gefolgsleute in grölendes Gelächter aus – eine Clique von ihnen saß auch bei den Sendungen um ihn herum. Die Tatsache, daß diese Geschichte sich auf mich bezieht, ist nebensächlich; sie paßt zu allem übrigen. Sie demonstriert die faschistische Mentalität und ihre Stellung zur Kultur schlechthin – und natürlich vor allem ihre Unmenschlichkeit. Dies Verhalten war dem der Nazis gleich, nach dem berühmten Spruch: »Wenn ich das Wort ›Kultur‹ höre, entsichere ich meinen Revolver.«

Die zweite Episode, die ein bezeichnendes Licht auf die republikanische Regierung wirft, spielt im Herbst 1938 in einer entscheidenden Phase des Krieges, als die Lage für die Loyalisten immer hoffnungsloser wurde. Eines Tages fragte mich Gassol, ob ich ein Sonderkonzert zugunsten des Kinderhilfswerkes geben würde, das man dann senden wolle. Natürlich sagte ich zu. Aber da wußte ich noch nicht, was die Regierung eigentlich im Sinne hatte. In Presse und Radio wurde nämlich angekündigt, ich würde spielen, und während der zwei Stunden, die das Konzert dauerte, sollte auf dem ganzen Territorium der Republik die Arbeit ruhen. Die Arbeiter in den Fabriken sollten ihre Werkzeuge niederlegen, die Regierungsbehörden ihre Büros schließen, alles sollte zum Stillstand kommen, damit jedermann der Musik lauschen könnte. Dieses Konzert hatte für mich eine tiefe Bedeutung, denn es zeigte, daß Männer und Frauen, die um das nackte Leben kämpften, im Augenblick der größten Krise noch Zeit fanden, ihrer Liebe zu Kunst und Schönheit Ausdruck zu verleihen. Hier bestätigte es sich wieder einmal, daß der menschliche Geist unbezwinglich ist.

Das Konzert fand am Nachmittag des 17. Oktober im Liceu statt. Der Saal war zum Bersten voll. Unter den Zuhörern befanden sich viele Soldaten, darunter viele Verwundete, viele, die auf Tragbahren hereingetragen wurden. Alle Kabinettsmitglieder waren anwesend einschließlich des Präsidenten Azaña und des Premierministers Negrín, auch hohe Armeeoffiziere. Ich spielte zwei Cello-Konzerte, das von Haydn und das von Dvořák. Während der Pause verlas ich im Radio eine Botschaft an die demokratischen Nationen der Welt. Ich verlas sie auf englisch und auf französisch. Es hieß darin: »Machen Sie sich nicht des Verbrechens schuldig, dem Mord an der Spanischen Republik tatenlos zuzusehen. Wenn Sie es zulassen, daß Hitler in Spanien siegt, werden Sie die nächsten sein, die seinem Wahnsinn zum Opfer fallen werden. Der Krieg wird ganz Europa, wird die ganze Welt erfassen. Kommen Sie unserem Volk zu Hilfe!«

Aber ach, niemand kümmerte sich um meine Botschaft. Noch war in England die Regierung Chamberlain am Ruder, die soeben das Münchener Abkommen mit Hitler getroffen hatte und ihn nicht vor den Kopf stoßen wollte. Briten und Franzosen wollten in ihrer großen Mehrheit der Spanischen Republik beistehen, aber des Nichteinmischungs-Abkommens wegen enthielt man uns weiter die Waffen vor. Tausende junger Amerikaner bildeten eine Abraham-Lincoln-Brigade und schlossen sich der Internationalen Brigade an, um für spanische Demokratie zu kämpfen, aber Kriegsmaterial konnte die Republik von den Vereinigten Staaten nicht beziehen, trotz aller Sympathien, die Präsident Roosevelt für sie hatte – und schuld daran war das Waffenembargo. Jahre später las ich, daß Roosevelt gegen Kriegsende seinem Kabinett gegenüber zugab, das Embargo sei ein großer Fehler gewesen. Die einzigen Länder, von denen die Republik Waffen kaufen konnte, waren Mexiko und Rußland; und diese Käufe erwiesen sich als völlig unzureichend, sie konnten die Riesenmengen an Menschen und an Kriegsmaterial nicht ausgleichen, die Hitler und Mussolini weiterhin Franco zur Verfügung stellten. Und so kam der Krieg unabänderlich zum bitteren Ende.

Gelegentlich werde ich gefragt, was meiner Meinung nach geschehen wäre, wenn die westlichen Demokratien dem republikanischen Spanien zu Hilfe gekommen wären und ob das den Zweiten Weltkrieg hätte verhindern können. Natürlich kann man die Geschichte nicht nachträglich umschreiben, aber eines ist klar: Hitler hätte Einhalt geboten werden können, ehe der Zweite Weltkrieg ausbrach. Heute weiß man, daß man Hitler hätte in den Arm fallen müssen, bevor er ein europäisches Land nach dem anderen vereinnahmte. Aber das hätte spätestens während des Spanischen Bürgerkrieges geschehen müssen, und im Buch der Geschichte wird es dereinst Spanien zum Ruhme gereichen, als erstes Volk zu den Waffen gegriffen und die Demokratie gegen den Hitler-Faschismus verteidigt zu haben. Die Opfer und der Heldenmut des spanischen Volkes haben der Welt ein Beispiel gegeben. Wer die Freiheit liebt, wird diese Männer und Frauen niemals vergessen können, die, von allen verlassen, jenen schrecklichen Kampf in Spanien durchgestanden haben. Kein Tag vergeht, an dem ich nicht ihrer gedächte, meiner lieben und edlen Freunde, ob sie nun tot sind oder noch unter uns weilen. In Gedanken bin ich immer bei ihnen.

Gegen Ende des Bürgerkrieges wurde mir eines der außerordentlichsten Erlebnisse zuteil, die mir je beschieden waren. Jeden Augenblick erwartete man die Einnahme Barcelonas. Francos Truppen formierten sich zum Sturmangriff, und die italienische Luftwaffe bombardierte die Stadt pausenlos. Manche Viertel hatte man schon aufgegeben oder evakuiert. Unter diesen Umständen erreichte mich eine Botschaft von Vertretern der Universität: Man habe, ehe man sich auflöse, als letzte Amtshandlung vorgesehen, mir die Ehrendoktorwürde zu verleihen. In fliegender Eile geleitete man mich zur Universität. Die Mitglieder der Fakultät, darunter viele, die Frauen und Kinder zu evakuieren hatten, waren alle versammelt, um dem Festakt beizuwohen, im Verlauf dessen mir die Urkunde überreicht werden sollte. Man hatte nicht mehr Zeit gefunden, das Dokument auszudrucken; es war von Hand geschrieben. Welche Ehre! Worte können nicht wiedergeben, was ich damals empfand.

Wenige Tage später verabschiedete ich mich von meinen Brüdern und ihren Familien in San Salvador, verließ meine Heimat und ging nach Frankreich.

Das ist nun mehr als dreißig Jahre her. Seitdem lebe ich im Exil.

# EXIL

Wie oft hat die Welt in diesem Jahrhundert der Kriege und Revolutionen mitansehen müssen, daß Menschen aus ihrer Heimat vertrieben wurden! Jede dieser Austreibungen war eine Tragödie für sich gewesen, ein Heldenlied menschlicher Leiden, aber keine Flucht hat unter gespenstischeren Umständen stattgefunden als die der antifaschistischen Spanien-Flüchtlinge Anfang 1939. Mehr als eine halbe Million Menschen flüchteten über die Pyrenäen, mitten im härtesten Winter! Männer, Frauen und Kinder kämpften sich in schneidender Kälte die Pässe hoch. Von Barcelona an war die Straße mit Flüchtlingen völlig verstopft. Manche hatten Autos, Lastwagen oder Karren; Hunderttausende schleppten sich zu Fuß und trugen ihre erbarmungswürdig wenigen Habseligkeiten mit sich herum. Viele kranke und alte Menschen starben unterwegs – es war eine Prozession menschlichen Elends. Nachts schliefen die Leute bei strömendem Regen oder im Schneegestöber auf Dorfstraßen und Feldern. Auf ihrer Flucht zur französischen Grenze hin wurden sie immer wieder von faschistischen Flugzeugen bombardiert und mit Maschinengewehren beschossen.

Und an diesem Exodus nahmen die besten und edelsten Vertreter Spaniens teil – Soldaten und Dichter, Arbeiter und Universitätsprofessoren, Juristen und Bauern, alles Menschen, die für die Freiheit gekämpft hatten und sich der Tyrannei nicht beugen wollten.

Man hätte erwarten können, daß diesen braven und leidgeprüften Menschen bei ihrer Ankunft in Frankreich eine ehrenvolle und mitfühlende Behandlung zuteil werden würde, aber das war leider nicht der Fall. Das Daladier-Regime – dieselben Politiker, die sich erst vor kurzem mit Hitler auf das Münchener Abkommen geeinigt hatten – hegte keine übermäßige Sympathie für antifaschistische Flüchtlinge. Nur unter dem Druck der Öffentlichkeit und mit innerem Widerstreben gewährte es den spanischen Republikanern Asyl. Was da an der Grenze vor sich ging, erfuhr ich von entsetzten Mitbürgern, die mich in Paris aufsuchten. »Man steckt unsere Leute in Konzentrationslager, wo sie scharf bewacht werden«, erzählten sie mir. »Man behandelt sie wie Feinde oder Verbrecher.« Ich wollte es zuerst nicht glauben. So etwas war doch nicht möglich! Aber bald sollte ich diese Lager mit eigenen Augen sehen.

Als ich nach dem Ende des Bürgerkrieges in Paris eintraf, bestanden meine guten Freunde Maurice und Paula Eisenberg darauf, ich sollte bei ihnen wohnen. Sie umgaben mich mit liebevoller Fürsorge, aber selbst ihnen gelang es bei aller Warmherzigkeit nicht, meine Seelenqualen zu lindern. Das Unglück, das über mein Land gekommen war, überwältigte mich. Ich erfuhr, welche Repressalien Franco in Barcelona und anderen Städten anordnete: Tausende von Männern und Frauen wurden ins Gefängnis geworfen oder hingerichtet. Tyrannen und Rohlinge hatten meine teure Heimat in ein ungeheuerliches Gefängnis verwandelt. Anfangs wußte ich nicht, wie es meinen Brüdern und ihren Familien ergangen war, ich erfuhr nur, die faschistischen Truppen hätten mein Haus in San Salvador besetzt. Ich wollte gar nicht daran denken, aber die schrecklichen Vorstellungen ließen mich nicht los, brandeten in mir hoch, drohten über mir zusammenzuschlagen. Ich schloß mich in einem abgedunkelten Zimmer ein und starrte in die Finsternis. Vielleicht würde ich in der Dunkelheit Vergessen finden, vielleicht würden die Schmerzen verebben ... Aber ein endloses Panorama entrollte sich vor meinen Augen: Greuel, deren Zeuge ich im Kriege gewesen war, Szenen aus meiner Kindheit, die Gesichter geliebter Menschen, Städte in Schutt und Asche, weinende Frauen und Kinder. Tagelang blieb ich in diesem dunklen Zimmer und konnte mich nicht rühren. Jemanden zu sehen oder gar mit jemand zu sprechen, ging über meine Kraft. Vielleicht war ich dem Wahnsinn oder dem Tode nahe. Ich wollte nicht mehr leben.

Endlich konnten mich die Eisenbergs dazu überreden, einen alten Freund aus Barcelona namens Guarro zu empfangen. Später erzählte er mir, wie sehr ihn mein Anblick erschreckt habe; er erkannte mich kaum wieder. Stundenlang redete er auf mich ein. »Du kannst nicht länger hier in Paris bleiben«, sagte er, »du mußt weg von hier, und zwar sofort.« Er drängte mich, in ein kleines Dorf im Süden Frankreichs nahe der spanischen Grenze zu ziehen, also nach Französisch-Katalonien. Es hieß Prades. »Viele Leute dort sprechen unsere Sprache«, sagte er. »Man fühlt sich dort nach Katalonien versetzt.« Ich winkte ab, aber er ließ nicht locker: »Dort bist du in unmittelbarer Nähe der Flüchtlingslager, wo man deine Landsleute eingesperrt hält. Sie brauchen deine Hilfe, sie haben Hilfe bitter nötig.« Schließlich gab ich nach.

So kam ich im Frühjahr 1939 nach Prades. Damals hätte ich mir nicht vorstellen können, daß ich die nächsten siebzehn Jahre meines Lebens in diesem winzigen Pyrenäenstädtchen verbringen würde. Bei allem Kummer konnte ich mich in dieser Umgebung wieder sammeln. Mit seinen krummen, gepflasterten Straßen und weißverputzten Häusern unter roten Ziegeldächern – und damals blühten auch noch gerade die Akazien! – hätte Prades eines der katalanischen Dörfer sein können, wie ich sie seit meiner Kindheit kenne. Auch die Umgebung war mir nicht weniger vertraut: Obstgärten und Weinberge gliederten die Landschaft, und es gab wilde und schroffe Berge mit altrömischen Befestigungsanlagen und mittelalterlichen Klöstern, die sich an die Hänge schmiegten – auch das war wie ein Gegenstück von Teilen meiner Heimat. Und in der Tat hatte ja diese Gegend zum katalanischen Reiche gehört.

Ich nahm ein Zimmer im einzigen Hotel, das es in Prades gab. Es nannte sich Grand Hotel, und war es auch nicht gerade königlich eingerichtet, so war doch wenigstens die Aussicht vom Fenster meines Zimmers eines Königs würdig: Vor mir ragte der Mont Canigou gen Himmel. Dieser großartige Berg, der in den Werken unseres katalanischen Dichters Jacinto Verdaguer besungen wird, ist uns Katalanen besonders ans Herz gewachsen. In einsamer Größe thront auf einem seiner Gipfel die Abtei St. Martin, die Graf Guifred zu Anfang des 11. Jahrhunderts erbaut hat. Der Legende zufolge hat der Großvater dieses Grafen und Gründers der katalanischen Dynastie die Fahne Kataloniens geschaffen: vier Streifen auf gelbem Grund. Zu Tode verwundet in der Schlacht, tauchte er die Finger in sein eigenes Blut, fuhr mit ihnen über seinen Schild und sagte: »Das soll unsere Fahne sein!«

Kurz nach meiner Ankunft in Prades besichtigte ich mehrere Konzentrationslager, in denen spanische Flüchtlinge eingesperrt waren. Es gab in der Gegend eine ganze Reihe davon, so in Rivesaltes, Vernet, Le Boulou, Septfonds, Argelès. Ich erlebte dort Szenen, die aus Dantes Inferno hätten stammen können. Zehntausende von Männern, Frauen und Kindern waren zusammengepfercht wie Vieh, umzäunt von Stacheldraht und untergebracht – wenn man das so nennen will – in Zelten und elenden, halbzerfallenen Baracken. Von sanitären Einrichtungen oder ärztlicher Versorgung keine Spur. Es gab kaum Wasser und gerade so viel zu essen, daß die Insassen nicht Hungers starben. Das Lager Argelès war typisch: Hier hatte man mehr als 100 000 Flüchtlinge im Freien auf Sanddünen längs der Küste zusammengelegt. Obwohl es Winter war, hatte man ihnen kein Dach über dem Kopf gegönnt; viele hatten sich in den nassen Sand Löcher gegraben, um sich vor dem strömenden Regen und dem bitter kalten Wind zu schützen. Das Treibholz, mit dem sie Feuer machten, um sich aufzuwärmen, war bald aufgebraucht. Reihenweise waren sie an Frost, Hunger und Krankheit gestorben. Als ich eintraf, waren die Krankenhäuser in Perpignan überfüllt mit Kranken und Sterbenden.

Beim Anblick der schauerlichen Verhältnisse in diesen Lagern wußte ich, was ich zu tun hatte. Zusammen mit einigen Freunden, die wie ich das Glück hatten, sich frei bewegen zu können, organisierte ich sofort Hilfsmaßnahmen für die Flüchtlinge. Mein Zimmer im Grand Hotel wurde unser Organisationsbüro. Wir fingen damit an, daß wir Briefe an Organisationen und einzelne Persönlichkeiten in Frankreich, England, den USA und anderen Ländern verschickten – ich selbst schrieb sie zu Hunderten –, in denen wir die katastrophale Lage der Flüchtlinge schilderten und um Hilfe jeder Art baten. Der Erfolg war großartig: Lebensmittelsendungen, Kleider, Medikamente und Geld strömten nach Prades. Wir arbeiteten ohne Unterlaß Tag und Nacht, führten endlose Korrespondenzen, luden Versorgungskisten auf Lastwagen, die sie dann zu den Lagern transportierten. Manchmal fuhr ich selber mit, um bei der Verteilung zu helfen. Natürlich hatten wir nie genug – so viele befanden sich in einer verzweifelten Notlage. Sooft ich konnte, besuchte ich die Lager. Jedesmal kostete es mich Überwindung. Zuviel Leiden mußte ich ansehen. Sie ließen mich nachts nicht schlafen. Andererseits wußte ich, wie die Lagerinsassen sich danach sehnten, einen Landsmann von draußen zu sehen und mit ihm zu sprechen. Mit vielen korrespondierte ich, vornehmlich mit denjenigen, deren Lager ich nicht regelmäßig besuchen konnte, weil sie zu weit ab lagen. Jeden Tag verbrachte ich Stunden damit, Briefe und Postkarten zu schreiben. So gut ich konnte, versuchte ich ihre Leiden zu lindern und übersandte ihnen Spenden oder wenigstens ein Wort der Ermutigung. Meine Anstrengungen waren, weiß der Himmel, beklagenswert unzureichend, und doch: Wie dankbar diese Leute waren, und wie mutig und mit welcher Haltung sie ihr Schicksal trugen!

Nach einiger Zeit half mir der katalanische Dichter Joan Alavedra, den ich schon von Barcelona her gut kannte. Er war voller Energie und sehr vielseitig begabt. Während der Tage der Republik war er Berater von Präsident Companys gewesen. Bei Kriegsende floh er mit seiner Frau und seinen zwei Kindern über die Grenze. Die Zustände in den Lagern kannte er aus eigener Anschauung – dieser begnadete Dichter hatte selbst Wochen in einem Lager verbracht, ehe es ihm gelang, seine Entlassung durchzusetzen. Nun mietete er im Grand Hotel das Zimmer neben meinem dazu, und wir wurden unzertrennliche Gefährten. Er sorgte sich besonders um meine Gesundheit – ich litt an schlimmen Kopfschmerzen und Schwindelanfällen. Er meinte, ich mutete mir zuviel zu. Natürlich stimmte das nicht, wenn ich bedenke, wie gut ich es hatte im Vergleich mit denen im Lager. Er besorgte mir einen Spazierstock, mit dem ich, wenn ich nachts Hilfe brauchte, an die Wand klopfen konnte.

Gelegentlich gab ich, um den Flüchtlingsfonds wieder aufzufüllen, Wohltätigkeitskonzerte in Paris und anderen Städten Frankreichs. Ich erhielt zahlreiche Angebote, auch in anderen Ländern zu spielen. Ich mußte sie alle ausschlagen: Zuviel war zu tun, und ich verließ Prades nie für länger als zwei Tage. Überdies hatte ich oft Schwierigkeiten beim Spiel; ich schrieb so viele Briefe, daß meine Hände zitterten.

Im September 1939, kaum sechs Monate nach dem Ende des Spanischen Bürgerkrieges, brach dann die Katastrophe herein, die ich schaudernd hatte kommen sehen und von der ich vorausgesagt hatte, daß sie eintreten werde, wenn man Hitler in Spanien nicht Halt gebiete. Hitler fiel in Polen ein und entfesselte den Zweiten Weltkrieg.

Musiker und andere Freunde aus England und den Vereinigten Staaten beschworen mich in ihren Briefen, Frankreich zu verlassen und mich in ihrem Lande anzusiedeln. Ihre Besorgnis um mein Wohlergehen rührte mich tief, und auch die wunderbaren Möglichkeiten, die sie mir für die Fortsetzung meiner musikalischen Tätigkeit eröffneten, nahm ich bewegt zur Kenntnis. Ich erinnere mich an ein Angebot aus den Vereinigten Staaten, in dem mir für eine Reihe von Konzerten eine runde Viertelmillion Dollar geboten wurde. Aber mehr denn je wußte ich, daß jetzt mein Platz in Frankreich war. Hier hatte meine Laufbahn begonnen, hier hatten sich mir die Tore zur großen Welt aufgetan, hier hatte ich meine frühesten und teuersten Bande geknüpft. Wie sollte ich jetzt dieses Land, das – man kann es wohl so ausdrücken – mir eine zweite Heimat geworden war, in der Stunde der Not verlassen? Aber noch mehr hielt mich die Pflicht gegenüber meinen Landsleuten in den Konzentrationslagern. Ich arbeitete weiter für die Flüchtlinge und gab nur dann und wann ein Wohltätigkeitskonzert zu ihren Gunsten.

Im Sommer 1940 nahm der Krieg eine katastrophale Wendung, und ich stand vor einer neuen und schweren Entscheidung. Hitlers Armeen brachen plötzlich nach Westen durch, überrollten Holland und Belgien in weniger als einem Monat und drangen tief in Frankreich ein. Die Truppen der Alliierten zogen sich auf allen Frontabschnitten zurück, der französische Widerstand schien auseinanderzubrechen, und es war sogar von Verrat an höchster Stelle die Rede. Eines Tages, Anfang Juni, erfuhren wir, daß die Deutschen sich Paris näherten – der Fall der französischen Hauptstadt und die Übergabe Frankreichs stünden unmittelbar bevor. Es hieß auch, Franco sei im Begriff, Frankreich jeden Moment den Krieg zu erklären, die Pyrenäen zu überqueren und Französisch-Katalonien zu besetzen.

Alavedra und ich entschlossen uns, Prades zu verlassen; es gab keine andere Möglichkeit, denn unser Bleiben hätte bedeutet, daß wir in die

Hände der Nazis oder der spanischen Faschisten fallen würden. Man sagte uns, wir könnten uns noch eine Passage nach Amerika sichern, die *Champlain* würde in diesen Tagen von Bordeaux auslaufen. Aber wie nach Bordeaux kommen? Die Stadt war über dreihundert Kilometer von Prades entfernt, und aller öffentliche Verkehr war praktisch zum Erliegen gekommen. Alavedra fand zwei Taxichauffeure, die willens waren, die Reise zu wagen. Wir verbrannten unsere gesamte Korrespondenz, denn wir fürchteten, manches könnte antifaschistische Flüchtlinge kompromittieren und zu ihrer Verhaftung führen, wenn Hitlers oder Francos Truppen Prades besetzten. Dann rafften wir eilig unsere nötigsten Habseligkeiten zusammen und fuhren in den beiden Taxis los – mit uns Alavedras Frau, seine Kinder und ein paar Freunde.

In Bordeaux regierte das Chaos. Tausende von Personen irrten in der Stadt herum, viele von ihnen waren vor den Deutschen nach Südfrankreich geflohen und suchten selbst außer Landes zu kommen. Die Straßen waren überfüllt mit Lastwagen, Karren und Autos, die Möbel und andere Gebrauchsgegenstände geladen hatten. Überall herrschte ein unwahrscheinliches Durcheinander. Ein Gerücht jagte das andere. Manche behaupteten, die Panzerdivisionen der Nazis seien im Anmarsch, andere, die Stadt würde binnen kurzem bombardiert werden. Alavedra kümmerte sich um unsere Pässe, die erst noch besorgt werden mußten; ich war zu krank, um ihm an die Hand gehen zu können. Er hörte, mein alter Freund und Kollege Alfred Cortot sei in der Stadt, und suchte ihn auf, da er wußte, daß Cortot einflußreiche Verbindungen zu den französischen Behörden hatte. Alavedra erhoffte sich Hilfe, aber Cortot sagte, er könne nichts für uns tun. Als Alavedra andeutete, wie krank ich sei, sagte er nur: »Grüßen Sie ihn schön und sagen Sie ihm, ich wünsche ihm alles Gute.« Cortot ließ sich auch nicht bei mir blicken. Sein Verhalten war mir damals unverständlich. Als er bald darauf offen mit den Nazis kollaborierte, wurde mir zu meinem Kummer klar, warum er sich so zu mir benommen hatte. Es ist schrecklich, was Menschen aus Angst oder Ehrgeiz tun können.

Irgendwie schaffte es Alavedra trotzdem, uns Pässe und Schiffskarten für die *Champlain* zu besorgen. Dann aber, als wir gerade zur Anlegestelle gehen wollten, erreichte uns die Nachricht, die Deutschen hätten die *Champlain* bombardiert und versenkt.

Wir wußten nicht, was wir tun sollten. Alle waren wir hungrig und erschöpft, aber Hotelzimmer oder anderes Quartier in Bordeaux zu finden, erwies sich als aussichtslos. In den Cafés bekam man nicht einmal mehr etwas zu essen. Unser Entschluß war schnell gefaßt. Das einzige, was uns übrigblieb, war, nach Prades zurückzukehren. Wir stiegen in unsere Taxis und fuhren los, aber die Rückfahrt wollte kein Ende nehmen. Die Straßen waren von Truppen und Flüchtlingen verstopft. Wir schlichen nur so dahin, zwei Tage brauchten wir, bis wir wieder zu Hause waren. Die erste Nacht verbrachten wir in den Taxis. Schließlich erreichten wir am zweiten Tag gegen Mitternacht Prades.

Als wir vor dem Grand Hotel vorfuhren, fanden wir die Türen fest verschlossen. Alavedra klopfte, und der Eigentümer des Hotels erschien am Fenster. Als Alavedra ihm sagte, wir hätten umkehren müssen, erwiderte er, unsere Zimmer seien anderweitig belegt. Alavedra fragte, ob wir nicht wenigstens für eine Nacht unterkommen könnten, und erklärte dem Manne, ich sei krank. »Die Deutschen können jeden Augenblick hier sein«, sagte der Hotelier, »und wenn sie herausfinden, daß ich Casals Unterschlupf gegeben habe, was dann? Daß er ein Nazi-Gegner ist, weiß doch jeder. Ich muß an meine Familie denken.«

Unterdessen war ein Mann, dem der Tabakladen nebenan gehörte, durch den Lärm wach geworden. Er erbot sich, uns für die Nacht zu beherbergen. »Sie müssen schon entschuldigen«, sagte er, »Gästebetten habe ich nicht. Aber zumindest ein Dach über dem Kopf kann ich Ihnen anbieten.«

Und so schliefen wir in seinem Hause auf dem Fußboden.

Im Laufe der Jahre hat es viele Menschen gegeben, die mir große Freundlichkeiten erwiesen und mich reich beschenkt haben, aber ich wüßte nicht ein Geschenk, das mir wertvoller gewesen wäre als jene Unterkunft für eine Nacht in der bescheidenen Behausung des Tabakhändlers.

Tags darauf fanden wir vorübergehend Unterkunft in einer Wohnung in Prades, und nicht lange danach konnten wir in einem Außenviertel des Städtchens ein ganzes Haus mieten. Es war ein kleines zweistöckiges Häuschen, das in einiger Entfernung von der Landstraße inmitten schöner alter Gärten und Bäume stand. Alavedra und seine Familie bezogen den ersten Stock, ich wohnte in einem Zimmer unter dem Dach zusammen mit meinem Cello und einem abgenutzten Klavier, das ich mir noch besorgen konnte. Das Haus hieß Villa Colette. Es sollte mein Heim sein für die nächsten zehn Jahre.

Nach der Kapitulation Frankreichs und der Einsetzung des Vichy-Regimes unter dem greisen Marschall Pétain wurde unsere Lage in Prades immer prekärer. Obwohl Südfrankreich von den Nazis noch nicht besetzt war, maßten sich überall Leute, die mit dem Faschismus sympathisierten, und Kollaborateure die Macht an. Wieder versuchte ich nach Kräften, den spanischen Flüchtlingen in den Konzentrationslagern zu helfen, und gab in Perpignan, Marseilles und anderen Städten Konzerte zu ihren Gunsten. Aber es wurde immer schwieriger, ihnen zu helfen. Die Lage der Flüchtlinge hatte sich verschlimmert. Manche wurden in sogenannten Arbeitsbataillonen dienstverpflichtet, was organisierter Sklaverei nahekam. Im Laufe der Monate wurde die Atmosphäre um mich immer gespannter. Manche Leute in der Stadt reagierten ausgesprochen feindselig. Andere, mit denen ich auf freundschaftlichem Fuße gestanden hatte, wandten sich ab, wenn sie mir auf der Straße begegneten. Ich wußte, daß man sie unter Druck gesetzt hatte und daß sie fürchteten, mit mir in Verbindung gebracht zu werden. Alle hatten sie Angst, von den Faschisten verfolgt zu werden. Das waren bittere Tage für mich, und manchmal fühlte ich mich alt und von aller Welt verlassen.

Natürlich gab es anderswo in der Welt Leute, die sich von mir im Stiche gelassen wähnten oder zumindest keine Ahnung hatten, was mit mir vorging. Später erfuhr ich von einem in den Vereinigten Staaten veröffentlichten Bericht, demzufolge man mich nach Spanien verschifft habe, wo ich in einem Kerker in Montjuich auf meine Hinrichtung wartete. Man kann die Dinge immer noch schwärzer malen, als sie in Wirklichkeit sind. Wie ich höre, schrieb mein Freund Maurice Eisenberg, der damals nach Amerika emigriert war, an die New York Times, dementierte dieses Gerücht und teilte mit, ich befände mich auf freiem Fuß und gäbe gelegentlich Konzerte zu Gunsten der spanischen Flüchtlinge.

Natürlich war das Leben nicht völlig trostlos in jenen Tagen – das ist es nie, auch nicht unter den schlimmsten Umständen. Noch besuchten mich heimlich einige Freunde, die auch in Prades wohnten, und bei ihren Besuchen wurde es mir immer warm ums Herz. Auch die Gesellschaft von Alavedra und unser kleiner Kreis in der Villa Colette blieb mir ja, und auch andere Katalanen waren noch frei, und ich konnte mit ihnen Kontakt halten. Einer davon war mein lieber alter Freund Ventura Gassol, der Dichter und ehemalige Kultusminister der katalanischen Landesregierung während der Tage der Republik. Wir waren alte und treue Kameraden, und gerade dieser Umstand trug uns einigen Ärger ein. Wir haben einander während unserer langen Freundschaft unablässig angeregt. Wenn wir zusammen waren, verfielen wir oft auf kühne Ideen. Und eines Tages in Prades hatten wir wieder solch eine Idee. Ein paar Kilometer von der Stadt entfernt liegt am Fuße des Mont Canigou die alte Abtei Saint-Michel de Cuxa. Im 9. Jahrhundert gegründet, wurde sie im Mittelalter zu einem künstlerischen und religiösen Mittelpunkt; in späteren Jahrhunderten verfiel die verlassene Abtei. Zu Zeiten der Spanischen Republik nahmen sich ihrer die Bürger der katalanischen Stadt Ripoll an und stifteten eine wunderschöne Glocke für einen der Türme. Gassol und ich hielten es für einen guten Gedanken, in die Abtei zu gehen und die Glocke zu läuten. Diese patriotische Geste würde unseren Landsleuten beweisen, daß der Geist katalanischer Vaterlandsliebe noch lebendig sei. Also gingen wir hin und läuteten die Glocke. Es war ein unvergeßlicher Augenblick – dort in der weihevollen Umgebung von Pfeilern und Gewölberesten im schattigen Kloster mit seinem ausgetretenen Pflaster –, als der volle Klang der Glocke weithin erscholl und von den Berghängen widerhallte. Die Vichy-Behörden freilich genossen diesen Moment weniger. Als sie von den Ortsansässigen erfuhren, was wir angestellt hatten, gab es einen Skandal. Die Zeitung in Perpignan brachte auf der ersten Seite einen Artikel, in dem Gassol und ich als Rote, Anarchisten und sogar als Mörder beschimpft wurden. Nichts von alledem traf zu – wir waren nur ein katalanischer Poet und ein katalanischer Musiker.

Die einzigen uns legal zugänglichen Nachrichtenquellen waren die Propagandablätter des Vichy-Regimes vom Schlage der besagten Zeitung aus Perpignan – eine trostlose Lektüre –, und die von Vichy kontrollierten Radiosendungen waren um nichts besser. Aber eine andere, inoffizielle Nachrichtenquelle gab es, die immer aufs neue unsere Lebensgeister weckte und unseren Hoffnungen selbst in den dunkelsten Zeitläuften wieder Auftrieb gab, und das war die British Broadcasting Corporation, die BBC. Wie verschlangen wir doch jede Nachricht, die wir, wenn auch oft bruchstückhaft, nachts aus London empfingen. Über die BBC erfuhren wir 1941 vom Kriegseintritt Rußlands und der Vereinigten Staaten, und da wußten wir, daß es nur eine Frage der Zeit sein würde, bis die faschistischen Mächte der Finsternis zerschmettert sein würden. Über die BBC erfuhren wir von den steigenden militärischen Anstrengungen, die im Jahre darauf die Alliierten machten, und hörten von der vernichtenden Niederlage der Nazis bei Stalingrad und vom großen Sieg der angloamerikanischen Streitkräfte in Nordafrika. Bei jedem dieser Siege brachen wir in Jubel aus.

Unsere Freude wurde indessen getrübt durch die weitere Entwicklung der Dinge. Alles ging Schlag auf Schlag. In jenem Winter besetzte Hitler das ganze, bisher noch verschonte Südfrankreich, um sich gegen die erwartete alliierte Landung auf dem Kontinent abzusichern. Deutsche Truppen wurden in Prades stationiert, und das erste Mal lebte ich unter Leuten, die das verhaßte Hakenkreuz trugen. Als Hitler in Deutschland zur Macht kam, habe ich mich sofort geweigert, in diesem Lande wieder zu spielen – dem Geburtslande Beethovens und Bachs, die mir beide so teuer waren! Ich war nicht mehr nach Deutschland gegangen, aber nun waren die Nazis zu mir gekommen. Wir waren, genaugenommen, Gefangene der Deutschen.

War die Lage vorher schon schwierig gewesen, wurde sie jetzt nahezu unerträglich. Alavedra und ich wurden von den Nazis dauernd überwacht; sie wußten, daß wir Feinde des Faschismus waren. Überdies stießen die Spanienflüchtlinge, die aus den Konzentrationslagern entwichen waren oder heimlich die Pyrenäen überquert hatten, zu den französischen Partisanen des Maquis, die jetzt in unserer Gegend zu operieren begannen, und man verdächtigte uns, mit ihnen in Verbindung zu stehen. Regelmäßig machte die Gestapo Haussuchung bei uns. Dabei konnte ich nie ergründen, was sie eigentlich zu finden gedachte. Aber was in solchen Köpfen vorgeht, ist sowieso unergründlich. Immerhin gaben sie mir zu verstehen, wenn sie jemals das finden würden, wonach sie suchten, würde es mir schlecht ergehen. Alavedras und mein Name standen auf ihrer Verdächtigenliste ganz obenan, und durch einen Franzosen, der nur so tat, als ob er ein Nazifreund sei, erfuhr ich, daß uns Gefangennahme als Geiseln und Erschießung drohten.

Immer gewärtigte ich, verhaftet zu werden. Aber vielleicht fürchteten die Nazis, eine solche Aktion würde zuviel Staub aufwirbeln. Sie wußten, wie viele Freunde ich in verschiedenen Ländern hatte. Kurz nach der Besetzung Prades durch die Nazis hatte eine Gruppe prominenter Musiker, darunter Toscanini, Ormandy und andere, eine Petition an die deutsche Regierung gerichtet mit der Bitte, mich aus Frankreich ausreisen zu lassen und mir freies Geleit nach Portugal zu gewähren. Auch nehme ich an, daß es selbst in Nazi-Deutschland einflußreiche Persönlichkeiten gab, die sich immer noch als Musikfreunde fühlten.

Obwohl ich in Freiheit blieb – im Grunde hätte man von Hausarrest sprechen können –, wurde meine Existenz allmählich zum Kampf um das bloße Überleben. Ich meine das wörtlich. Schon vorher hatte es kaum genug zu essen gegeben, aber unter den Nazis wurde die Rationierung erst richtig wirksam. Ihren Günstlingen unter der Bevölkerung teilten sie Lebensmittel zu, und ob der Rest verhungerte, kümmerte sie wenig. In der Villa Colette lebten wir hauptsächlich von gekochten Rüben, Bohnen und anderen Gemüsen. Milch oder Fleisch galt schon als unerhörter Luxus. Wenn wir eine oder zwei Kartoffeln ergatterten, war das schon ein Anlaß zum Feiern. Wurden wir krank, dann fehlte es an Arznei. Ein anderes Problem war die Winterkälte. Wir hatten keine Kohle und kaum Holz. Jeden Tag machte ich mich auf und hinkte am Stock ums Haus, um gefallene Äste und Zweige aufzulesen. Meinen Mantel zog ich auch im Hause nicht mehr aus. Immer habe ich unter Kälte gelitten, und nun fing auch noch der Rheumatismus an, mich zu peinigen. Cellospielen fiel mir immer schwerer, obwohl ich nie aufgehört hatte zu üben. Ich fühlte mich die meiste Zeit erschöpft und krank.

Da ereignete sich im Sommer 1943 etwas, von dem ich nachträglich annehme, daß es mir entscheidend geholfen hat, die restlichen Kriegsjahre zu überstehen. Ich begann mit der Komposition meines Oratoriums *El Pessebre*, »Die Krippe«. Zweifellos hatte ich zu jener Zeit das innere Bedürfnis, etwas dieser Art in Angriff zu nehmen. Aber die Arbeit am Oratorium ergab sich, wie es so geht, ganz zufällig.

Eines Tages hörten Alavedra und ich von Freunden, daß ein Fest der katalanischen Sprache und Dichtung in Perpignan stattfinden werde. Für Originalbeiträge in katalanischer Sprache waren Preise ausgesetzt. Ohne mir etwas davon zu sagen, reichte Alavedra ein Gedicht ein, das er in einem Notizbuch bei der Flucht über die Pyrenäen noch aus Spanien mitgebracht hatte. Es war ein langes Gedicht, das er Jahre zuvor in Barcelona für seine fünfjährige Tochter Macía geschrieben hatte, übrigens auf ihren ausdrücklichen Wunsch, und zwar als Lied, das sie beide am Heiligen Abend vor der Krippe singen wollten, die sie zusammen aufgebaut hatten.

In Perpignan errang Alavedra mit seinem Gedicht den ersten Preis. Als ich es damals vorgetragen hörte, erschütterte mich seine Schönheit – es war so einfach und tiefsinnig zugleich wie die Weihnachtsgeschichte selbst. Sofort entschloß ich mich, es in Musik zu setzen. Ich sagte Alavedra kein Wort davon. Tags darauf begann ich mit der Komposition, an der ich im geheimen in meinem Zimmer arbeitete. Einen Monat später hatte Alavedra Namenstag – es war im Juni, der heilige Johannes war sein Namenspatron – und ich sagte ihm, nachdem ich ihn umarmt und ihm Glück gewünscht hatte, ich hätte eine Überraschung für ihn. Ich führte ihn ans Klavier und spielte ihm den ersten Entwurf meiner Komposition vor und sang die Worte seines Gedichtes dazu. Dann eröffnete ich ihm meinen Plan, das ganze Gedicht zu vertonen.

Die nächsten zwei Jahre arbeitete ich beharrlich an der Komposition. Es fiel mir nicht immer leicht, meinen Arbeitsplan durchzuhalten. Zu vieles lenkte mich ab, und manchmal war ich einfach zu hungrig und elend, um mich richtig auf die Musik konzentrieren zu können. Aber jeden Tag bemühte ich mich gleich morgens, wenn ich noch frisch war und eben mein Wohltemperiertes-Klavier-Pensum absolviert hatte, einige Stunden zu komponieren. Trotz der Entbehrungen und Zweifel und Sorgen, die uns alle bedrückten, gab mir die Arbeit neuen Auftrieb. Mitten in Krieg und Grausamkeit schrieb ich Musik, die vom Friedefürsten handelte, und wenn die Leiden des Menschen auch einen Teil dieser Geschichte ausmachten, so war doch auch von der Zeit die

Rede, da die lange Prüfung zu Ende gehen und dem Menschen zuletzt doch Glück zuteil werden würde.

Als Weihnachten näher kam, wollten meine Freunde und ich eine kleine Feier abhalten, auf der jener Teil des Oratoriums aufgeführt werden sollte, den ich gerade beendet hatte. Wir versammelten uns in meinem Zimmer um das Klavier und sangen den Part des Joseph und den der Fischer, das Lied des Taglöhners und des Pflügers, den Chor der drei Könige aus dem Morgenland und den Chor der Engel. Und unsere Stimmen vereinten sich zu der schmerzlichen Frage, die in den Chören der Kamele und Schäfer zum Ausdruck kam:

»Wie steil sind die Berge,
die wir überqueren ...
Wie lang währt die Reise
durch fremdes Land?
Wir sind so müde ...«

Eines Morgens saß ich in meinem Zimmer und schrieb an *El Pessebre,* als ich hörte, wie ein Auto vor meinem Haus vorfuhr. Drei deutsche Offiziere näherten sich, klopften an die Haustüre und fragten, ob ich drinnen sei. Ich fürchtete, meine Freunde könnten versuchen, mich zu verleugnen, und um sie nicht in Schwierigkeiten zu bringen, rief ich hinunter: »Schickt sie hoch!« Als ich ihre Fußtritte auf der Treppe hörte, dachte ich: »Vielleicht ist das der Augenblick, vor dem du dich so lange gefürchtet hast ...«

Als die Offiziere in mein Zimmer traten, schlugen sie die Hacken zusammen und grüßten mit dem Hitlergruß. Zwei von ihnen waren ziemlich jung, einer mittleren Alters. Sie trugen makellose Uniformen und glänzend gewichste Stiefel, waren groß und wohlgenährt und füllten mein kleines Zimmer ganz aus. Zu meiner Überraschung war ihr Betragen höflich, ja ehrerbietig.

Sie sagten: »Wir sind gekommen, um Sie unserer Hochachtung zu versichern. Wir sind große Bewunderer Ihrer Musik und haben von Casals und seinen Konzerten schon unsere Eltern erzählen hören. Wir wollten uns nur erkundigen, ob es Ihnen gutgeht und ob Sie irgend etwas brauchen; vielleicht mehr Kohlen oder mehr Lebensmittel?«

»Nein«, sagte ich, »meine Freunde und ich haben alles, was wir brauchen.« Ich war gespannt, worauf sie hinauswollten.

Sie schauten sich neugierig in meinem Zimmer um. Einer von ihnen – der älteste und offensichtlich ranghöchste – fragte: »Warum bleiben Sie in einem derart engen und schäbigen Quartier? Warum gehen Sie nicht nach Spanien zurück?«

Ich sagte: »Ich bin gegen Franco und gegen alles, was er repräsentiert. Gäbe es Freiheit in Spanien, würde ich gehen. Aber wenn ich jetzt dorthin ginge, müßte ich auch sagen, was ich denke. Und Leute, die sagen, was sie denken, erwartet in Spanien Gefängnis und Schlimmeres.«

»Aber sicher werden Sie doch nicht in diesem gottverlassenen Nest Ihre Tage zubringen wollen, wo niemand Ihre Musik hören kann.«

»Ich bin hier aus freien Stücken.«

Bald kamen sie auf den springenden Punkt zu sprechen und sagten: »Wie Sie wissen, sind Sie in Deutschland sehr beliebt. Jedermann kennt Sie und Ihr Spiel. Und wir sind hier, um Ihnen eine Einladung unserer Regierung zu übermitteln. Sie sind eingeladen, nach Deutschland zu kommen und für das deutsche Volk zu spielen.«

Ich sagte: »Ich fürchte, ich kann nicht.«

»Und warum nicht?«

»Weil ich zu einer Reise nach Deutschland genauso stehe wie zu einer Reise nach Spanien.«

Schweigen. Spannung lag in der Luft. Die Offiziere wechselten Blicke, und ich spürte, wie sie sich nur mühsam beherrschten.

Dann sagte ihr Sprecher: »Sie haben von Deutschland ganz falsche Vorstellungen. Dem Führer liegen Künste und Künstler sehr am Herzen. Musik liebt er besonders. Wenn Sie nach Berlin kommen, wird er selbst Ihrem Konzert beiwohnen. Alle werden wir Sie willkommen heißen. Außerdem sind wir bevollmächtigt, Ihnen mitzuteilen, daß ein Sonderzug-Waggon zu Ihrer Verfügung steht.«

Einen Augenblick lang wirkten die drei nicht mehr bedrohlich auf mich, sondern nur noch lächerlich. Die Idee, daß ein Sonder-Waggon meine Entschlüsse beeinflussen könnte, war so plump, so kindisch! Ich sagte: »Nein, unter keinen Umständen werde ich von hier weggehen. Sehen Sie, ich habe mir neulich einen üblen Rheumatismus geholt; gegenwärtig kommt Konzertieren für mich überhaupt nicht in Frage.«

Nach einer Weile gaben sie es auf, mich überreden zu wollen.

Ihr Anführer bat mich um eine Fotografie mit eigenhändiger Unterschrift. Ich schloß daraus, daß er etwas in der Hand haben wollte, woraus hervorging, daß er auch wirklich hier gewesen war, und entsprach seinem Verlangen.

»Und da wir gerade da sind«, fügte er hinzu, »würden Sie uns vielleicht einen persönlichen Gefallen erweisen? Würden Sie etwas Brahms oder Bach für uns spielen?« Ich hatte das merkwürdige Gefühl, dieser Nazioffizier wollte mich wirklich spielen hören.

Ich sagte ihm, meine rheumatische Schulter erlaube es mir nicht, zu spielen.

Er setzte sich ans Klavier und spielte ein paar Takte aus einer Bachschen Arie. Als er geendet hatte, sagte er: »Dürfen wir Ihr Cello sehen?«

Ich nahm mein Cello aus dem Kasten und legte es auf mein Bett.

Sie starrten es an. »Und darauf haben Sie damals in Deutschland gespielt?«

Ich bejahte.

Einer von ihnen hob es hoch, die anderen berührten es. Und plötzlich wurde mir sterbensschlecht ...

Endlich gingen sie. Aber als sie zu ihrem Wagen gekommen waren, fuhren sie nicht los, sondern blieben noch einige Minuten sitzen, stiegen dann wieder aus und näherten sich wieder meinem Haus. Ich ging an die Tür, um zu erkunden, was sie jetzt noch wollten. Sie baten mich, stehenzubleiben, wo ich gerade stand, und machten ein paar Fotos. Sie wollten wohl einen zusätzlichen Beweis für ihr Hiersein haben. Dann erst fuhren sie weg.

Nach der Landung der Alliierten in der Normandie im Sommer 1944 stieg die Spannung in Prades von Tag zu Tag. Der Maquis verstärkte die Guerilla-Tätigkeit auf dem Lande ringsum, und die Deutschen ergriffen harte Vergeltungsmaßnahmen gegen jeden, den sie verdächtigten, die Partisanen zu unterstützen. Kaum ein Tag verging, ohne daß man von neuen Verhaftungen und Geiselerschießungen hörte. Eines Tages kam ein junger Mann, der mit der Tochter eines meiner Freunde verlobt war, heimlich zu mir. Er gehörte der Vichy-Miliz an, war erst siebzehn Jahre alt und der Miliz nur beigetreten, um nicht nach Deutschland zur Zwangsarbeit verschickt zu werden. Er war schrecklich aufgeregt.

Sein Vorgesetzter habe durchblicken lassen, sagte er, daß jeden Tag mit einer Razzia in Prades gerechnet werden müsse. Ich sei unter denen, die verhaftet werden sollten. »Wir werden diesem Casals eine Lektion erteilen«, habe der Chef gesagt, »wir werden ihm zeigen, was es heißt, gegen uns zu sein.«

Der junge Mann hatte den Mut gehabt, zu meinen Gunsten zu sprechen und seinem Chef zu sagen: »Casals ist ein Musiker, kein Politiker. Wenn Sie ihm etwas antun, werden Ihnen die Leute das nie vergessen.« Er meinte, sein Protest habe gewirkt, aber sicher war er auch nicht. Er bat mich, ich solle mich möglichst verstecken.

Ich dankte ihm für seine Warnung und tat mein Bestes, ihn wieder zu beruhigen.

Bald darauf trieben die Dinge ihrem Höhepunkt zu. Die Nazis brannten im Rahmen ihrer bestialischen Repressalien ein Nachbardorf nieder und erschossen viele Einwohner. Einige Tage später drang eine Maquis-Einheit nachts in Prades ein und griff das Gestapo-Hauptquartier an. Die Partisanen töteten zwei Offiziere und verwundeten eine Anzahl Soldaten. Nun war jedermann darauf gefaßt, daß die Nazis schärfste Maßnahmen in Prades ergreifen würden. Das ganze Städtchen war vor Schreck wie gelähmt. Die Leute wagten es nicht mehr, auf die Straße zu gehen. Alavedra und ich rechneten stündlich mit unserer Verhaftung.

Und dann passierte etwas Außerordentliches – es war eines jener unvorhersehbaren Ereignisse, die manchmal das Los der Menschen bestimmen. Der Bürgermeister von Prades, ein pensionierter Offizier, suchte den deutschen General in Perpignan auf, der den Befehl über die ganze Gegend hatte, und sagte ihm, er persönlich übernehme die volle Verantwortung für den Angriff auf Prades und stelle sich hiermit selbst zur Verfügung. Der General war offensichtlich von dieser Haltung beeindruckt. Zu jedermanns Erstaunen wurde der Bürgermeister nicht verhaftet, und gegen die Bevölkerung von Prades wurde in keiner Weise vorgegangen. Einige Monate später, als die Deutschen Prades räumten, wurde eben dieser Bürgermeister als Kollaborateur verhaftet und zu einer langen Gefängnisstrafe verurteilt. Es geht schon wunderlich zu im Kriege!

Der junge Milizsoldat, der sich für mich verwendet hatte, wurde nach der Befreiung von Prades ebenfalls verhaftet und der Kollaboration angeklagt. Als ich hörte, daß es zum Prozeß kommen werde, schrieb ich dem Gerichtspräsidenten, ich wolle als Zeuge der Verteidigung aussagen. Man lud mich in Perpignan vor. Drei weitere junge Männer waren ebenfalls der Kollaboration angeklagt; ich saß mit ihnen auf derselben Bank im Gerichtssaal. Der Gedanke, daß diese jungen Männer Todesurteile zu gewärtigen hatten, war mir schrecklich. Und in der Tat, alle drei wurden zum Tode verurteilt. Nur der junge Mann, für den ich aussagte, kam mit dreißig Jahren Gefängnis davon. Nach einigen Jahren wurde er begnadigt und besuchte mich. »Ich verdanke Ihnen mein Leben«, sagte er, und ich antwortete: »Ich habe nur eine Schuld beglichen, denn ich verdanke es sehr wahrscheinlich Ihnen, daß ich noch am Leben bin.«

Und so wurden zwei Leben gerettet – denkt man an die zehn Millionen, die umgekommen sind, ist das ein schwacher Trost.

# RÜCKKEHR NACH PRADES

Ich hatte lange Zeit meines Lebens im Krieg verbracht – fast zehn Jahre war es her, daß der Spanische Bürgerkrieg ausgebrochen war –, und als in Europa wieder Friede war, glaubte man zuerst zu träumen. Natürlich herrschte überall in Frankreich Jubel. Die Menschen waren nach der Befreiung wie trunken vor Siegesfreude. Und wie hatte sich über Nacht auch meine Situation gewandelt. Alle, so schien es, überboten sich jetzt in Hilfsbereitschaft. Meine Tage waren mit Interviews, Empfängen, der Entgegennahme von Ehrungen aller Art und üppigen Banketten völlig ausgefüllt. Manchmal dachte ich bei den Banketten: »Was hättest du noch vor ein paar Monaten für eines der angebissenen Brötchen gegeben, die man hier liegenläßt.« Ich bewegte mich unter Scharen von Gratulanten, und wo ich hinkam, wehte die katalanische Flagge. Die französische Regierung verlieh mir das Kreuz eines Groß-Offiziers der Ehrenlegion, von einer Anzahl französischer Städte wurde ich zum Ehrenbürger ernannt – eine dieser Städte war Perpignan –, und man feierte mich mit großen Schlagzeilen in derselben Zeitung, die mich einst als Schurken und Mörder hingestellt hatte, als ich die Glocke in der Abtei Saint Michel de Cuxa läutete.

Aber sosehr mich diese großzügigen Aufmerksamkeiten und Beweise der Zuneigung auch freuten, war ich doch mit anderem beschäftigt. Meine exilierten Landsleute, die aus den Konzentrationslagern entlassen worden waren oder eben von der Zwangsarbeit in Deutschland zurückkehrten, waren in einer verzweifelten Notlage. Die meisten mittellos, viele krank, verkrüppelt oder halb verhungert. Auch Tausende von Franzosen fanden sich in einer ähnlich schrecklichen

Lage, hatten Haus und Hof verloren und waren auf fremde Hilfe angewiesen. Vieles blieb da zu tun, und ich gab Wohltätigkeitskonzerte für die spanische Flüchtlingshilfe, für das Rote Kreuz und andere Vereinigungen. Ich besuchte die Heime, die man in französischen Städten für spanische Waisenkinder eingerichtet hatte. Im Leben jeder dieser kleinen Gestalten hatte sich eine Tragödie abgespielt; wer ihnen in die kummervollen Augen sah, konnte sich nicht mehr damit trösten, daß er ja selber noch einmal davongekommen war. Auch der Gedanke an die überfüllten Gefängnisse in meiner Heimat verfolgte mich. Millionen hatten gekämpft und waren gestorben, damit der Faschismus besiegt werden konnte. Und nun wollte ich vor allem mein eigenes Volk von der faschistischen Tyrannei befreit sehen.

Im Juni 1945 wurde ich nach England eingeladen. Es war eine Ewigkeit her, daß ich nicht mehr dort gewesen war, und man kann sich vorstellen, wie sehr ich mich darauf freute, meine alten Freunde wiederzusehen. Als ich meine Flugkarte im französischen Büro der British Airways bezahlen wollte, sagte man mir: »Bezahlen? – Das kommt nicht in Frage, Sie sind unser Gast!« Auf dem Londoner Flugplatz wies ich mein Gepäck bei der Zollkontrolle vor, aber die Beamten schüttelten lächelnd den Kopf. Niemand rührte meine Sachen auch nur an.

Natürlich hatte ich von den schrecklichen deutschen Luftangriffen auf London gehört, aber was ich jetzt an Verwüstung sah, brachte mich außer Fassung: die verlassenen Ruinen, die großen Bombenkrater, die Schutthaufen – alles gespenstische Erinnerungen an die Bombardements, die ich selbst in Barcelona miterlebt hatte. Aber auch hier in England hatte sich abermals erwiesen: Kein noch so fürchterliches Bombardement kann den Geist des Menschen auslöschen. Wenn man mit Engländern sprach, gaben sie nie zu erkennen, welche Prüfungen sie durchgemacht und lebend überstanden hatten. Opfer und Leiden? Davon sprach man nicht. Alles schien Optimismus und Heiterkeit auszustrahlen, und nicht nur, weil man einen großen Sieg errungen hatte, sondern weil, wie jedermann weiß, ein solches Volk nicht überwältigt werden kann.

In einem Interview mit den London Philharmonic News veröffentlichte ich eine Grußbotschaft an das britische Volk, in dem ich es meiner Zuneigung und meines Respektes versicherte. Ich berichtete, wie diejenigen unter uns, die in von Nazis besetzten Gebieten leben mußten, jedes Wort verschlungen hatten, das von der BBC ausgestrahlt wurde, und wie für uns damals London die Hauptstadt der Freiheit gewesen war. »Heute«, so fügte ich hinzu, »ist es die Hauptstadt der Hoffnung.« Noch etwas lag mir am Herzen, dem ich Ausdruck geben wollte: die großartige Haltung der britischen Musiker während des Krieges. An die Mitglieder des London Philharmonic Orchestra richtete ich die Worte:

»Von meinem kleinen Zufluchtsort in den Pyrenäen aus habe ich stündlich verfolgt, welche Prüfungen Ihr großes Land hat erdulden müssen; aber nicht weniger wichtig als die Taten Ihrer politischen und militärischen Führer schienen mir die zahllosen Leistungen zu sein, die Ihr hervorragendes Orchester und seine Solisten vollbracht haben. Ich weiß, daß Sie unter Beschuß von Stadt zu Stadt gereist sind, um die Sache der großen Musik am Leben zu halten, und ich weiß auch, wie viele Millionen neuer Hörer Sie für die Werke der großen Meister während dieser harten Jahre hinzugewonnen haben.«

Ich konzertierte in einer Reihe von englischen Städten. Das denkwürdigste dieser Konzerte war vielleicht das in der Albert Hall. Das letzte Mal hatte ich 1939 mit einem Orchester bei den Luzerner Festwochen zusammen gespielt. Damals war Sir Adrian Boult der Dirigent; jetzt, sechs Jahre später, dirigierte er wieder. Tausende bevölkerten den Konzertsaal, und fast noch mehr Musikfreunde schienen keine Plätze mehr bekommen zu haben. Ich spielte das Schumann- und das Elgar-Konzert und als Zugabe eine der Bachschen Solosuiten. Als ich nach dem Konzert wegfuhr, mußte die Polizei meinem Wagen den Weg bahnen, so dicht gedrängt standen die Menschen auf der Straße. Ich wurde nicht ungeduldig – noch stundenlang hätte ich unter diesen strahlenden Gesichtern verweilen mögen.

Vor allem aber hat mich eine unvergeßliche Begebenheit dieses gloriosen Abends bewegt. Ein älterer Mann mit weißem Bart und wallender Pelerine erwartete mich nach dem Konzert am Bühneneingang. »Kennen Sie mich noch?« fragte er. Es war niemand anders als mein alter Freund Agustín Rubio, der Cellist, dem ich vor fast sechzig Jahren begegnet war, als ich als elfjähriger Junge im Café Tost in

Barcelona spielte. »Ja, ja«, sagte er, »in jener Nacht sagte ich zu Albéniz, wir werden es noch erleben, daß der Kleine Furore macht.«

Einige Tage nach dem Konzert in der Albert Hall wurde ich eingeladen, in einem BBC-Studio zu spielen und eine Botschaft an meine Landsleute in Katalonien zu richten. Als ich mein Spiel beendet hatte und auf das Mikrophon zuging, versagte mir die Stimme – es war zuviel für mich. Ich zündete mir eine Pfeife an, und das half mir die Sprache wiedergewinnen. »Liebe Landsleute«, sagte ich, »all meine Gedanken sind bei Ihnen, ob Sie nun im Exil leben oder noch in Ihrer geliebten Heimat weilen. Ich bin hierhergekommen aus meiner Klause im Schatten des Mont Canigou jenseits der Pyrenäen. Ich möchte zuerst meinen großherzigen britischen Gastgebern danken, daß sie mit solchem Heldenmut den Schrecken des Krieges getrotzt haben. Alle, denen Recht und Freiheit am Herzen liegt, schulden ihnen Dank. Nun sind unsere Augen abermals auf sie gerichtet; wir erhoffen von ihnen die Sicherung des Friedens und die moralische Wiedergeburt Europas.«

Ich schloß die Ansprache an meine Landsleute mit den Worten: »Und wenn nun unser altes Lied *El Cant del Ocells* erklingt, möchte ich damit unser aller Liebe zu unserem Land Ausdruck verleihen. Das stolze Gefühl, Söhne Kataloniens zu sein, das uns alle verbindet, muß uns nun wie ein Mann auf eine friedliche Zukunft hinarbeiten lassen – auf den Tag, da Katalonien wieder Katalonien sein wird. Wir sind Brüder, geeint im Glauben an unsere Heimat.«

Dann spielte ich den »Gesang der Vögel«, jenes sehnsüchtige katalanische Volkslied, mit dem ich seither alle meine Konzerte beschließe.

Nach meiner Rückkehr nach Prades rief mir eine Begegnung plötzlich die dunkelsten Tage der Kriegsjahre ins Gedächtnis. Ich war in meinem Häuschen, als es eines Morgens an die Tür klopfte. Ich öffnete. Draußen stand – Alfred Cortot ...

Sein Anblick gab mir einen Stich durchs Herz. Die leidvolle Vergangenheit war plötzlich wieder da, als ob alles erst gestern geschehen wäre. Wir standen und schauten uns schweigend an. Dann ließ ich ihn ein.

Er begann stockend zu reden, ohne die Augen zu heben. Er war sehr alt geworden und sah sehr müde aus. Zuerst machte er einen halbherzigen Versuch, sich herauszureden, aber ich schnitt ihm das Wort ab.

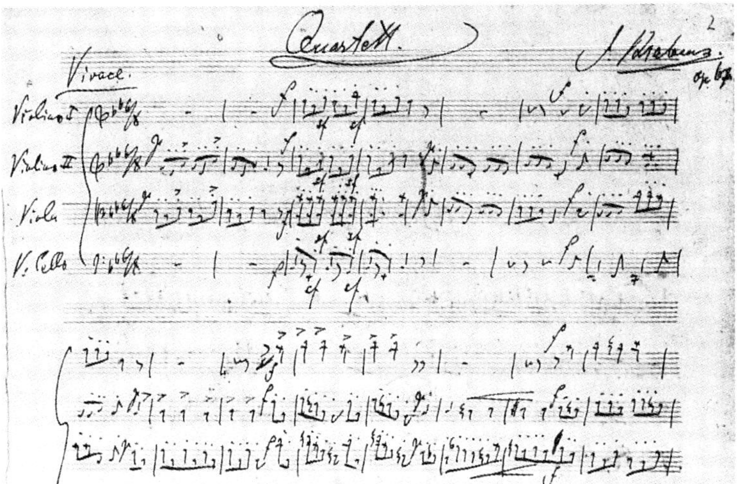


Im Besitz von Pablo Casals: links Beethovens erste Notiz für den Beginn der Neunten Symphonie. Unten: Streichquartett Nr 3 B-Dur, op. 67 von Brahms, Originalhandschrift der Partitur

Da brach es aus ihm heraus: »Es ist wahr, Pablo. Was man sagt, ist wahr: Ich war ein Kollaborateur. Ich habe für die Deutschen gearbeitet. Und ich schäme mich dessen, ich schäme mich entsetzlich. Ich bin gekommen, um dich um Vergebung zu bitten ...« Er konnte nicht weitersprechen.

Auch ich fand nur mühsam Worte. Ich sagte ihm: »Ich bin froh, daß du die Wahrheit sagst. Gerade darum verzeihe ich dir. Hier meine Hand.«

Im Oktober kehrte ich zu einer weiteren Tournee nach England zurück. Der Reinerlös sollte den Witwen und Waisen jener tapferen Flieger der Royal Air Force zugute kommen, die im Kriege ihr Leben hatten lassen müssen. Es war ein schwaches Zeichen meines Dankes, den ich diesem noblen Lande schulde.

Seit dem Zusammenbruch Deutschlands waren noch nicht sechs Monate vergangen, und doch hatte man, nach den Erfahrungen in diesem kurzen Zeitraum, allen Grund, für die Nachkriegszeit das Schlimmste zu befürchten. Die Atombomben, die in Hiroshima und Nagasaki Hunderttausende menschlicher Wesen blitzartig vernichtet hatten, warfen ihre Schatten auf die Zukunft der ganzen Menschheit. Welch ungeheuerliche Ironie des Schicksals! Im selben Augenblick, da er eben die faschistische Bedrohung unserer Zivilisation abgewandt hatte, schmiedete sich der Mensch eine Waffe, welche die ganze menschliche Zivilisation auszulöschen drohte.

Auch andere Entwicklungen verfolgte ich mit steigender Unruhe, als ich in jenem Sommer England bereiste. Die ganzen dunklen Kriegsjahre hindurch hatte ich den Tag herbeigesehnt, da der Sieg das Ende des Faschismus und die Befreiung der durch ihn versklavten Nationen mit sich bringen würde. Aber nun schienen mächtige Kräfte am Werk zu sein, um die Erreichung des Zieles, das die Vereinten Nationen sich gesteckt hatten, zu blockieren. Obwohl Hitler und Mussolini gestürzt waren, blieb die faschistische Diktatur, die sie begünstigt hatten, in Spanien am Ruder. Noch Schlimmeres kündigte sich an: Nun machte man versöhnliche Gesten gegenüber dem Franco-Regime. Prominente Persönlichkeiten äußerten sich anerkennend über Franco; Zeitungsartikel priesen seine sogenannten Errungenschaften. »War das zu fassen?« sagte ich mir, »daß das spanische Volk, dasselbe Volk, das als erstes gegen den Faschismus zu den Waffen gegriffen hatte, nun dazu verdammt sein sollte, weiterhin unter faschistischer Herrschaft zu leben? Und was sollte mit den Hunderttausenden Spanienflüchtlingen geschehen, die alle, einschließlich derjenigen, die an der Seite der Alliierten gewesen waren, geglaubt hatten, ein Sieg der Alliierten bedeute die Rückkehr Spaniens zur Demokratie? Sollten sie alle dazu verurteilt sein, auf unabsehbare Zeit im Exil zu leben?« Schon der Gedanke an einen solchen Verrat wollte mir nicht in den Kopf, aber die Tatsachen sprachen eine andere Sprache. Regierungsvertreter und andere einflußreiche Persönlichkeiten in England suchten mich zu beruhigen. Ich müsse verstehen, sagten sie, Diplomatie sei nun einmal eine verwickelte Angelegenheit, ich solle Geduld bewahren und den Dingen ihren Lauf lassen. Ratschläge dieser Art waren es, die mich erst recht das Schlimmste befürchten ließen.

Um mich vollends mit dem Los und dem Kampf meiner leidenden Landsleute zu identifizieren, beschloß ich, in diesen entscheidenden Zeiten zu handeln und eindeutig Stellung zu beziehen gegen jede Entspannungspolitik gegenüber Franco. Wie hätte ich weiterhin mich in Konzerten feiern lassen und Auszeichnungen annehmen können, solange mein Volk in solchem Elend schmachtete? Als man mich einlud, an den Universitäten Oxford und Cambridge Ehrendiplome in Empfang zu nehmen, antwortete ich, ich könne, solange diese Politik gegenüber Spanien anhalte, Ehren dieser Art nicht mehr annehmen. Ich kündigte an, daß ich alle künftigen Konzerte in England absagen und nur noch ein letztes Mal im November in Liverpool spielen werde. Es tat mir von Herzen leid, so handeln zu müssen, aber unter diesen Umständen durfte es keinen Kompromiß geben.

Freunde versuchten, mich dazu zu überreden, meine Entscheidung noch einmal zu durchdenken oder sie zumindest noch hinauszuschieben. Die wunderbare Pianistin Dame Myra Hess, mit der zusammen ich auf meiner Englandtournee mehrere Konzerte bestritten hatte, drängte mich, eine Unterredung mit dem Sekretär König Georgs VI. zu führen, und vermittelte einen Termin. Die Begegnung fand im Buckingham-Palast statt. Ich erklärte dem Sekretär, England und die anderen Mitglieder der Vereinten Nationen seien moralisch verpflichtet, dafür zu sorgen, daß in Spanien die Demokratie wiederhergestellt werde, und ich erinnerte ihn an die katastrophale Rolle des Nichteinmischungspaktes, der es Franco erst ermöglicht habe, die Spanische Republik zu stürzen. Der Sekretär hörte mir aufmerksam und respektvoll zu und versicherte mir, er werde meine Ansichten an den König weiterleiten. Im stillen wußte ich: Es war alles umsonst.

Als ich wieder zurück nach Paris fuhr, erreichte mich ein Telegramm von Sir Stafford Cripps, der damals eines der prominenten Mitglieder der Labour-Regierung war. Er lud mich zu einer Unterredung ein, aber ich war viel zu verzweifelt und enttäuscht, um weiter diskutieren zu können. »Wir würden aneinander vorbeireden«, antwortete ich, »wir würden verschiedene Sprachen sprechen. Sie würden von Politik sprechen, ich aber von Prinzipien.«

In Frankreich gab ich weitere Wohltätigkeitskonzerte. Ich hoffte wider besseres Wissen immer noch, die eine oder andere Regierung würde ihr Wort einlösen, das sie dem spanischen Volke verpfändet hatte. Aber leider wurde es immer klarer, daß ihre Politik gegenüber Spanien nur noch von der politischen Opportunität diktiert wurde anstatt von dem menschheitlichen Moralkodex der Vereinten Nationen. Und nach kurzer Zeit kündigte ich an, ich würde nicht mehr öffentlich spielen, ehe die Demokratien ihre Haltung Spanien gegenüber nicht änderten.

Ich zog mich nach Prades zurück. Und so kam es, daß ich nun zum zweiten Male ins Exil ging. Leicht ist es mir bestimmt nicht gefallen, und ich wußte wohl, daß in einer Welt, in welcher der Zynismus weithin tonangebend war, mein Handeln den politischen Kurs der Staaten kaum beeinflussen würde – schließlich war es ja nur die Handlung eines einzelnen. Aber wie hätte ich anders handeln können? Man muß sich treu bleiben.

Wenn ich mich auch aus eigenem Antrieb und unter Protest nach Prades zurückzog und mich als Künstler sozusagen selbst isolierte, war ich doch in den folgenden Jahren nie ganz allein. So wie unter der deutschen Besetzung Frankreichs war es natürlich nicht mehr. Damals war ich von der Welt völlig abgeschnitten gewesen, jetzt blieb ich in enger Verbindung mit ihr. Zwar hatte ich mein Instrument auf dem Konzertpodium verstummen lassen, aber nicht nur mein Cello leistete mir weiterhin Gesellschaft, sondern auch gute Freunde, die mich in Prades besuchten, und andere, die mir aus anderen Ländern schrieben.

Viele dieser Briefschreiber habe ich selbst nie kennengelernt. Oft lagen weite Entfernungen zwischen uns, und doch fühlte ich, wie wir über die Meere hinweg in Verbindung blieben und uns umarmten.

Und welch herzerwärmenden Beistand ließen sie mir zuteil werden! Mein 70. Geburtstag im Winter 1946 führte mir all das auf unvergeßliche Weise vor Augen. An jenem Tag strömten aus allen Teilen der Welt Botschaften in das kleine Prades – Briefe, Postkarten, Telegramme, Benachrichtigungen aller Art aus Japan, Palästina, den Vereinigten Staaten, der Tschechoslowakei, Afrika. Hunderte, Tausende von Grußschreiben! Sie stammten von Künstlern und Gewerkschaftern, Schriftstellern und Gelehrten, Männern der Kirche, von Spanienflüchtlingen und ehemaligen Angehörigen der Abraham-Lincoln-Brigade. Unter den Grüßen aus der Sowjetunion war ein schönes Telegramm, das Prokoffiew, Schostakowitsch, Khachaturian und andere sowjetische Komponisten und ausübende Musiker unterzeichnet hatten. In Mexiko und in anderen Staaten spielten die Radiostationen, wie man mir sagte, den ganzen Tag Aufnahmen von mir.

Abends hörte ich dann in meinem kleinen Heim in Prades ein Konzert, das von englischen Freunden bestritten und von der BBC ausgestrahlt wurde. Zu Beginn verlas Sir Adrian Boult eine Grußbotschaft, worin er sich, wie er sagte, zum Sprecher von Tausenden von Musikern und Musikliebhabern in diesem Lande machte. Er sprach von unserer Freundschaft, die vor mehr als einem Vierteljahrhundert begonnen hatte, als er noch ein junger Mann war und ein Konzert in Liverpool dirigierte, worin ich das Schumann-Konzert spielte; und er erzählte, wie er später nach Barcelona gegangen sei, um meine Dirigiermethode zu studieren. Er sprach von meinen vielen Konzerten in England seit der Jahrhundertwende, und seine kleine Ansprache wirkte so intim, als ob er neben mir in meinem Zimmer gesessen und sich mit mir unterhalten hätte. »Maestro«, sagte er, »wir sind hier mit vielen Freunden zusammen im Studio, darunter fünfzig Cellisten. Wie sehr wünschten wir, Sie wären bei uns. Auch hoffen wir, Sie besuchen uns bald wieder einmal. Daß Sie im Geiste bei uns sind, wissen wir ja. Wir spielen jetzt unter der Leitung Ihres alten Freundes John Barbirolli ein kurzes Programm – Musik, die unsere guten Wünsche und Gedanken nach Prades tragen soll.«

Dann dirigierte Barbirolli die fünfzig Cellisten, die ein Stück spielten, das ich 1927 für die Studenten der London Violoncello School komponiert hatte: eine Sardana, die Musik war von den Fiestas inspiriert worden, die ich als Kind in Vendrell miterlebt hatte, mit ihren *grallas*-Klängen und den Liedern der Dorfbewohner.

Tags darauf schrieb ich einen Brief an die Times, in dem es hieß:

»Seit meiner Jugend, als ich die Ehre hatte, vor Königin Victoria zu spielen, sind mir manche bewegende Beweise der Zuneigung von seiten des britischen Publikums zuteil geworden. Ich rechne sie zu den kostbarsten Auszeichnungen in meinem Künstlerleben. Nun sind aus Anlaß meines siebzigsten Geburtstages die Beweise der Verbundenheit, die mich aus allen Teilen Ihres Landes hier in meinem Exil erreicht haben, so zahlreich, daß ich die Times bitten muß, mir in ihren Zeilen Raum zu gewähren für den Ausdruck meiner tiefsten Dankbarkeit gegenüber allen.

Das Leben eines Künstlers ist von seinen Idealen nicht zu trennen. Ich hoffe, daß die Umstände es mir bald ermöglichen werden, wieder nach England zu kommen, um persönlich all die Zuneigung, die ich für das britische Volk hege, zum Ausdruck bringen zu können.«

Nach Prades zurückgekehrt, erhielt ich in den darauffolgenden Monaten viele Schreiben aus England, den Vereinigten Staaten und anderen Ländern, in denen ich beschworen wurde, mein Abtreten vom Konzertpodium doch noch einmal zu überdenken. Die Leute, die mir das schrieben, hatten natürlich die besten Absichten, und viele sagten, meine Musik könnte mehr zur Verwirklichung der von mir angestrebten Ziele beitragen als mein Stillschweigen. Besonders aus den Vereinigten Staaten erhielt ich großzügige Angebote, in denen ich eingeladen wurde, so viel oder so wenig Konzerte zu geben, wie ich wollte, und unter allen Bedingungen, die ich nur nennen wollte. Ein besonders bewegendes Schreiben stammte von einer Gruppe hervorragender Intellektueller, an ihrer Spitze Albert Einstein, die mich drängten, mich in Amerika niederzulassen. Die Regierung der Vereinigten Staaten erbot sich, mir einen Spezial-Paß auszustellen. Aber auf all diese Schreiben antwortete ich, sosehr ich auch den Geist, in dem sie gehalten seien, zu würdigen wisse, hielte ich es doch für meine Pflicht, in Prades zu bleiben.

Im Sommer 1947 besuchte mich der Geiger Alexander Schneider auf ein paar Tage. Wir fanden sofort Gefallen aneinander. Besonders sein lebhafter Humor und seine leidenschaftliche Begeisterungsfähigkeit nahmen mich für ihn ein – manchmal stand sein Haarbusch beim Reden so zu Berge, daß ich das Gefühl hatte, gleich müsse Schneider wegfliegen, sein Körper halte ihn nur noch mühsam am Boden bei all der Energie, die in ihm steckte. Unser Zusammentreffen erwies sich als der Anfang einer wertvollen Freundschaft und einer der fruchtbarsten Arbeitsgemeinschaften meiner ganzen Laufbahn. Schneider – oder Sascha, wie ihn seine Freunde nennen – ist nicht nur ein brillanter Musiker, dessen Name jahrelang mit dem glänzenden Budapester Streichquartett verknüpft war, er ist auch ein bemerkenswert geschickter Organisator und Initiator von musikalischen Projekten aller Art. Sein Kopf steckt voller Ideen. Ich bin sicher, er hätte auf allen Gebieten es zu etwas gebracht, beim Theater, in der Politik, im Gesellschaftsleben, überall. In einer unserer ersten Unterhaltungen drang Sascha in mich, ich solle in die Vereinigten Staaten kommen und eine Reihe Konzerte geben. Das Honorar, das er vorschlug, war astronomisch. Ich sagte ihm: »Aber das ist doch keine Frage des Geldes. Es ist allein eine Frage der Moral.« Das verstand er natürlich.

Einige Zeit nach seiner Rückkehr nach Amerika sandte mir Schneider ein wundervolles Geschenk, das er selbst und einige Kollegen für mich ausgesucht hatten. Es war eine fünfundvierzigbändige Gesamtausgabe der Bachschen Werke, die Reproduktion der originalen Ausgabe der Bach-Gesellschaft, mit einer herzlichen Widmung an mich versehen. Unterzeichnet hatten sie Toscanini, Kussewitzky, Stokowski, Paul Hindemith, Schnabel, Schneider, Artur Rubinstein und noch weitere fünfzig Musiker von Rang und Namen.

Nicht lange danach schrieb mir Schneider, er habe mit meinem alten Freunde Horszowski gesprochen, und Horszowski habe ihm einen Gedanken nahegelegt, den er, Schneider, sehr aufregend gefunden habe. Horszowski hatte ein Bach-Fest vorgeschlagen, das unter meiner Leitung in Prades stattfinden sollte. Natürlich stünde das zu meinem Protest und meinem Rückzug nach Prades in keinerlei Widerspruch, meinte Sascha. Die Einkünfte könnten an das Krankenhaus in Perpignan abgeführt werden, wo noch viele Spanienflüchtlinge gepflegt würden, oder an irgendeinen anderen Empfänger, der mir genehm sein würde. Ob ich willens wäre, ein solches Festspiel ins Auge zu fassen, wollte Sascha wissen, und mit diesem Brief schlug die Geburtsstunde des nachmaligen Prades-Festes.

Zunächst zögerte ich zuzustimmen. Ich schrieb Schneider, manche Leute würden meine Mitwirkung an einem solchen Fest zu Mißdeutungen benutzen. Sascha erwiderte: »Sie können Ihre Kunst nicht zu dauerndem Stillschweigen verdammen. Wenn Sie schon nicht öffentlich in anderen Ländern spielen wollen, warum lassen Sie dann nicht Ihre Musikerkollegen aus aller Welt zu Ihnen nach Prades kommen und musizieren dort mit ihnen? Ihr Protest behält dabei seine Deutlichkeit.« Schneider fügte hinzu, 1950 sei Bachs 200. Todestag, und das wäre ein idealer Zeitpunkt für den Beginn des Unternehmens. Meine Zweifel legten sich, und ich gab meine Zustimmung zum Fest. Besonders befriedigte mich der Gedanke, daß damit neue Geldquellen meinen Landsleuten zugute kämen, von denen sich noch viele in einer verzweifelten Notlage befanden.

Das Bach-Fest fand im Juni 1950 in Prades statt. Sascha überwachte alle Vorbereitungen und war auf meine Bitte auch der Konzertmeister. Er stellte das ganze Orchester auf die Beine und brachte die Geiger Joseph Szigeti und Isaac Stern, die Pianisten Horszowski, Rudolf Serkin und Eugène Istomin dazu, als Solisten mitzuwirken. Das Programm erstreckte sich über drei Wochen und enthielt alle sechs Brandenburgischen Konzerte, die sechs Suiten für Cello allein und auch Violin- und Klavierkonzerte. Die Konzerte wurden in der aus dem 14. Jahrhundert stammenden Kirche St. Pierre gegenüber dem Marktplatz abgehalten.

Welche Aufregung in Prades, als der Eröffnungstag näherrückte! Das ganze Dorf war nicht wiederzuerkennen. Die Straßen waren mit Girlanden, Fahnen, Wimpeln und Plakaten geschmückt, und überall wehten die katalanischen Fahnen. Oft hat es mich gewundert, wie es einem so winzigen Städtchen und den Nachbardörfern möglich war, die fünfzig Mitwirkenden und die Hunderte von Besuchern unterzubringen, die aus Frankreich und aus der ganzen Welt hierher strömten, um die Konzerte zu hören. Einige seien sogar aus China angereist, erzählte man mir. »Heute«, sagte ein Ladenbesitzer, »heute ist Prades die musikalische Hauptstadt der Welt.«

Kurz vor meinem ersten Konzert fragte mich einer der Festspielorganisatoren, ob ich vor einer Gruppe von Katalanen eine kleine Ansprache halten wollte. Ich dachte zuerst, er meine Flüchtlinge, aber nein, es seien Männer und Frauen, die aus Spanien gekommen seien.

»Aber wie ist das möglich?« fragte ich. »Wie ich höre, hat das Franco-Regime es spanischen Bürgern verboten, über die Grenze zu gehen und den Konzerten beizuwohnen.«

»Sie sind trotzdem gekommen«, sagte er, »heimlich, zu Fuß über die Pyrenäen.«

Dieser Gruppe von Katalanen gehörten Musiker, Professoren, Arbeiter an – sogar ein Bischof war darunter. Manche waren alte Freunde von mir, die in Spanien politische Häftlinge gewesen waren. Einer aus der Gruppe war ein älterer Schäfer aus Spanien. »Meine Schafe habe ich gleich über die Berge mitgebracht«, sagte er.

Am Eröffnungsabend war der Dorfplatz gedrängt voll. Der Bischof von St. Fleur hielt vor dem ersten Konzert eine Ansprache. Er ersuchte das Publikum, bei Konzerten in der Kirche nicht Beifall zu klatschen. Und dann nahm das Fest seinen Anfang. Ich spielte Bachs G-Dur-Suite für Cello allein.

Drei Wochen später, am Ende des letzten Konzertes, erhoben sich der Bischof von St. Fleur und der Bischof von Perpignan von ihren Plätzen und begannen zu applaudieren. Alle anderen standen ebenfalls auf und schlossen sich der Ovation an.

Einige Zeit danach erhielt ich aus Japan ein Album mit den Unterschriften von Hunderten japanischer Bürger, die in Tokio gespielte Aufnahmen des Bach-Festes gehört hatten. Eine Seite war mit »Hiroshima« überschrieben und enthielt die krakeligen Unterschriften kleiner Buben und Mädchen, die vier, fünf, sechs Jahre alt waren. Darunter stand: »Wir sind nach dem Abwurf der Atombombe auf die Welt gekommen, aber wir haben schon gelernt, Ihre Musik zu lieben.« Hätten Zweifel an der Richtigkeit meiner Mitwirkung beim Bach-Fest noch in meinem Unterbewußtsein fortbestanden, diese Botschaft der japanischen Kinder hätte sie endgültig zerstreut.

Der Widerhall des Bach-Festes war so spontan, so begeistert, daß man daraufhin beschloß, alle Jahre in Prades ein Musikfest zu veranstalten. Schneider sagte abermals zu, die Vorbereitungen dazu in die Wege zu leiten. Das zweite Festival fand in Perpignan in dem alten Palast der Könige von Mallorca statt. Es hatte ebenfalls einen gewaltigen Erfolg. Tausend Besucher hatte man erwartet, und fast zweitausend kamen. Die Feste der folgenden zwei Jahre fanden in den Ruinen der Abtei Saint Michel de Cuxa statt, in der Abtei also, wo Ventura Gassol und ich die Glocke geläutet hatten als eine Geste des katalanischen Patriotismus während der Tage der deutschen Besetzung Frankreichs – und dieses Mal nannte mich niemand einen Anarchisten oder Mörder, als ich mich wieder in der Abtei hören ließ.

Danach wurden alle Musikfeste wieder in Prades in der Kirche St. Pierre abgehalten, wo das ursprüngliche Bach-Fest stattgefunden hatte.

Das letzte Fest, an dem ich teilnahm, war im Sommer 1966 kurz vor meinem neunzigsten Geburtstag. Viele liebe Freunde kamen aus verschiedenen Ländern, um mir ihre Glückwünsche zu überbringen. Ihre Anwesenheit rührte mich sehr.

Am Tage vor der Eröffnung des Festes – es war ein Sonntag – trafen morgens zwei Autobusse aus Barcelona ein mit katalanischen Arbeitern, die deshalb sonntags gekommen waren, weil sie werktags nicht arbeitsfrei bekommen konnten. Sie fuhren vor Morgengrauen zu Hause ab und dann zweihundertvierzig Kilometer über das Gebirge nach Molitg-les-Bains, dem Nachbardorf von Prades, wo ich mich damals aufhielt. Die meisten dieser Arbeiter hatten einst der Arbeiter-Konzertvereinigung angehört, die ich in Barcelona 1928 gegründet hatte – nach der faschistischen Machtübernahme war sie verboten worden! –, und manche von ihnen waren Söhne und Töchter ehemaliger Mitglieder. Sie versammelten sich um mein Häuschen und überreichten mir Blumen. Dann brachte mir ein kleines Streichorchester ein Ständchen: Mozarts *Kleine Nachtmusik*. Danach fuhren sie zurück.

Gegen Ende des Festes besuchte mich noch eine andere Gruppe von Landsleuten, und diese Männer und Frauen kamen aus meinem Geburtsort Vendrell. Manche waren Mitglieder des Chores, den mein Vater vor hundert Jahren gegründet hatte und der heute noch besteht. Der Bürgermeister und ein Priester aus Vendrell begleiteten die Gruppe. Nach katalanischer Fiesta-Tradition, die mir seit Kindheit so vertraut ist, formierten sie eine menschliche Pyramide vor dem Balkon, auf dem ich stand. Die größten Männer unten, einer auf den Schultern des andern, hoben sie auf die Pyramidenspitze einen kleinen Jungen, der einen ziegenledernen Weinschlauch trug. Ich nahm den Jungen in meine Arme und trank aus dem Weinschlauch. Dann gab ich ihm meine Pfeife zum Geschenk.

Mitglieder der Gruppe in katalanischer Tracht, in weißen Hemden, roten Schärpen und roten Kopftüchern, tanzten die Sardana, und dann sangen sie einen Chor von mir, den ich Vendrell gewidmet hatte.

Ich war tief ergriffen und versuchte, diesen lieben Freunden zu sagen, wie mir ums Herz war. »Leute von Vendrell«, sagte ich, »ich habe das Gefühl, ihr seid als Freunde gekommen und nicht nur, um mich zu besuchen, sondern auch, um mich einzuladen, euch zu besuchen. Seit dem Tag, da ich meine geliebte Heimat verlassen habe, habe ich nichts sehnlicher gewünscht als heimzukehren. Trotzdem muß ich euch sagen: Mein Glaube an das katalanische Volk hat mich stark genug gemacht, um diesem Verlangen widerstehen zu können. Ich hoffe, Gott schenkt mir langes Leben, lang genug, um den schönen Glockenturm unserer Kirche wiederzusehen, dessen Geläut wir alle so lieben, und den Schutzengel, und die Orgel, auf der mein Vater spielte und ich die Register zog, als ich neun Jahre alt war. Bitte denkt daran, was das alles für mich bedeutet. Ich grüße euch alle, und grüßt ihr Vendrell von mir. Dank euch, ihr Lieben, daß ihr gekommen seid.«

Wir umarmten uns und weinten vor Trauer und Freude. Dann stiegen sie wieder in ihre Omnibusse und fuhren heim nach Katalonien.

# EL PESSEBRE

Ich verbinde viele unvergeßliche Erinnerungen mit den Prades-Festen, aber die wundervollste von ihnen allen knüpft sich an das zweite Fest, 1951. Damals begegnete ich zum ersten Mal meiner geliebten Martita.

Ich habe allen Grund, Gott für vieles zu danken, was er mir in meinem langen Leben beschert hat. Ich habe viel Schicksalsgunst und Glück erfahren. Aber die Jahre mit Martita waren die glücklichsten meines Lebens. In meiner Kindheit war ich mit einer Mutter gesegnet, wie man keine bessere finden kann; und nun ist es der Segen meines Alters, eine Frau zu haben wie Martita.

An vielen Männern habe ich einen merkwürdigen Zug feststellen können: Wie sehr sie ihre Mutter lieben, sagen sie ohne Zögern. Wenn sie aber sagen sollen, wie sehr sie ihre Frau lieben, haben sie Hemmungen. Hemmungen solcher Art kenne ich nicht. Martita ist für mich die wunderbarste Frau auf der Welt; täglich staune ich aufs neue, wie wunderbar sie ist. Ich bin nicht gerade mehr jung und weiß das auch. Trotzdem spreche ich über sie in Worten, wie sie sonst nur junge Menschen in ihrer Verliebtheit gebrauchen, und ich tue das, denn so ist mein Gefühl für sie. Vielleicht habe ich, weil ich länger gelebt habe als die meisten Menschen, mehr darüber in Erfahrung bringen können, was Liebe bedeutet.

Martita und ich haben uns, wie gesagt, beim zweiten Prades-Fest kennengelernt. Eines Tages hörte ich, ein Schriftsteller aus Puerto Rico sei angekommen, habe seine Nichte, eine junge Cellistin, mitgebracht, um mit ihr zusammen dem Festival beizuwohnen, und wünsche mich zu besuchen. Man sagte mir, dieser Mann – er hieß Rafael Montañez

– sei ein guter Freund von Verwandten meiner Mutter, Angehörigen der Familie Defillo, die auf Puerto Rico lebten. Ich war nie auf Puerto Rico gewesen, aber meine Mutter erzählte gern und mit großem Heimweh von ihrem Geburtsland, und oft sagte ich zu ihr, als ich es in meiner Laufbahn schon zu etwas gebracht hatte: »Mutter, komm, wir fahren zusammen dorthin.« Aber sie antwortete immer: »Nein, Pablo, nicht jetzt! Später vielleicht. Deine Arbeit geht vor.« Leider ist es nie dazu gekommen. Da ich nie Verwandten von ihr begegnet war, freute ich mich sehr, jemanden kennenzulernen, der wiederum sie gut kannte.

Als Martita und ihr Onkel mein Haus betraten, hatte ich den Eindruck, zum ersten Mal mit der Heimat meiner Mutter in Berührung zu sein. Als ich Martita ansah, sagte ich mir: »Das ist keine Fremde, die dich da besucht.« Ich hatte das eigenartige Gefühl, als gehöre sie zu meiner Familie. Sie war damals erst vierzehn – ein hübsches Mädchen mit langen schwarzen Haaren, die ihr über die Schultern fielen –, und blitzartig kam mir der Gedanke: »So muß meine Mutter ausgesehen haben, als sie so alt war, wie Martita jetzt ist.« Später prägte sich diese Ähnlichkeit noch mehr aus, und wenn ich heute meinen Besuchern das Jugendbildnis meiner Mutter zeige, sind sie erstaunt, wie sehr sie und Martita sich ähnlich sehen.

Es war am späten Nachmittag, als Martita und ihr Onkel in meinem Hause eintrafen – ich war ein Jahr zuvor aus der Villa Colette ausgezogen und hatte mir auf einem nahe gelegenen Grundstück ein Gärtnerhaus gemietet, das ich *El Cant del Ocells* nannte. Wie immer war mein Terminkalender übervoll von Eintragungen, aber wir hatten so vieles zu bereden! Mehr als einmal sagte Montañez, er denke, sie hätten mich nun lange genug abgehalten und wollten sich verabschieden. Aber ich sagte: »Nein, bitte gehen Sie noch nicht.« Ich bat sie, zum Abendessen zu bleiben. Erst spät ließ ich sie gehen. Wir hatten uns sechs oder sieben Stunden lang unterhalten, aber ich hatte gar nicht gemerkt, wie die Zeit verging.

Nach dem Musikfest kehrten Martita und ihr Onkel nach Puerto Rico zurück, und ich sah Martita drei Jahre lang nicht wieder. Manchmal wechselte ich Briefe mit Verwandten von ihr. Dann erhielt ich Anfang 1954 einen Brief von Martitas Onkel, der berichtete, welche Fortschritte sie im Cellospiel gemacht habe. Sie habe, so schrieb er, an der Mannes School in New York bei Professor Lieff Rosanoff studiert – Rosanoff kannte ich seit Jahren, er hatte kurz nach 1900 an meinen Kursen an der École Normale de Musique in Paris teilgenommen. Martitas Onkel fragte, ob es möglich sei, daß sie nach Prades komme und bei mir studiere. Ich nahm sie als Schülerin an.

Martita und ihre Mutter trafen im Sommer desselben Jahres in Prades ein. Unterdessen hatte sich mit Martita ein auffallender Wandel vollzogen. Aus dem hübschen Kind war eine temperamentvolle junge Dame geworden. Wir begannen mit den Cellostunden. Frau Montañez blieb etwa einen Monat und reiste dann heim. Martita wohnte im Hause einer katalanischen Familie, die ihre Mutter in Prades kennengelernt hatte.

Von allen Schülern, die ich unterrichtet habe, war Martita eine der besten. Von Anfang an beeindruckte mich nicht nur ihr musikalisches Talent, sondern auch ihre bemerkenswerte manuelle Begabung – nie habe ich einen Schüler gehabt, der schneller aufgefaßt und disziplinierter gearbeitet hätte. Gleichzeitig ging sie, obwohl ein Instrumentalstudium natürlich eine ernste Sache ist, mit unwiderstehlicher Heiterkeit an die Arbeit. Ihre Fröhlichkeit war ansteckend. Bald entdeckte ich, daß sie einen wunderbaren Humor besaß. Nie habe ich jemanden kennengelernt, der es mit ihr hätte aufnehmen können: Sie war der geborene Mime. Nicht einmal Harold Bauer hätte hier mithalten können.

Natürlich fühlte ich mich für sie verantwortlich – sie war schließlich in einem fremden Land, fern von ihrer Familie und ihren Freunden –, und ich wollte, daß sie sich allmählich in Prades zu Hause fühlen sollte. Aber, um es nur zu gestehen, sie war eine bemerkenswert selbständige junge Dame, und bald half sie mir nicht weniger als ich ihr. Sie tat alles, was meine Arbeit erleichtern konnte, lernte in kürzester Zeit Katalanisch – sie ist ungemein sprachbegabt und spricht heute Französisch, Italienisch, Spanisch, Englisch gleich fließend –, und sie half mir bei der Erledigung meiner Korrespondenz. Die war damals und ist heute noch sehr umfangreich. Manchmal erhielt ich dreißig Briefe am Tag, und ich habe es mir immer zur Gewissenspflicht gemacht, jedem zu antworten, der es seinerseits für nötig erachtet hatte, mir zu schreiben. Oft fuhr mich Martita auch im Wagen, wenn ich meine spanischen Flüchtlingsfreunde besuchen wollte. Mehr und mehr

Zeit verbrachten wir gemeinsam, und monatelang ging das so weiter, ohne daß ich mir der Verbindung bewußt geworden wäre, die sich zwischen uns festigte.

Als Martita ein Jahr bei mir studiert hatte, schickte ich mich im Spätsommer 1955 an, nach Zermatt zu gehen, um dort meine jährlichen Meisterkurse zu geben. Da merkte ich plötzlich, wie sehr mir der Gedanke zuwider war, sie zu verlassen. Ich sagte ihr: »Hören Sie, Sie werden in Prades mutterseelenallein sein, und ich werde mich in Zermatt einsam fühlen. Ich denke nicht daran zu fahren, wenn Sie nicht mitkommen.« Sie sagte, auch sie könne den Gedanken an eine Trennung nicht ertragen. Sie begleitete mich also nach Zermatt und machte Notizen, wenn ich das Spiel meiner Schüler besprach. Damals erst wurde mir klar, daß ich mich in sie verliebt hatte.

Später sprachen wir von Heirat, und ich sagte ihr: »Bitte, überleg' es dir genau. Ich bin ein alter Mann und möchte nichts tun, was dein Leben ruinieren könnte. Aber ich liebe dich nun einmal, und ich brauche dich. Wenn du fühlst wie ich, würdest du mich dann heiraten?« Und sie antwortete, ein Leben ohne mich könne sie sich gar nicht vorstellen.

In jenem Winter besuchte ich mit Martita zum ersten Mal Puerto Rico. Mein Bruder Enrique und seine Frau María begleiteten uns.

Für mich war Puerto Rico Liebe auf den ersten Blick! Nun sah ich mit eigenen Augen, was mir meine Mutter von der Schönheit dieser Gegend erzählt hatte: die blitzende See, die Berge mit ihren vielen Blumen und Farnkräutern, die massigen Wolkenformationen und die leuchtenden Zuckerrohrfelder – mir verschlug es den Atem. Aber vor allem nahmen mich die Menschen für sich ein mit ihrer Würde, Freundlichkeit und Wärme. Und welche Gastfreundschaft! Überall hieß man mich mit Blumen willkommen, ein Bankett folgte dem anderen. Die Leute grüßten mich auf der Straße: »Buenos días, Don Pablo!« Fast die ganze Zeit hatte ich das Gefühl, in Spanien zu sein. Die Regierung stellte mir ein geräumiges Apartment im obersten Stock eines großen Gebäudes mit Sicht auf den Ozean zur Verfügung. Seit meiner Kindheit habe ich mir brennend gewünscht, in einem Leuchtturm wohnen zu dürfen, und was ich jetzt bewohnte, kam der Erfüllung dieses Wunsches näher als all meine anderen Behausungen.

Martita und ich besuchten den Geburtsort meiner Mutter, die Stadt Mayagüez. Dort entdeckten wir etwas Erstaunliches. Das Haus, in dem meine Mutter 1856 geboren wurde, stellte sich als dasselbe Haus heraus, in dem Martitas Mutter etwa sechzig Jahre später geboren wurde. Aber das ist nicht alles. Unsere beiden Mütter waren am selben Tag desselben Monats auf die Welt gekommen, nämlich am 13. November. Kann man das noch als zufälliges Zusammentreffen abtun?

Als wir das Haus meiner Mutter besichtigten, versammelten sich draußen Nachbarn, Verwandte und Leute von der Straße. Ich fühlte, daß ich nur musikalisch ausdrücken konnte, wie es mir ums Herz war. So ging ich mit meinem Cello auf den Balkon und spielte das katalanische Wiegenlied, das mir meine Mutter vorgesungen hatte, als ich ein kleines Kind war. Dann sang Martita zu meiner Begleitung einige frühe Lieder von mir, die meine Mutter besonders geliebt hatte.

Bald nach meinem Eintreffen auf Puerto Rico wurde ich von Gouverneur Luis Muñoz Marín eingeladen, ihn in La Fortaleza zu besuchen. Ich mochte diesen gutaussehenden und offenherzigen Mann vom ersten Augenblick an. Er erinnerte mich an die Gelehrten, die sich in der Spanischen Republik als Staatsmänner bewährt hatten. Er war an kulturellen Dingen nicht weniger interessiert als an Politik; in seiner Jugend war er selbst Dichter gewesen. Wir sprachen über Puerto Rico, und er erzählte mir von dem eindrucksvollen Programm, das er zur Verbesserung der Lebensbedingungen und zur Bekämpfung der Armut auf der Insel durchzuführen gedachte. Nun wollte er den erzieherischen und kulturellen Standard anheben. Er wollte wissen, ob ich ihm Vorschläge für die Entwicklung des Musiklebens auf der Insel machen und es ermöglichen könnte, hier auf Puerto Rico alljährlich ein Festival zu leiten wie das in Prades. Dann sagte er in seiner impulsiven Art: »Don Pablo, kommen Sie zu uns und nehmen Sie hier Ihren Wohnsitz. Hier ist die Heimat Ihrer Mutter. Sie gehören ja schon unserer Familie an.«

Auch andere drängten mich, nach Puerto Rico zu ziehen. Martita versuchte nicht, meine Entscheidung zu beeinflussen, aber ich wußte, hier würde sie im Kreise ihrer Familie und ihrer Freunde sein. Besonders berührte mich der Gedanke, daß ich damit der Heimat meiner Mutter vielleicht einen Dienst erweisen könnte. Ich begann ernstlich zu erwägen, ob ich mich nicht in der Tat hier auf der Insel niederlassen sollte.

Nach einigen Wochen sagte ich Gouverneur Muñoz Marín, ich sei einverstanden und würde das Musikfest auf Puerto Rico dirigieren. Ich schlug vor, Alexander Schneider mit der Organisation zu betrauen, er sei der ideale Mann für so etwas. Muñoz Marín lud Schneider sofort ein, nach Puerto Rico zu kommen und die Sache zu erörtern. An einem einzigen Tag arbeiteten wir drei den Plan für ein jährlich abzuhaltendes Festival aus. Sascha erklärte sich bereit, sich um das Organisatorische zu kümmern – also auch um das Orchester, das erst noch aufgestellt werden mußte – und als mein Assistent zu wirken. Wir beschlossen, das erste Festival im kommenden Frühling in San Juan abzuhalten.

Im März kehrten Martita und ich nach Prades zurück, und im Winter, nachdem ich das Prades-Fest und meine Meisterkurse in Zermatt hinter mich gebracht hatte, zogen wir nach Puerto Rico. Muñoz Marín gab bekannt, daß jährlich ein Casals-Festival unter der Schirmherrschaft der Regierung stattfinden werde. Der Gouverneur bestimmte, das erste Festival solle im Frühling 1957 in der Aula der Universität von Puerto Rico abgehalten werden. Insgesamt sollten es zwölf Konzerte sein.

Die Festspielvorbereitungen verursachten nicht geringe Aufregung. Die ganze Insel war in Feststimmung, die Gebäude und Straßen in San Juan waren mit Fahnen und Wimpeln geschmückt. Auf einer Art Leuchtreklame hieß es WILLKOMMEN BEIM CASALS-FESTIVAL.

Eine Woche vor der Eröffnung traf Schneider zusammen mit den Orchestermitgliedern aus New York ein. Am Morgen des folgenden Tages war um halb zehn Uhr Probe in der Aula angesetzt. Ich kam eine halbe Stunde zu früh, und Sascha wollte mich den Musikern gleich vorstellen und mit der Probe beginnen, aber ich sagte ihm: »Nein, nicht vor neun Uhr dreißig! Sollen meine Freunde schon zu Anfang einen schlechten Eindruck von mir erhalten?«

Als es Zeit war anzufangen, begrüßte ich die Musiker und sagte: »Heute morgen proben wir noch nicht richtig, sondern musizieren einfach miteinander, um uns kennenzulernen.« Und so begannen wir mit Mozarts kleiner A-Dur-Symphonie. Danach wollte ich Schuberts

Fünfte spielen lassen. Es war überaus heiß, als wir das Werk in Angriff nahmen; mein Hemd war schweißgetränkt. Beim Andante fühlte ich mich ungewöhnlich müde. Aber die Schönheit der Musik hielt mich aufrecht. An einer Stelle unterbrach ich und sagte den Musikern: »Sie müssen hier einen Akzent setzen, und er muß von Herzen kommen.« Dann, wenige Augenblicke später, mitten in einer Phrase, verspürte ich in Brust und Schultern einen stechenden Schmerz und fühlte, wie mir die Sinne schwanden. Ich wußte, ich konnte nicht weiter. Ich legte meinen Taktstock nieder und sagte: »Ich danke Ihnen, meine Herren.«

Man trug mich in den Umkleideraum. Die Schmerzen hatten sich unterdessen verstärkt. Es war ein Herzanfall.

Alle waren so freundlich und besorgt, und ich sagte, wie leid es mir tue, daß gerade jetzt so etwas passieren müsse, ausgerechnet bei der ersten Probe mit einem so prachtvollen Orchester! Die Ärzte gaben mir Medikamente, um den Schmerz zu lindern, und man fuhr mich mit einem Krankenwagen nach Hause. Und da wußte ich, jetzt würde ich nicht mehr am Festival teilnehmen können.

Einige Tausend Menschen auf Puerto Rico und in anderen Ländern hatten Karten gekauft und sich auf den Besuch des Musikfestes eingestellt. Viele hatten Tag und Nacht an den Vorbereitungen gearbeitet. Außerdem stand so viel für die musikalische Zukunft der ganzen Insel auf dem Spiel. Aber in dieser schwierigen Lage bewährten sich alle Beteiligten wunderbar. Die Veranstaltungsleitung berief noch am selben Abend eine Sondersitzung ein, die bis vier Uhr morgens dauerte. Es wurde beschlossen, die Konzerte dennoch abzuhalten, wenn die Musiker einwilligten. Das Fest solle nun erst recht mir zu Ehren gegeben werden, sagten sie. Schneider besprach diesen Vorschlag mit den anderen Musikern, sie erklärten sich wie ein Mann bereit weiterzumachen. Sie beschlossen, kein anderer Dirigent solle meine Stelle einnehmen, Schneider solle das Orchester vom ersten Pult aus leiten.

Und so fand das Fest trotz allem statt. Es hatte einen ungeheuren Erfolg. Alle 3000 Plätze der Aula waren schon am ersten Abend ausverkauft. Das Orchester spielte in diesem Eröffnungskonzert ganz hervorragend. »Jeder spielte, als ob das ganze Konzert von ihm allein abhinge«, sagte mir Sascha später, »sie spielten wie die Götter.«

Meine Genesung war für mich eine Zeit der Prüfung. Der Gedanke verfolgte mich, ich könnte niemals mehr spielen. Ein Leben ohne Arbeit? Unvorstellbar! Der bekannte puertoricanische Herzspezialist Dr. Ramón Suárez überwachte meinen Gesundheitszustand, und auch mein Hausarzt Dr. Passalacqua und andere Ärzte betreuten mich. Gouverneur Muñoz Marín zog den berühmten Herzspezialisten Dr. Dudley White aus Boston zu. Er war sehr aufmerksam und verständnisvoll und sagte mir, solange keine Komplikationen einträten, sehe er keinen Grund, warum ich nicht wieder völlig gesund werden und auch wieder Cello spielen sollte. Trotzdem nagten an mir Zweifel. Selbst wenn ich wieder genas, wie kräftig würde ich dann noch sein? Schließlich war ich achtzig Jahre alt. Würde ich meine Finger wieder ganz in der Kontrolle haben? Die Wochen schlichen dahin, und ich sorgte mich. Im ersten Monat war es mir nicht erlaubt, das Bett zu verlassen. Den Monat darauf verbrachte ich im Rollstuhl, und dann erst gestattete man mir, ein wenig umherzugehen. Schließlich begann ich, hinter dem Rücken der Ärzte jeden Tag ein klein wenig zu üben. Es war sehr deprimierend, ich hatte das Gefühl, ich müßte wieder ganz von vorne anfangen. Besondere Schwierigkeiten hatte ich mit den Fingern der linken Hand. Aber allmählich kehrte wieder die Kraft zurück, und als ich die Musik meines Cellos wiedergefunden hatte, bewunderte ich mehr als je zuvor jenes andere Instrument, das es mir ermöglichte, wieder zu spielen. Der Mensch hat viele komplizierte und geistreich konstruierte Maschinen geschaffen, aber welche kann sich mit der Leistung seines eigenen Herzens messen?

Daß ich wieder gesund wurde, ist nicht mein Verdienst. Die ganze Zeit war Martita an meiner Seite. Keine Krankenpflegerin hat je ihren Patienten mit liebevollerer Pflege umsorgt – und mit größerem Geschick! Mit meiner Ansicht, daß Martita eine hervorragende Ärztin abgegeben hätte, stehe ich nicht allein; die Ärzte selbst sagen das. Ihre Medizin bestand freilich nicht nur aus Pillen, so viele ich auch, weiß Gott, schlucken mußte. Immer, wenn ich den Mut sinken ließ, war sie es, die mich wieder aufrichtete; immer brachte sie mich wieder zum Lachen, wenn alles dunkel schien. Sie schien nie den geringsten Zweifel zu hegen: Natürlich würde ich wieder spielen können! Nun nahm sie die Dinge in die Hand, erledigte die umfangreiche Korrespondenz, empfing Besucher, traf alle nötigen Verabredungen. Sie war alles in einer Person: Gefährtin, Pflegerin, Manager, Sekretärin und Schutzengel.

Seit wir verheiratet sind, hat Martita all diese Funktionen und viele andere dazu ausgefüllt. Ohne sie hätte ich nie mein Werk fortsetzen können. Dazu versteht sie es noch, unser Heim wohnlich und reizvoll einzurichten. Sie tut so viel für mich, daß es mich oft bekümmert. »Wie«, frage ich mich dann, »findet sie überhaupt noch Zeit für sich selber?«

Als ich auf gutem Wege zur Genesung war, beschlossen wir, es sei jetzt an der Zeit zu heiraten. Die Trauung fand in sehr schlichtem Rahmen und nur im Beisein der nächsten Angehörigen Anfang August statt. Es blieb mir damals nicht verborgen, daß manche Leute auf einen gewissen Altersunterschied aufmerksam wurden – und es ist ja wirklich nicht die Regel, daß ein Bräutigam dreißig Jahre älter ist als sein Schwiegervater. Aber Martita und ich kümmerten uns herzlich wenig um das, was andere darüber dachten; schließlich waren es wir, die heirateten, und nicht die andern. Und all denjenigen, die damals dem Frieden nicht trauten, sei heute voller Freude gesagt, daß unsere Liebe im Laufe der Jahre nur noch inniger geworden ist.

Kurz nach unserer Heirat zogen wir in ein hübsches, kleines Haus in Santurce, einem Vorort von San Juan. Das Haus stand direkt am Meer – nur einige Meter Garten trennten uns vom Wasser –, und den ganzen Tag drang die frische Meeresbrise durch die offenen Fenster. Ich habe oft behauptet, das herrlichste Meer auf der ganzen Welt sei das vor meinem Hause in San Salvador; aber allmählich kam ich zu der Überzeugung, das Meer, auf das ich jetzt von meinem Fenster aus blickte, sei doch noch schöner.

Wieder einmal konnte ich einen regelmäßigen Arbeitsplan einhalten. Ich nahm meine täglichen Beschäftigungen – also Üben und Komponieren – wieder auf. Jeder Morgen begann mit einem Morgenspaziergang an den Strand, wobei mich Martita begleitete. Dann zelebrierte ich meinen Bach am Klavier, und dann fing der Tag erst richtig an. Und bald hatte ich mehr zu tun als je zuvor. Die Pläne, die Gouverneur Muñoz Marín und ich vor kaum einem Jahr diskutiert hatten, nahmen bereits Gestalt an. Der Gesetzgeber bewilligte außer der Reihe einen Geldbetrag und half uns damit, das erste echt puertoricanische Symphonieorchester in San Juan zu gründen. Begeistert unterstützten uns glänzende puertoricanische Musiker. Ich tat, was ich konnte, um dieses Unternehmen zu fördern, und im Winter 1958 dirigierte ich es bei seinem Debüt. Das Konzert fand auf Anregung des feinfühligen Muñoz Marín im Geburtsort meiner Mutter statt, in Mayagüez. Ein weiterer Fortschritt war die Gründung des Puerto-Rico-Konservatoriums für Musik. Ich willigte ein, sein erster Präsident zu werden, und wir sicherten uns als geschäftsführenden Direktor den hochbegabten argentinischen Dirigenten und Komponisten Juan José Castro. Derselbe Castro war – seltsam genug! – Geiger in dem Orchester gewesen, in dem mein Bruder Enrique spielte, als er vor vierzig Jahren nach Argentinien geflohen war, um dem Militärdienst in der spanischen Armee zu entrinnen.

Martita teilte sich mit mir in all diese Unternehmungen und wurde unter anderem die Cello-Lehrerin des Konservatoriums für Musik. Natürlich gab es auch sonst noch viel zu tun; das zweite Casals-Festival hatte diesen Frühling in San Juan stattgefunden.

Obwohl ich noch nicht genügend wiederhergestellt war, um dirigieren zu können – das besorgte wieder Schneider –, spielte ich in einer Reihe von Konzerten solistisch, und in diesem Sommer kehrte ich auch nach Prades zurück, um das dreiwöchige dortige Musikfest zu leiten. Damals lud uns Monsieur Barthelemey, der Besitzer des Grand Hôtel Thermal, großzügig ein, in einem reizenden Landhäuschen zu wohnen, das sich einige zwanzig Kilometer von Prades entfernt in der unmittelbaren Nachbarschaft der herrlichen Thermalquelle befindet und das uns auch bei späteren Festspielen als Wohnung dienen sollte.

Im Spätsommer erreichte mich ein Brief von Estelle Caen, der Leiterin der Musikabteilung der University of California in Berkeley, in dem sie mich einlud, eine Reihe von Meisterkursen an der Universität abzuhalten. Der Plan kam meinen Wünschen sehr entgegen. Immer habe ich Kalifornien geliebt; wenn ich den Namen höre, schlägt mein Herz schneller. Ich wußte auch, daß es an der Universität eine hervorragende Musikabteilung gab. Ich sagte für das Frühjahr 1960 zu. Fünfunddreißig Jahre waren seit meinem letzten Besuch vergangen, und sechzig seit meinem ersten Besuch in Kalifornien! Als Martita und ich in Berkeley eintrafen, übermannten mich die Erinnerungen. Besonders lebhaft gedachte ich des Tages auf dem Mount Tamalpais, der fast meine musikalische Laufbahn beendet hätte, als ich vierundzwanzig Jahre alt war.

1960 nahm ich auch eine Einladung meines lieben Freundes Rudolf Serkin zu Meisterklassen nach Marlboro, Vermont, an, wo er seit mehreren Jahren ein sommerliches Musikfestival leitete. Seither habe ich keinen Sommer in Marlboro versäumt.

Im Laufe der Jahre habe ich in vielen Teilen der Welt Meisterklassen geleitet, in Berlin, Paris, Zermatt, Tokio und anderswo, aber die Stimmung in Marlboro ist einzigartig. Schon die Umgebung übt in ihrer Lieblichkeit auf mich einen unsäglichen Zauber aus: die bewaldeten Hügel und sanft gewellten Felder, die Landsträßchen, die sich zwischen Teichen und Birken schlängeln, die kleinen Städte mit ihren alten Gasthäusern und Kirchen. Ich kenne keinen Ort, wo mir die Verwandtschaft zwischen Natur und Musik mehr zu Bewußtsein käme. Marlboro ist ein wahres Arkadien der Musik. Auf ganz eigene Art geht man hier an die Musik heran. Gegen hundert Musiker, wohlbekannte Künstler und junge Berufsmusiker, verbringen hier die Sommermonate mit Üben und Spielen. Vornehmlich widmen sie sich zur eigenen Fortbildung und eigenen Freude der Kammermusik. Die Zusammenspiel-Proben finden in den einfachen weißen Fachwerkhäusern statt – manche von ihnen sind ausgebaute Bauernhäuser –, die zum Campusgelände von Marlboro gehören. Der Saal, in dem ich unterrichtete, soll ein Kuhstall gewesen sein. Werktags spielt man unter sich, an den Wochenenden werden öffentliche Konzerte abgehalten. Wenn man auf das Campusgelände fährt, kommt man an einem Verkehrsschild mit der Aufschrift: VORSICHT! HIER WIRD MUSIZIERT! vorbei. Und den ganzen Tag über dringen die Klänge der übenden Musiker durch die Fenster und vermischen sich mit dem Gesang der Vögel. Marlboro ist für mich eine reine Freude.

In meinen alten Tagen ist mir vieles zuteil geworden, wofür ich dankbar sein muß. Ich habe meine geliebte Martita, meine Freunde, Freude an meiner Arbeit. Und dennoch kann ich nicht sagen, daß mein

Herz Frieden hätte. Wie sollten wir auch innerlich zur Ruhe kommen, solange noch um uns herum so viel Mühsal und Pein auf Erden herrscht? Wer könnte ruhig schlafen, wenn er weiß: Die Existenz der Menschheit ist bedroht!?

Wie Millionen anderer hatte auch ich gehofft, der Sieg über den Faschismus im Zweiten Weltkrieg würde die Welt grundlegend verändern. Eine Zeit neuer Freiheit und Freundschaft der Nationen untereinander hatte ich erträumt. Statt dessen kam der kalte Krieg mit seinen Atombombenversuchen, kamen Wiederbewaffnung und bittre Zwietracht. Als ich fünfzehn Jahre nach dem Zusammenbruch der Achsenmächte die Vereinigten Staaten besuchte, nach einem Krieg, in dem fünfzig Millionen Menschen umgekommen sind, bauten die Leute schon wieder private Luftschutzkeller. Mit Schrecken las ich von Atombombenlehrgängen in den Schulen, von Kursen, in welchen man den Kindern beibrachte, sich in die Ecken zu drücken und unter die Pulte zu kriechen. Für mich war das alles der pure Wahnsinn. Ich wußte, die einzige Abwehr gegen die Atombombe war der Friede.

Im Sommer 1958 schloß ich mich einem Appell Albert Schweitzers an die amerikanische und an die russische Regierung an, worin beide aufgefordert wurden, das Wettrüsten einzustellen und in Zukunft alle nuklearen Tests zu verbieten. In einer öffentlichen Erklärung sagte ich: »Ich hoffe, daß die Vereinigten Staaten und Rußland ihre politischen Differenzen beilegen im weiteren Interesse der Menschheit. Es ist nicht zu glauben, daß zivilisierte Menschen weiterhin neue und noch zerstörerischere Waffen bauen, anstatt ihre Energie daran zu wenden, die Welt glücklicher und schöner zu machen.«

Bald darauf wurde ich eingeladen, vor den Vereinten Nationen zur Feier ihres dreizehnjährigen Bestehens zu spielen. In meinen Augen berechtigte dieses internationale Forum trotz aller Probleme und Hindernisse, die es nicht zum Zuge kommen ließen, zu den größten Hoffnungen. Vielleicht würde zwischen den einzelnen Nationen doch noch Friede gestiftet werden. Ich jedenfalls ergriff freudig die Gelegenheit, meine Musik in den Dienst der guten Sache zu stellen. Das Konzert war ein außerordentliches Ereignis, es wurde über Funk und Fernsehen von vierundsiebzig Nationen in aller Welt übernommen. Nie zuvor hatte eine musikalische Botschaft so viele Millionen Zuhörer erreicht.

Zusammen mit Horszowski spielte ich in dem Saal der Vollversammlung des UN-Hauptquartiers in New York City. Wir spielten Bachs 2. Sonate für Cello und Klavier in D-Dur. Das Programm wurde dann von Paris fortgesetzt. Der amerikanische Geiger Yehudi Menuhin, der russische Geiger David Oistrach und der indische Sitar-Spieler Ravi Shankar spielten. Den Beschluß machte das Finale der Neunten Symphonie, gespielt vom Orchestre de la Suisse Romande in Genf, Solisten und Chor kamen aus Großbritannien.

Ich hatte zu diesem Anlaß eine Botschaft verfaßt, die unter den Zuhörern im Saal der Vollversammlung verteilt worden war, ehe ich zu spielen anfing. »Wenn ich in meinem Alter heute hierherkomme«, sagte ich darin, »so nicht, weil in meiner moralischen Haltung oder in den Beschränkungen, die ich mir selbst und meiner künstlerischen Laufbahn all die Jahre auferlegt habe, sich irgend etwas geändert hätte, sondern weil in Anbetracht der großen und vielleicht tödlichen Gefahr, die die Menschheit bedroht, alles andere zurückzustehen hat.« Und weiter sagte ich:

»Die Angst, die durch die Fortsetzung der gefährlichen Nuklearversuche hervorgerufen wird, wächst von Tag zu Tag ... Wie wünschte ich doch, eine gewaltige Protestwelle würde alle Länder, und dort wieder besonders die Mütter, erfassen und auf diejenigen ihren Eindruck nicht verfehlen, die die Macht haben, diese Katastrophe zu verhindern!

Alle, die an Menschenwürde glauben, sollten sich jetzt dafür einsetzen, das Verständnis zwischen den Völkern zu vertiefen und eine aufrichtige Annäherung der feindlichen Mächte zu fördern. Auf den Vereinten Nationen ruhen unser aller größte Hoffnungen für einen Frieden. Man gebe ihnen alle Macht, damit sie zu unser aller Wohl handlungsfähig bleiben. Und lassen Sie uns inbrünstig beten, es möchten in naher Zukunft die Wolken zerstreut werden, die heute unsere Tage überschatten.«

In den Jahren darauf nahm ich jede sinnvolle Gelegenheit wahr, um meine Stimme für die Sache des Friedens zu erheben, und ich trat den Ausschüssen mehrerer Organisationen bei – so dem Committee for a Sane Nuclear Policy (»Komitee für vernünftige Nuklearpolitik«) –, die sich bemühten, die Menschen zum Widerstand gegen die drohende atomare Kriegführung aufzurufen. Aber ich war unzufrieden mit dem Erreichten. Taten, so fühlte ich, Taten, nicht Worte waren jetzt nötig. Mein ganzes Leben lang war die Musik meine einzige Waffe gewesen, und ich fragte mich: Wie konnte ich jetzt diese Waffe am besten einsetzen? Allmählich formte sich in mir ein Plan. Er kreiste um mein Oratorium *El Pessebre* (»Die Krippe«), das ich während des Krieges in Prades komponiert hatte. Die Botschaft dieses Werkes verkündet Friede und Brüderlichkeit der Menschen. Welch besseres »Vehikel« hätte ich finden können, nun, da die Zeit drängte? Ich entschloß mich, das Oratorium überall in der Welt, wo ich nur konnte, aufzuführen, es selber zu dirigieren als persönliche Botschaft zur Sache der internationalen Verständigung und des Weltfriedens.

Manche Freunde suchten mir das Unternehmen auszureden; es sei zu anstrengend für mich. Sie hatten recht, ich würde bald meinen fünfundachtzigsten Geburtstag feiern, aber mir schien gerade die Tatsache, daß ich nicht mehr lange auf dieser Erde verweilen würde, ein Grund mehr zu sein, zu handeln, solange ich noch konnte. Anfang 1962 verkündete ich meinen Entschluß, meinen persönlichen Kreuzzug für den Frieden mit *El Pessebre* anzutreten.

»Zuerst bin ich Mensch, dann erst Künstler«, bekannte ich. »Als Mensch bin ich vor allem dem Wohlergehen meiner Mitmenschen verpflichtet. Ich werde mich bemühen, dieser Verpflichtung mit Hilfe der Musik nachzukommen, denn Musik ist das Ausdrucksmittel, das mir Gott verliehen hat. Sie überwindet Sprachgrenzen wie politische und nationale Grenzen. Mein Beitrag zum Weltfrieden mag bescheiden sein, aber ich will wenigstens alles gegeben haben, was ich vermochte, um einem Ideal zu dienen, das mir heilig ist.«

Alle Einnahmen aus den Aufführungen meines Oratoriums seien für einen Fonds zugunsten von Unternehmungen bestimmt, welche die Sache der Menschlichkeit und Brüderlichkeit fördern.

Die erste Aufführung von *El Pessebre* auf meinem Kreuzzug für den Frieden fand im Frühling im Memorial Opera House in San Franzisko statt. Dort waren bei Kriegsende die Gründungsartikel der Vereinten Nationen unterzeichnet worden. Der Zuhörerraum war zum Bersten voll – Hunderte hatten nur noch Stehplätze bekommen –, und die Reaktion der Zuhörer auf meine Musik bewies, daß sie meine Botschaft verstanden hatten und meine Sehnsucht nach einer friedlichen Welt teilten.

Überall, wo ich *El Pessebre* aufführte, habe ich dasselbe erlebt: in Nord- und Südamerika, England, Frankreich, Italien, Deutschland, Ungarn, Israel und in einem Dutzend anderer Länder. Überall zeigten die Menschen das gleiche Verlangen nach Frieden, die gleiche Sehnsucht, ihren Mitmenschen bei der Neugestaltung einer Welt an die Hand zu gehen, in der das Glück der Menschen oberstes Gesetz war. Jede Aufführung bestätigte mich in meiner Überzeugung, daß nicht die Völker selber uneins sind, sondern daß nur künstliche, von ihren Regierungen errichtete Barrieren sie trennen.

Zwei Aufführungen von *El Pessebre* haben sich mir besonders eingeprägt. Sie fanden unter sehr gegensätzlichen Umständen statt, und trotzdem hatten sie vieles gemein: eine im Hauptquartier der Vereinten Nationen in New York City, die andere in den Ruinen der Abtei Saint-Michel de Cuxa in Südfrankreich.

Die Aufführung in Saint-Michel de Cuxa im Herbst 1966 – ich stand kurz vor der Vollendung meines neunzigsten Lebensjahres – war zu Ehren des 900. Jahrestages der katalanischen Versammlung von Tologes, eines Ereignisses von historischer Bedeutung, denn aus ihm entwickelten sich das früheste Parlament und die erste Regierungsform in Kontinentaleuropa, die einer repräsentativen Demokratie nahekam. Die Verlautbarung dieser Versammlung – Pau i Treva de Deu (»Waffenstillstand und Gottesfriede«) – forderte das Ende des Krieges und Frieden zwischen allen Völkern. Bedenkt man, daß diese Proklamation fast tausend Jahre vor der Gründung der Vereinten Nationen zustande kam, kann man sich die Gefühle vorstellen, die mich bewegten, als ich *El Pessebre* an dieser geheiligten Stätte und aus solchem Anlaß dirigieren durfte.

Die Aufführung vor den Vereinten Nationen erfolgte Ende Oktober 1963. Fünf Jahre waren seit meinem ersten Auftreten vor der UN vergangen und fast zwei Jahrzehnte seit dem Ende des Zweiten Weltkrieges, und immer noch war der Friede in weiter Ferne. Die Raketenkrise auf Kuba – die ganze Welt stand damals am Rande einer nuklearen Katastrophe – war noch jedermann frisch im Gedächtnis, und schon hörte man ominöse Gerüchte über einen unmittelbar bevorstehenden Bürgerkrieg in Vietnam. Und wer konnte voraussagen, was alles uns noch an Üblem bevorstand? Furcht bedrückte mich, und doch fand ich in der Tatsache dieser Veranstaltung wiederum Grund zur Hoffnung.

Ich vertraute dem Generalsekretär der UNO, U Thant, meine Befürchtungen an, als er mich nach einer Orchesterprobe zu meinem Oratorium freundlicherweise aufforderte, mich in seinem privaten Büro etwas auszuruhen. Während des Gespräches bemerkte ich auf einem Tisch eine Sammlung von Miniaturfahnen aller Länder, die den Vereinten Nationen angehören. »Wie wundervoll«, sagte ich zu U Thant, »jeden Tag haben Sie ein Symbol der künftigen Zeit vor Augen, in der Nationen der Welt Seite an Seite in Freiheit und Gleichheit friedlich miteinander leben werden.« Nach einigen Tagen erreichte mich zu Hause auf Puerto Rico, wohin ich zurückgekehrt war, ein Paket. Es enthielt alle Flaggen der Vereinten Nationen. Dieser gute und hingebungsvolle Mensch hatte sie mir zum Geschenk gemacht. Heute hängen sie an der Wand meines Wohnzimmers in Santurce.

Beim UN-Konzert verlas ich eine Botschaft, die mit den folgenden Worten schloß: »Musik, diese wundervolle und universale Sprache, sollte eine Quelle der Verständigung zwischen den Menschen sein. Erneut beschwöre ich meine Musikerkollegen in der ganzen Welt, ihre Kunst rein in den Dienst der Menschheit zu stellen und so alle Menschen in Brüderlichkeit zu einen. Möge jeder von uns nach Kräften zur Verwirklichung dieses glorreichen Ideals beitragen.«

Einen Monat später erlitten die Friedenshoffnungen einen schweren Schlag, der alle Nationen in Trauer versetzen mußte: Präsident Kennedy wurde ermordet.

Zum ersten Mal war ich Präsident Kennedy im Herbst 1961 begegnet. Er lud mich zu einem Konzert ins Weiße Haus ein. Schon längere Zeit galt ihm meine tiefe Bewunderung. Für mich verkörperte er eben jene Eigenschaften, deren es in der Krise, der die Welt entgegentaumelte, so dringend bedurfte: Idealismus und Führungsgabe. Nach seiner Wahl schrieb ich ihm, ich freute mich über seinen Sieg, der ein gutes Omen für die Menschheit darstelle. Ich gab meiner glühenden

Hoffnung Ausdruck, daß die Prinzipien der Freiheit und Menschenwürde, denen er sich verschrieben habe, die Rückkehr meines eigenen Heimatlandes zu demokratischen Verhältnissen beschleunigen möchten. Präsident Kennedy antwortete mir in einem Brief, in dem er sich freundlich für das Vertrauen bedankte, das ich in ihn gesetzt hätte.

Aber trotz meiner Hochachtung und Bewunderung für den Präsidenten zögerte ich, die Einladung anzunehmen und im Weißen Hause zu spielen. Ich wollte sichergehen, daß mein Auftreten nicht so verstanden würde, als ob ich meinen Abscheu vor Francos Diktatur in Spanien abgelegt und meine Meinung geändert hätte, daß jede Unterstützung dieses Regimes unmoralisch sei. Nach einigem Nachdenken gewann die Überlegung die Oberhand, daß mein Besuch im Weißen Hause meine Friedensbemühungen vorantreiben konnte und daß ich dabei die Gelegenheit haben würde, vor dem Präsidenten die Frage nach der Freiheit Spaniens abermals aufzuwerfen. In einem Antwortbrief an Präsident Kennedy, in dem ich die Einladung annahm, schrieb ich: »Ich weiß, daß es Ihr Ziel ist, für einen Frieden in Gerechtigkeit zu wirken, für gegenseitiges Verständnis und für die Freiheit der ganzen Menschheit. Diese Ideale waren auch stets die meinen, sie haben die wichtigsten Entscheidungen und die wichtigsten Entsagungen meines Lebens bestimmt.«

Das Konzert fand am Abend des 13. November statt, fast sechzig Jahre nach meinem ersten Auftreten im Weißen Hause. Es war eines der bedeutendsten Ereignisse meines ganzen Lebens. Nach einem Diner zu Ehren von Gouverneur Muñoz Marín von Puerto Rico begaben sich die etwa hundertfünfzig Gäste des Präsidenten in den East Room des Weißen Hauses. Zusammen mit meinen Freunden Mieczyslaw Horszowski und Alexander Schneider spielte ich dann Kammermusik von Mendelssohn, Schumann und Couperin. Nach der Beendigung des Konzertes winkte ich den Applaus ab und sagte: »Jetzt möchte ich Ihnen ein katalanisches Volkslied spielen.« Und dann spielte ich den »Gesang der Vögel«, die Hymne der spanischen Flüchtlinge, um darzutun, was mir vor allem am Herzen lag: die Freiheit für mein eigenes Volk. Dann schritt ich zum Sessel des Präsidenten, und wir umarmten uns.

Schon vorher hatte ich mit Präsident Kennedy privat im Weißen

Hause gesprochen. Er zog mich in ein kleines Zimmer, und wir saßen dort zusammen und plauderten. Ich fühlte mich ungemein zu ihm hingezogen; er war so natürlich und unprätentiös, so jung und doch so weise, so menschlich. »Seltsam«, sagte ich, »mir ist, als ob ich Sie schon immer gekannt hätte.« Und er sagte, er habe mir gegenüber die gleiche Empfindung.

Bei solchen Gelegenheiten geht gewöhnlich ein Sekretär aus und ein, und man spürt, die Zeit drängt. Nichts dergleichen bei Kennedy. Nach einer Weile sagte ich: »Herr Präsident, ich fürchte, ich nehme Ihre Zeit zu sehr in Anspruch.« Er erwiderte: »Bitte, denken Sie das nicht. Es ist mir eine Ehre, Sie hier zu haben. Bitte, sprechen wir weiter.« Und ich: »Danke, Gott segne Sie.«

Wir sprachen über alles mögliche, über Dinge, die er erlebt hatte, über meine Kindheit, über die bedrohliche Weltlage. Ich brachte die Rede auf Spanien und sagte, wie sehr ich es beklagte, daß Amerika in Spanien Militärstützpunkte angelegt habe und daß Franco von den demokratischen Mächten unterstützt werde. Er hörte mir mit ernster Miene zu, in der zu lesen war, wie sehr er mit mir sympathisierte. Ein Präsident, erklärte er mir, übernehme unweigerlich gewisse Probleme als Erbe seiner Vorgänger und könne nicht immer so handeln, wie er selbst gern möchte. Er beabsichtige, alles in seinen Kräften Stehende zu tun, um Frieden und Freiheit überall auf der Welt zu sichern. Und ich fühlte zuinnerst, daß dieser Mann alles, was er konnte, für mein Volk tun würde. Schließlich sagte ich: »Herr Präsident, nun kann ich wirklich Ihre Zeit nicht länger in Anspruch nehmen«, und bestand darauf, mich zu verabschieden.

Abends gaben der Präsident und Frau Kennedy uns nach dem Konzert ein kleines privates Souper; meine Kollegen und ich hatten vor dem Konzert nichts gegessen. Gegen Ende der Mahlzeit brachte ein Mann aus dem Stab des Präsidenten eine Meldung. »Es tut mir schrecklich leid«, sagte mir Kennedy, »aber dieser Angelegenheit muß ich mich annehmen.« Und damit ging er.

An diesem Abend war es sehr kalt, aber Jacqueline Kennedy beharrte darauf, Martita und mich zu unserem Wagen zu begleiten. Sie war ohne Mantel und hatte nur ihr Abendkleid an, und ich fürchtete, sie würde sich erkälten. Ich bat sie inständig, nicht mit uns hinauszukommen, aber sie sagte: »Der Präsident würde es von mir erwarten, und ich selbst möchte es.« Und so stand sie in der Kälte und wartete, bis wir weggefahren waren.

Am nächsten Morgen erreichte uns ein prächtiges Blumenbouquet vom Präsidenten und seiner Frau in unserem Hotel. In einem beigelegten Brief sprach der Präsident mit großer Wärme seine Freude über den gemeinsam verbrachten Abend aus.

Nachdem ich nach Hause zurückgekehrt war, schrieb ich dem Präsidenten: »Am letzten Montag spielte ich mit ganzem Herzen, und ich fühle mich durch die Wirkung mehr als belohnt. Ich bin dankbar, wenn meine bescheidene Huldigung an Sie darüber hinaus zu einer Huldigung an Musik und Kultur gedieh. Dieser ganze 13. November ist für mich von bleibender Bedeutung. Mein Besuch und meine Unterhaltung mit Ihnen haben mich in dem Glauben bestärkt und mir neue Hoffnung gegeben, daß unsere gemeinsamen Ideale, Frieden und Freiheit, sich doch noch verwirklichen werden. Ich danke Ihnen, Herr Präsident.«

Nur ein einziges Mal noch sah ich Präsident Kennedy. Es war, als er im Sommer 1963 als Gast des Gouverneurs Muñoz Marín Puerto Rico besuchte. Ich nahm an dem Diner in La Fortaleza teil, das zu seinen Ehren gegeben wurde. In seiner Ansprache erwies mir Kennedy eine Reverenz, die mich zutiefst rührte. Im Herbst erhielt ich dann eine Botschaft von ihm: Er beabsichtige, mir die Presidential Medal of Freedom zu verleihen. Er lud mich nach Washington ein, die Auszeichnung persönlich entgegenzunehmen. Kurz vor dem vorgesehenen Datum kam jener furchtbare Tag seiner Ermordung.

Da Martita wußte, was dieser große und liebenswerte Mann mir bedeutete, enthielt sie mir anfangs die Nachricht vor. Den ganzen Nachmittag hatte ich Besuch von Freunden, aber Martita bat sie alle, mir nicht zu sagen, was geschehen war. Erst abends erfuhr ich die Nachricht. Ich habe in meinem Leben viel Leiden und Tod gesehen, aber ich habe nie einen schrecklicheren Moment durchlebt. Stundenlang konnte ich nicht sprechen. Es war, als sei ein schönes und unersetzliches Stück Welt plötzlich der Vernichtung anheimgefallen. Welch eine schreckliche Tragödie, daß dieser junge Vater und ritterliche Staatsmann, auf dem die Hoffnungen der ganzen Menschheit ruhten, auf offener Straße von der Kugel eines Mörders niedergestreckt werden mußte! Welch ungeheuerlicher Wahnsinn!

Wer weiß, was geschehen wäre, wenn Präsident Kennedy noch lebte. Natürlich kann kein einzelner das Geschick aller Nationen lenken, und doch fühlte man während der kurzen Zeit seiner Präsidentschaft, daß seine Hand sich anschickte, die Wunden und Konflikte dieser Welt zu heilen. Und welch üble Streitfälle haben wir erlebt seit seinem Tode. Wenn er nicht gestorben wäre, wie viele von jenen könnten auch noch am Leben sein, die in den Städten und Dschungeln von Vietnam umgekommen sind!

Manchmal schaue ich mich um und habe das Gefühl einer tiefen Bestürzung. In all der Verwirrung, die in der heutigen Welt ausgebrochen ist, sehe ich mangelnde Ehrfurcht vor den wahren Werten des Lebens. Überall um uns ist Schönheit, aber wie viele sind blind für sie. Sie sehen die Wunder dieser Erde und scheinen nichts zu erblicken. Die Menschen sind in hektischer Bewegung, aber wohin die Reise führt, bedenken sie kaum. Sie suchen Erregung um jeden Preis, als ob sie hoffnungslos verloren wären. Die natürlichen, ruhigen und einfachen Dinge dieses Lebens machen ihnen wenig Freude.

Jede Sekunde, die wir in diesem Universum verbringen, ist neu und einzigartig. Dieser Augenblick war zuvor nicht und wird nie wiederkehren. Und was bringen wir unseren Kindern in der Schule bei? Daß zwei mal zwei vier ist und Paris die Hauptstadt Frankreichs. Wann wird man sie lehren, was sie selbst sind? Jedem dieser Kinder sollte man sagen: »Weißt du auch, was du bist? Du bist ein Wunder! Du bist einmalig! Auf der ganzen Welt gibt es kein zweites Kind, das genauso ist wie du. Und Millionen von Jahren sind vergangen, ohne daß es je ein Kind gegeben hätte wie dich. Schau deinen Körper an, welch ein Wunder! Deine Beine, deine Arme, deine geschickten Finger, deinen Gang. Aus dir kann ein Shakespeare werden, ein Michelangelo, ein Beethoven. Es gibt nichts, was du nicht werden könntest. Jawohl, du bist ein Wunder. Und wenn du erwachsen sein wirst, kannst du dann einem anderen wehe tun, der, wie du selbst, auch ein Wunder ist? Nein, ihr müßt euch lieben. Ihr müßt arbeiten – alle müssen wir arbeiten –, damit diese Welt ihrer Kinder würdig wird.«

Welch außerordentlicher Umschwünge und Fortschritte bin ich in meinem langen Leben Zeuge geworden! Großartige Fortschritte in Naturwissenschaft, Industrie, Raumfahrt. Und doch peinigen Hunger, Rassenunterdrückung und Tyrannei nach wie vor die Welt. Weiterhin benehmen wir uns wie Barbaren. Wie die Wilden fürchten wir uns vor unseren Nachbarn auf dieser Erde, bewaffnen uns gegen sie, und sie bewaffnen sich gegen uns. Ich beklage es, daß ich in einer Zeit leben mußte, da es Gesetz war, seinen Nächsten zu töten. Wann endlich werden wir uns an die Tatsache gewöhnen, daß wir menschliche Wesen sind?

Heimatliebe ist natürlich. Aber warum läßt man die Liebe an der Grenze aufhören? Wir sind eine einzige Familie – jeder von uns hat Pflichten seinen Brüdern gegenüber. Wir sind alle Blätter eines Baumes, und dieser Baum ist die Menschheit.

Vor kurzem haben Martita und ich uns ein kleines Landhaus gebaut – es ist in der Nähe des Dorfes Ceiba am Strand, ungefähr achtzig Kilometer von San Juan entfernt. Wir haben das Häuschen *El Pessebre* getauft. Es liegt hoch an einem Berghang inmitten von Zuckerrohrfeldern. Unter uns erstreckt sich in breiter Fläche der Ozean, die Küstenlinie ist umsäumt von Palmen, und grüne Inseln ragen aus dem Meer. Der Himmel ist hier unbeschreiblich. Nie habe ich solche Sonnenuntergänge, solche phantastischen Wolkenbildungen erlebt. Den ganzen Tag über weht der Wind landwärts; wir seien, so sagte man uns, genau auf dem Streifen Land beheimatet, über den die Passatwinde das ganze Jahr hindurch vom Meer her wehen, die Winde also, die vor fünfhundert Jahren Kolumbus aus Spanien hertrieben. Zuweilen frischt der Wind stark auf. Unser Hausdach ist mit Drahtseilen im Boden verankert, und sie summen manchmal bei Nacht wie seltsame Musikinstrumente.

Wenn wir nun auf Puerto Rico sind, verbringen wir unsere Wochenenden möglichst in *El Pessebre*. Wie ich diesen Platz liebe! Er erinnert mich an San Salvador. Unsere guten Freunde Rosa und Luis Cueto Coll begleiten uns häufig, und abends spielen wir alle vier zusammen Domino. Rosa ist meine Partnerin, sie spielt ausgezeichnet. Wir schreiben laufend unsere Punktzahlen an, und Rosa und ich haben gewöhnlich einen beträchtlichen Vorsprung vor Martita und Luis. »Laßt euch nicht entmutigen«, sage ich ihnen dann, »wenn ich einmal Hundert bin, könnt ihr immer noch gleichziehen.«

Martita und ich lernten die Cueto Colls bald nach unserer Ankunft in Puerto Rico kennen, und sie sind seither unsere engsten Freunde geworden. Oft begleiten sie uns, wenn ich zu Musikfesten fahre oder mit *El Pessebre* auf Tournee bin. Als wir uns anfreundeten, wußten wir anfangs nicht, daß zwei Onkel von Luis in der Loyalisten-Armee in Spanien gekämpft hatten, einer davon, Juan Cueto, war Oberstleutnant und kommandierte den baskischen Frontabschnitt. Beide wurden von den Faschisten gefangengenommen und erschossen. Luis' Vater Augusto Cueto war Kaufmann aus Puerto Rico und verlor während des Spanischen Bürgerkrieges sein Geschäft, weil er alle Zeit an eine Organisation wandte, die er gegründet hatte, um der Sache der Republik zu helfen. Die letzten Gedanken dieses Mannes galten Spanien, seine letzte Geste war, als er nach dem Sturz der Republik starb, daß er die Faust zum Loyalistengruß hob.

Ich halte mich über die Lage in Spanien immer auf dem laufenden; jede Woche bekomme ich aus Barcelona eine Sendung Zeitungs- und Zeitschriften-Ausschnitte mit allen Nachrichten, an denen ich interessiert sein könnte: Politik, Kultur, Wirtschaft, Sport. Ein katalanischer Freund schickt sie mir, ich habe ihn nur einmal gesehen. Er besuchte mich in Prades. Er ist ein Mann in bescheidenen Verhältnissen, aber er hat es sich zur Aufgabe gemacht, mich mit diesen Zeitungsausschnitten allwöchentlich zu versorgen, und er ist die Zuverlässigkeit selber.

Weiterhin bin ich Ehrenvorsitzender der spanischen Flüchtlingshilfe. Die Organisation wurde nach dem Zweiten Weltkrieg in New York gegründet, um jenen spanischen antifaschistischen Flüchtlingen zu helfen, die in Frankreich hilflos und verlassen waren. Obwohl eine hohe Zahl meiner verbannten Landsleute in Frankreich Arbeit gefunden hat oder nach Lateinamerika ausgewandert ist, gibt es immer noch Tausende in Frankreich, die krank und alt und völlig verarmt sind. Viele von ihnen wurden im Bürgerkrieg oder später, als sie an der Seite der Alliierten gegen Hitler kämpften, verletzt. Die Verhältnisse, in denen sie vegetieren müssen, sind herzzerreißend. Sie leben in Slums oder in Scheunen auf dem Land, meistens in Südfrankreich, und sie haben nur das absolute Existenzminimum. Viele halten sich mit einem Einkommen von weniger als zwei DM im Tag über Wasser. Ihnen Nahrungsmittel und Kleider, Medikamente und Geld für Kohlen und Holz oder für Stipendien für ihre Kinder zu senden, hat nichts mit Wohltätigkeit zu tun, denn wir stehen bei diesen Männern und Frauen in einer Schuld, die wir werden nie abzahlen können.

Viele Leute haben vergessen, was in Spanien geschehen ist. Sie denken nicht darüber nach, daß die Flüchtlinge für die Sache der Freiheit alles geopfert haben. Aber Recht und Moral verlangen gebieterisch, daß man sich dessen entsinnt und sich vor allem klar darüber wird, daß das spanische Volk nach wie vor unter dem Joch der Tyrannei schmachtet. Als kürzlich Richard Nixon zum Präsidenten der Vereinigten Staaten gewählt wurde, schrieb ich ihm einen Brief über die Lage in Spanien. Aufs neue sprach ich meinen sehnlichen Wunsch aus, in meinem seit langem hartgeprüften Vaterlande die Demokratie wiederhergestellt zu sehen, abermals gab ich meinem Abscheu gegen die Diktatur Ausdruck, die mit Hitlers und Mussolinis Hilfe erst an die Macht gekommen war. »Ich hoffe immer noch«, schrieb ich Präsident Nixon, »daß Ihr Land, das für seinen Kampf für die Freiheit so rühmlich bekannt ist, seine Haltung gegenüber dem Franco-Regime überprüft und dann sich entscheidet, ob es weiter die harte spanische Diktatur unterstützen will, wie es das die letzten dreißig Jahre über getan hat.« Ich erhielt eine unverbindliche Antwort von der Hand eines der Mitarbeiter des Präsidenten.

Natürlich hat sich vieles in den letzten Jahren getan. Der Kampf gegen die Diktatur hat ganz Spanien ergriffen – Studenten, Arbeiter, Intellektuelle, Angehörige des Klerus –, und sie haben das Regime gezwungen, gewisse Konzessionen zu machen. Selbst Artikel über mich erscheinen jetzt in spanischen Zeitungen. Als Franco zur Macht kam, war es jahrelang verboten, meinen Namen auch nur zu erwähnen. Natürlich handeln die Artikel heute nur von meiner Musik, nie von meinen politischen Ansichten. Als Freunde von mir neulich das spanische Reisebüro in New York City aufsuchten, gab man ihnen sogar Prospekte mit, in denen ich als einer der prominentesten Bürger Spaniens erwähnt war. Was man zu erwähnen vergessen hatte, war nur, daß ich im Exil lebe.

Kürzlich behauptete ein Freund von mir, der Puerto Rico besuchte, Heimweh zu haben; nun sei er schon mehr als drei Wochen von zu Hause weg. »Das kann ich nachfühlen«, war meine Antwort, »ich bin jetzt mehr als dreißig Jahre von zu Hause weg.«

Vielleicht werde ich Katalonien nie wiedersehen. Jahrelang hatte ich geglaubt, die Freiheit werde in mein geliebtes Vaterland zurückkehren, ehe ich sterbe. Nun bin ich nicht mehr so sicher. Der Tag wird kommen, das weiß ich, und dieses Wissen erfüllt mich mit Freude. Aber ich bin doch traurig, daß ich ihn wohl nicht mehr erleben werde.

Aber schließlich habe ich lange genug gelebt und erwarte nicht, ewig zu leben. Ich sehe dem Tod ohne Furcht entgegen. Sterben ist etwas Natürliches wie Geborenwerden. Dennoch schmerzt mich manches. Es schmerzt mich, die Welt verlassen zu müssen, deren Zustand so traurig ist. Es schmerzt mich, Martita, meiner Familie und meinen Freunden Kummer zu bereiten.

Selbstverständlich fahre ich fort zu spielen und zu üben. Auch wenn ich nochmals hundert Jahre leben sollte, würde ich das tun. Ich könnte meinen alten Freund nicht im Stich lassen: das Cello.

# DANK

Während der Vorarbeiten zu diesem Buch habe ich verschiedene Veröffentlichungen über Casals konsultiert und ihnen biographisches Material entnommen, das sich vor allem für die Behandlung der frühen Jahre als nützlich erwiesen hat. Am ergiebigsten waren *Alavedra,* Pablo Casals; *J. Ma. Corredor,* Conversations with Casals; *Lilian Littlehale,* Pablo Casals; *Bernard Taper,* Cellist in Exile. Reiches dokumentarisches Material fand ich in der Musikbücherei der University of California, Berkeley; ihrem Leiter, Professor *Vincent Duckles,* bin ich für seine großzügige Unterstützung zu Dank verpflichtet. Andere Quellen waren die schöne Musikaliensammlung der Sonoma County Public Library in Santa Rosa, California, und das New Yorker Büro des Festival Casals, dessen Unterlagen mir seine Musikreferentin, *Dinorah Press,* freundlicherweise zugänglich machte.

Dank schulde ich ferner *Rosa und Luis Cueto Coll* für ihre Gastfreundschaft und zahllose Gefälligkeiten, die sie mir zuteil werden ließen, wann immer ich nach Puerto Rico kam. Freundschaftliche Ratschläge und Ermutigungen aller Art danke ich *Doris Madden,* desgleichen Professor *Alfredo Matilla* von der Universität Puerto Rico. *Josefina de Frondizi* gilt mein Dank für die mühevolle Durchsicht verschiedener spanischer Texte, mein Sohn *Timothy Kahn* hat Casals' Papiere und Notizen in Molitg-les-Bains und in San Salvador durchgesehen. *Luis und Enrique Casals* danke ich für die Hilfe, die sie mir während meines Spanienaufenthaltes zuteil werden ließen, und für Auskünfte aller Art *Alexander Schneider, Rudolf Serkin* und *Mieczyslaw Horszowski.*

Als unentbehrlich erwiesen sich die Ratschläge und Ermutigungen von *Peter Schwed* vom Simon und Schuster Verlag. Als Lektorin hat *Charlotte Seitlin* dem Unternehmen in all seinen Phasen viel Sorgfalt angedeihen lassen. *Edith Fowler* danke ich für die liebevolle Ausstattung, *Ann Maulsby* für die stilistische Überarbeitung des Manuskriptes. Sehr verbunden bin ich *Louis Honig* für redaktionelle Ratschläge. Er hat eine Reihe meiner Casals-Fotografien der Stanford University Library als Geschenk überlassen. Bei mehr als einer Gelegenheit gewährte mir *Richard O. Boyer* Rat und Unterstützung, *A. Cameron* hat den Anfang des Manuskriptes durchgesehen. Neben ihnen verdienen meinen herzlichen Dank Professor *Fred Warren, Daniel Koshland, Estelle Caen, Edwin Berry Burgum, Robert Kahan, David Grutman, Betty und Samuel Katzin, Harry Margolis, Jack Froom* und *Sara Gordon.* Sie haben mir vieles erleichtert.

Die Samuel Rubin Foundation hat eine ständige Museumskollektion meiner Casals-Fotografien ermöglicht, *Cyma Rubin* die Entstehung dieses Buches mit großer Anteilnahme verfolgt.

Meiner Frau *Riette Kahn* bin ich besonderen Dank schuldig für ihre geduldige, unermüdliche und unschätzbare Mitarbeit, die diesem Buche in allen seinen Phasen zugute kam. Worte können nicht meine Dankesschuld an Martita und Pablo Casals ausdrücken. Ohne ihre geduldige Mithilfe, ihre Gastlichkeit und ihre Freundschaft hätte dieses Buch nie Gestalt gewonnen.

A. E. K.

# PABLO CASALS UND DIE SCHALLPLATTE

## Diskographie von Peter Baumann

Als am 22. Dezember 1877 Thomas Alva Edison im New Yorker Zeitungsgebäude des ›Scientific American‹ den von ihm erfundenen Phonographen zum ersten Male öffentlich vorführt und dabei in den Verdacht der Bauchrednerei gerät, ist Pablo Casals gerade ein Jahr alt.

Elf Jahre später bespielt Hans von Bülow eine Walze und fällt, wie er die Wiedergabe hört, vor Entsetzen in Ohnmacht; Brahms schreibt an Clara Schumann: »Wir leben jetzt im Zeichen des Phonographen, . . . es ist, als ob man ein Märchen erlebte.«

Aber es kommt anders: Nicht dem individuell bespielten Wachszylinder gehört die Zukunft, sondern der beliebig nachpreßbaren Schallplatte. Eben hat Emile Berliner den großen Gelehrten Helmholtz von der entscheidenden Wichtigkeit seiner Erfindung überzeugt, und so steht das anbrechende 20. Jahrhundert nicht im Zeichen des Phonographen, sondern im Zeichen des Grammophons.

›Es ist, als ob man ein Märchen erlebte‹: Unter uns weilt ein Mann, der seit nunmehr bald hundert Jahren Ohrenzeuge einer Entwicklung ist, die er selbst auf seine Weise nachhaltig beeinflußt hat: Pablo Casals.

Er ist fast fünfzig, als 1925 die bisherige mechanisch-akustische Aufnahmetechnik durch die elektrische ersetzt wird. 1948 kommt die unzerbrechliche Langspielplatte mit $33^1/_3$ Umdrehungen in der Minute auf, zehn Jahre später erlebt Casals als Zweiundachtzigjähriger die Einführung der Stereoplatte.

Eine anschauliche Schilderung seines quasi magischen Verhältnisses zur Schallplatte findet sich in dem 1941 erschienenen Buch seines Schülers Rudolf von Tobel*. Es heißt da (S. 119):

»Meister Casals gedenkt im kommenden Frühling (1942) in der Schweiz das Haydn-Konzert auf Schallplatten aufnehmen zu lassen. Nach seiner Beobachtung klingen in dieser Jahreszeit die Instrumente am besten; er

* Rudolf von Tobel: ›Pablo Casals‹. Rotapfel-Verlag, Erlenbach-Zürich, 1941.

habe sich für seine Grammophonaufnahmen wenn immer möglich danach gerichtet.«

Und weiter: »Im allgemeinen gewähren Casals die Schallplatten eine gewisse Befriedigung. Doch bedauert er, daß sie die Musik nicht ganz so wiedergeben, wie man sie gespielt habe: Durch die Maschine büße sie etwas von ihrem Leben ein. Er wisse nicht, woran es liege – an den Nuancen offenbar nicht, denn diese könnte man bei der Aufnahme ja verstärken. Die Wirkung befriedige ihn nur, wenn er die Platten schneller laufen lasse, besonders diejenigen der langsamen Sätze; diese müßten eine Terz höher klingen. Aber auch bei den bewegten Sätzen der Bach-Suiten z. B. empfinde er das Bedürfnis, sie einen halben oder ganzen Ton höher und entsprechend geschwinder zu hören – denn ein einzelnes Instrument könne den Verlust an lebendiger Wirkung nicht wettmachen wie das Orchester mit seinem Reichtum. Am liebsten möchte Casals jeder Platte die Anweisung aufdrucken lassen, daß sie um etwa 10 % beschleunigt laufen sollte.« (Dies bedeutet für die alten Schellackplatten, und von diesen kann 1941 allein die Rede sein, eine Beschleunigung von 78 auf 86 Umdrehungen in der Minute. Alles klingt also um einen ganzen Ton höher!)

Casals stimmt, so erklärt Tobel, »die beiden tieferen Saiten stets höher, so daß die beiden mittleren Saiten zusammen eine verkleinerte Quinte ergeben. Er begründet es damit, daß auf der d-Saite – er spielt stets auf Darmsaiten – immer alles zu hoch und das Entsprechende auf der g-Saite zu tief klinge, also höher gegriffen werden müsse.«

Casals pflegt die sogenannte ›*justesse* (oder *intonation*) *expressive*‹. Hierbei zieht bei jedem Halbtonschritt »der zweite Ton als Ziel den ersten an; je rascher die Tonfolge, desto enger verlangt das empfindliche Ohr dieses charakteristische Intervall, desto höher oder tiefer müssen die ihrem Ziel zustrebenden, ausdrucksgeladenen Leittöne (›sensibles‹) gegriffen werden, und die Ganztöne natürlich entsprechend weiter*.« (S. 83 f.)

Und weiter berichtet Rudolf von Tobel:

»Casals bezeichnet den gleichmäßig ausgehaltenen Ton als unmusikalisch, dumm und tot; normalerweise soll jeder Ton ein Perkussiondiminuendo bekommen. (Das bedeutet somit das Gegenteil von der immer noch anzutreffenden üblen Gewohnheit gewisser Cellisten, den Ton vorsichtig anzusetzen, ihn dann aber nachziehend und nachdrückend geschmacklos-sentimental zu schwellen, zu ›melken‹.)« (S. 92)

* Der musikhistorisch interessierte Leser wird sich eines gewissen Marchettus von Padua entsinnen, der vor rund 650 Jahren just dasselbe behauptet hat. Nach Hugo Riemann, der die betreffende Stelle in seiner Geschichte der Musiktheorie (1898), S. 138, anführt, »ist auch heute noch die Neigung der Musiker bekannt, den Leitton an den Hauptton stärker anzunähern, sein Intervall zu verkleinern«.

Solche (und ähnliche) Hinweise sind scheinbar technischer Natur, aber der Schein trügt. In nuce enthalten sie eine ganze Harmonie- und Melodienlehre, der nachzuspüren wir den Hörern unter unseren Lesern angelegen sein lassen.

Die auf den folgenden Seiten vorgelegte Diskographie erhebt nicht den Anspruch, vollständig zu sein. In der ersten Liste mit insgesamt 48 Nummern sind sämtliche mechanisch-akustisch aufgenommenen Casals-Aufnahmen der amerikanischen COLUMBIA, wie sie im Collector's Guide to American Recording 1895–1925 (ed. J. M. Moses, New York 1949) aufgeführt sind, systematisch erfaßt. Hinter jeder double-face-Plattennummer wird mit Hilfe des Zeichens & die Kopplung angezeigt. So ist etwa die laufende Nummer 1 Air gekoppelt mit 26 Liebestraum beziehungsweise 34 Romanze von Anton Rubinstein.

Erstaunlich an dieser Liste ist allein die fast komplett aufgenommene Bach-Suite für Violoncello solo, nicht sind es etwa die dem Zeitgeschmack huldigenden Salonstücke, zu denen sich übrigens Casals heute wie damals nachdrücklich bekennt.

Die zweite Liste mit insgesamt 26 Nummern enthält, was laut The Gramophone Shop Encyclopedia of Recorded Music 1948 an kleinen, von Casals aufgenommenen Stücken auf dem amerikanischen Markt erhältlich war. Wie man sieht, hat sich während der vergangenen zwanzig Jahre am Repertoire kaum etwas geändert. Bearbeitungen überwiegen.

Einen guten Überblick über das in Liste I und II Gebotene vermitteln die zwei anschließend aufgeführten Überspielungen eines Teiles der Stücke auf moderne Langspielplatten.

Die Liste III der Aufnahmen ist nach Komponisten ungefähr chronologisch geordnet und enthält die gloriosen alten Schellackaufnahmen weitgehend in Überspielung auf Langspielplatte. Ausländische Platten sind nach The World's Encyclopaedia of Recorded Music, London 1952–57, zitiert, deutsche Platten nach dem Bielefelder Katalog, auch wenn sie unterdessen nicht mehr oder noch nicht wieder in ihm geführt werden. Datierungen wurden mit Hilfe des Library of Congress Catalogue (Music and Phonorecords) und der Record Ratings (The Music Library Association's Index of Record Reviews, New York 1956) vorgenommen. Die gelegentlich verwendeten Abkürzungen sind jedem Benutzer von Schallplattenkatalogen geläufig.

## I

| Lfd. Nr. | Komponist | Titel | double-face 1915–1919 | single-face | double-face 1920–1925 |
|---|---|---|---|---|---|
| | | COLUMBIA | | | |
| 1 | J. S. Bach | Air for G String | A5756&26 | 49814 | 68026D&34 |
| 2 | J. S. Bach | Suite in C-Prélude | A5782&3 | | |
| 3 | J. S. Bach | Suite in C-Sarabande | A5782&2 | | |
| 4 | J. S. Bach | Suite in C-Bourée | A5697&33 | | |
| 5 | J. S. Bach | Suite in C-Gigue | A5875&24 | | |
| 6 | Boccherini | Allegro (A-Dur-Sonate) | | 48710 | 68025D&31 |
| 7 | Brahms | Sapphische Ode | | | 68089D&43 |
| 8 | Bruch | Kol Nidre I | A5722&9 | | 68019D&9 |
| 9 | Bruch | Kol Nidre II | A5722&8 | | 68019D&8 |
| 10 | Campagnoli | Romanza | A5654&41 | | |
| 11 | Chopin | Nocturne, op. 9, 2 | | 49820 | 68024D&39 |
| 12 | Couperin* | Chanson Louis XIII | A5907&39 | | |
| 13 | Crouch | Kathleen Mavorneen | | 79154 | 33008D&46 |
| 14 | Cui | Berceuse | | | 2037M &15 |
| 15 | Del Riego | O Dry Those Tears | | | 2037M &14 |
| 16 | Elgar | Salut d'amour | A5679&38 | 80158 | 33031D&35 |
| 17 | Fauré | Après un rêve | A6020&28 | | |
| 18 | Glazunow | Arabian Melody | | 80923 | 33030D&27 |
| 19 | Granados | Spanischer Tanz | A5847&20 | | |
| 20 | Goltermann | Cantilena (Konzert a-Moll) | A5847&19 | | |
| 21 | Händel | Largo (Serse) | A5649&34 | 49802 | 68061D&24 |
| 22 | Händel | Minuet | | | 2036M &40 |
| 23 | Haydn | Minuet in C | A5821&37 | | |
| 24 | Haydn | Adagio (aus op. 101) | A5875&5 | | 68061D&21 |
| 25 | Lassen | Thine Eyes So Blue | | 79147 | 33032D&45 |
| 26 | Liszt | Liebestraum | A5756&1 | 49812 | 68023D&38 |
| 27 | McDowell | To a Wild Rose | | | 33030D&18 |
| 28 | Mendelssohn | Lied ohne Worte, No. 30 | A6020&17 | | |
| 29 | Mendelssohn | Lied ohne Worte, No. 36 | | | 33048D&42 |
| 30 | Mozart | Larghetto (K. 593) | A5953&44 | | |
| 31 | Popper | Gavotte in D | | 98012 | 68025D&6 |
| 32 | Popper | Serenade (Span. Tanz 2) | A5650&36 | | |
| 33 | Popper | Mazurka | A5697&4 | | |
| 34 | Rubinstein | Melodie in F | A5649&21 | 49804 | 68026D&1 |
| 35 | Rubinstein | Romanze | | 80815 | 33031D&16 |
| 36 | Saint-Saëns | Le Cygne | A5650&32 | 49796 | 68027D&44 |
| 37 | Saint-Saëns | Allegro appassionato | A5821&23 | | |
| 38 | Schumann | Träumerei | A5679&16 | 49795 | 68023D&26 |
| 39 | Schumann | Abendlied | A5907&12 | 49801 | 68024D&11 |
| 40 | Sgambati | Serenata Napolitana | | | 2036M &22 |
| 41 | Tartini | Adagio (d-Moll-Konzert) | A5654&10 | | |
| 42 | Tschaikowski | Melodie (op. 42, 3) | | | 33048D&29 |
| 43 | Tschaikowski | Herbstlied (op. 37, 10) | | | 68089D&7 |
| 44 | Wagner | ›Abendstern‹ (Tannhäuser) | A5953&30 | | 68027D&36 |
| 45 | (anonym) | ›Would God I Were the Tender Apple Blossom‹ | | 80159 | 33032D&25 |
| 46 | (anonym) | ›Believe me if All Those Endearing Young Charms‹ | | 79155 | 33008D&13 |
| | | VICTOR RED SEAL 1925 | | | |
| 47 | Bach | Adagio (S. 564) | | | 6501&48 |
| 48 | Granados | Intermezzo (Goyescas) | | | 6501&47 |

II

| Lfd. Nr. | Komponist (Arrangeur) | Titel | Klavier-begleiter | Platten-nummer |
|---|---|---|---|---|
| 1 | J. S. Bach (Siloti) | Andante (aus S. 1003) | Blas-Net | 12"-G-DB 1404 |
| 2 | J. S. Bach (Siloti) | ›Komm, süßer Tod‹ (S. 478) | Blas-Net | 12"-G-DB 1400 |
| 3 | J. S. Bach | Air (aus S. 1068) | Blas-Net | 12"-G-DB 1404 |
| 4 | J. S. Bach (Siloti & Casals) | Adagio (aus S. 564) | Blas-Net | 12"-V-6635 |
| 5 | Beethoven | Minuet G-Dur (Gr. 167, 2) | Schulhof | 12"-G-DB 1419 |
| 6 | Boccherini (orig.) | Sonate No. 6, A-Dur | Blas-Net | 12"-G-DB 1392 |
| 7 | Chopin (Popper) | Nocturne, op. 9, 2 | Mednikoff | 12"-G-DB 966 |
| 8 | Chopin (Soeveking) | Prélude, op. 28, 15 | Mednikoff | 12"-G-DB 966 |
| 9 | Dvořák (Grünfeld) | ›Als die alte Mutter‹ (Zigeunerlied, op. 55, 4) | Blas-Net | 12"-V- 7193 |
| 10 | Fauré (Casals) | Après un rêve, op. 7, 1 | Mednikoff | 10"-V-1083 |
| 11 | Godard | Berceuse (aus Jocelyn) | Mednikoff | 12"-G-DB 1039 |
| 12 | Granados | Danza española No. 5 | Mednikoff | 10"-G-DA 5402 |
| 13 | Granados (Cassadó) | Intermezzo (aus Goyescas) | Mednikoff | 12"-G-DB 1067 |
| 14 | Haydn (Piatti) | Minuet C-Dur | Blas-Net | 12"-G-DB 3064 |
| 15 | Laserna | Tonadilla | | 12"-G-DA 1118 |
| 16 | Mendelssohn (orig.) | Lied ohne Worte, op. 109 | Blas-Net | 12"-G-DB 1399 |
| 17 | Popper (orig.) | Chanson Village, op. 62, 2 | | 10"-G-DA 731 |
| 18 | Popper (orig.) | Vito, op. 54, 5 | | 10"-G-DA 1015 |
| 19 | Rubinstein (Popper) | Melodie in F, op. 3, 1 | Mednikoff | 12"-V-1178 |
| 20 | Saint-Saëns (orig.) | Le Cygne | | V-1143: G-DA 776 |
| 21 | Schubert (Becker) | Moment music., op. 94, 3 | | V-1143: G-DA 776 |
| 22 | Schumann | Träumerei, op. 15, 7 | | V-1178: G-DA 833 |
| 23 | Tartini | Grave (aus Cellokonzert D-Dur) | | 12"-G-DB 1400 |
| 24 | Vivaldi | Adagio (aus F. 4, 11) | Blas-Net | 10"-GDA 1118 |
| 25 | Wagner-Wilhelmj | Preislied (aus Meistersinger) | Mednikoff | V-6620: G-DB 1012 |
| 26 | Wagner | ›Abendstern‹ (Tannhäuser) | Mednikoff | V-6620: G-1012 |

Pablo Casals, Violoncello: Historische Aufnahmen 1926–1928

Bach-Siloti-Casals: Adagio (Toccata C-Dur) / Chopin-Popper: Nocturne, op. 9,2 / Chopin-Soeveking: Prélude Nr. 15 / Fauré-Casals: Après un rêve / Godard: Berceuse (Jocelyne) / Granados-Cassadó: Intermezzo (Goyescas) / Hillemacher: Gavotte tendre / Rubinstein-Popper: Melodie in F / Saint-Saëns: Le cygne (Karneval der Tiere) / Schubert-Becker: Moment musical Nr. 3 / Wagner-Wilhelmj: Preislied (Meistersinger) / ›O du mein holder Abendstern‹ (Tannhäuser).

Pablo Casals Vcl., Nicolai Mednikoff Kl. *30 cm, RCA HR 214*

Encores by Casals

Bach: Adagio (S. 564) / Dvořák: ›Songs my mother taught me‹ / Granados: Intermezzo (Goyescas) / Mendelssohn: Song without words, D Major, op. 109 / Rimsky-Korsakow: Flight of the bumble bee, from ›Tale of Tsar Saltan‹ / Rubinstein: Melody F major, op. 3,1 / Saint-Saëns: Le cygne,

* In Wirklichkeit von F. Kreisler.

from ›Le carnaval des animaux‹ / Schubert: Moment musical no. 3 F minor, from D. 780 / Schumann: Träumerei, from ›Kinderszenen‹, op. 15 / Wagner: Prize song, from ›Die Meistersinger von Nürnberg‹, & Evening star, from ›Tannhäuser‹.
Pablo Casals Vcl.; various pianists. *Victor LCT 1050*

III

Prades-Festival 1950: J. S. BACH
Brandenburgische Konzerte 1, 2 (Mule Altsaxoph.!), 3 *AmC. ML 54345*
Brandenburgische Konzerte 4 (Schneider Vl.)
Brandenburgische Konzerte 5 (Istomin Kl., Wummer Fl., Szigeti Vl.) *AmC. ML 54346*
Brandenburgische Konzerte 6, Ricercare a sei voci, Sonate c-Moll (Wummer Fl., Schneider Vl., Mannes Kl.) aus d. Musik. Opfer (S. 1079) *AmC. ML 54347*
Suite 1 C-Dur (S. 1066) und 2 h-Moll (S. 1067) (Wummer Fl.) *AmC. ML 54348*
Gambensonate 1 G-Dur (S. 1027)
Gambensonate 2 D-Dur (S. 1028) *AmC. ML 54349*
Gambensonate 3 g-Moll (S. 1029) (Casals Vcl., Baumgartner Kl.), Chromatische Fantasie und Fuge u. Ital. Konzert (Serkin Kl.) *AmC. ML 54350*
Konzert f. 2 Vl. d-Moll (S. 1043) (Stern, Schneider Vl.)
Konzert f. Vl. u. Oboe c-Moll (S. 1060) (Stern Vl., Tabuteau Ob.) *AmC. ML 54351*
Konzert a-Moll f. Kl., Fl., Vl. (Horszowski Kl., Wummer Fl., Schneider Vl.) (S. 1044)
Violinkonzert d-Moll (arr. u. gespielt v. Szigeti) *AmC. ML 54352*
Konzert f. Kl. f-Moll (S. 1056) (Haskil Kl.)
Konzert f. Vl. a-Moll (S. 1041) (Stern Vl.)
Sonate f. Fl., Vl. u. bc. G-Dur (S. 1038) (Wummer Fl., Stern Vl., Istomin Kl.), Toccata u. Fuge e-Moll (S. 914) (Istomin Kl.) *AmC. ML 54353*
Prades Festival Orchester, dir. v. Pablo Casals

*zum Vergleich:*
Marlboro-Festival 1966: J. S. BACH
Sämtliche 6 Brandenburgische Konzerte *ST 30 cm, CBS 72396/97*
Orchester-Suiten 1–4 (S. 1066–1069), Kassette Pablo Casals zum 90. Geburtstag 29. 12. 1966 *ST 2–30 cm, CBS 72517/8*
Marlboro Festival Orchester, dir. v. Pablo Casals (& Serkin Kl.)

Suite f. Vcl. solo
1 G-Dur (S. 1007), Juni 1938 — *30 cm, Elec. E 80496*
2 d-Moll (S. 1008), November 1936 — *30 cm, Elec. E 80496*
3 C-Dur (S. 1009), November 1936 — *30 cm, Elec. E 80497*
4 Es-Dur (S. 1010), Juni 1939 — *30 cm, Elec. E 80497*
5 c-Moll (S. 1011), Juni 1939 — *30 cm, Elec. E 80498*
6 D-Dur (S. 1012), Juni 1938 — *30 cm, Elec. E 80498*

COUPERIN, FRANÇOIS
Pièces en Concert f. Vcl. u. Streichorch. (Suiten)
(Casals Vcl., Horszowski Kl.)
in: Konzert im Weißen Haus — *30 cm, CBS 72035*

BOCCHERINI, LUIGI
Konzert f. Vcl. u. Orchester B-Dur (Casals Vcl., London Symph.-Orch. dir. v. Sir Landon Ronald), Kadenz v. Pablo Casals, & Bruch: Kol Nidrei — *Vic. LCT 1028*
Konzert f. Vcl. u. Orchester B-Dur (Gendron Vcl. Lamoureux-Orch., dir. v. P. Casals), & 2. Cellokonzert v. Haydn, op. 101
Kadenzen von Maurice Gendron — *SM 30 cm, Phi. 835069 AY*

HAYDN, JOSEPH
Trio f. Kl., Vl. u. Vcl. Nr. 1, G-Dur, op. 73, 2 (Cortot Kl., Thibaud Vl., Casals Vlc.) 29. Juni 1927 (London)
& Schubert Trio B-Dur, op. 99 — *30 cm, Elec. E 80487*
Konzert f. Vcl. u. Orch. D-Dur, op. 101 (Gendron Vcl., Orch. des Concerts Lamoureux dir. v. P. Casals) — *SM 30 cm, Phi. 835069 AY*
Symphonie Nr. 45 fis-Moll (Abschiedssymphonie) (Orch. of the Festival Casals de Puerto Rico 1959, dir. v. Pablo Casals)
Aufgenommen in der Universitätsaula in San Juan, Puerto Rico, im Mai 1959 — *AmC. ML 5449*

MOZART, WOLFGANG AMADEUS
Symphonie Nr. 36 C-Dur K. 425 (Linzer Symphonie) (Orch. Festival Casals de Puerto Rico 1959, dir. v. Pablo Casals)
Aufgenommen in der Universitätsaula in San Juan, Puerto Rico, im Mai 1959 — *AmC. MS 6122*

Perpignan-Festival 1951:
Wolfgang Amadeus Mozart
Serenade G-Dur K. 525 (Eine kleine Nachtmusik), Symph. 29 A-Dur K. 201 — *AmC. ML 4563*
Sinfonia concertante Es-Dur K. $320^d$ = 364 (Stern Vl., Primrose Vla.) — *AmC. ML 4564*
5. Violinkonzert A-Dur K. 219 (Morini) — *AmC. ML 4565*

11\. Divertimento D-Dur K. 251, Oboenquartett F-Dur K. 370 (Tabuteau Ob., Stern Vl., Primrose Vla., Tortelier Vlc.) *AmC. ML 4566*
1\. Flötenkonzert K. 313 (Wummer Fl.), 14. Klavierkonzert Es-Dur K. 449 (Istomin Kl.) *AmC. ML 4567*
9\. Klavierkonzert Es-Dur K. 271 (Hess Kl.) *AmC. ML 4568*
22\. Klavierkonzert Es-Dur K. 482 (Serkin Kl.) *AmC. ML 4569*
27\. Klavierkonzert B-Dur K. 595 (Horszowski Kl.) *AmC. ML 4570*
›Ch'io mi scorda di te?‹ K. 505, ›Non temer, amato bene‹ K. 409, 19, ›Zeffiretti lusinghieri‹ aus Idomeneo K. 366 (Tourel Mezzo-Sopr., Horszowski Kl.), & J. S. Bach: ›Erbarme dich‹, a. d. Matthäuspassion, u. Beethoven: 12 Variationen f. Vcl. u. Kl. (Judas Maccabaeus) (Casals Vcl., Serkin Kl.) *AmC. ML 4640*
Perpignan-Festival-Orchester, dir. v. Pablo Casals

Perpignan-Festival:
Ludwig van Beethoven
Sonate f. Vcl. u. Kl. Nr. 2 g-Moll, op 5, 2 / 7 Variationen üb. ›Bei Männern, welche Liebe fühlen‹ (Zauberflöte) / 12 Variationen üb. ›Ein Mädchen oder Weibchen‹ (Zauberflöte)
Pablo Casals Vcl., Rudolf Serkin Kl. *30 cm, CBS 72217*

Beethoven, Ludwig van
The complete music for cello and piano (Sonaten 1, 3, 4, 5, aufgenommen während des Prades-Festivals 1953; Sonate 2 und die Händel- und Mozart-Variationen anl. des Perpignan-Festivals 1951)
Pablo Casals Vcl., Rudolf Serkin Kl.
*Odyssey 32360016 (32160232, 32160234, 32160236)*

Wichtige frühere Aufnahmen der Cello-Sonaten und Variationen Beethovens:
Sonate 1, op. 5, 1 F-Dur (Casals Vcl., Horszowski Kl.) *6ss G. DB 3908/10*
Sonate 2, op. 5, 2 g-Moll (Casals Vcl., Horszowski Kl.) *6ss G. DB 3911/13*
Sonate 3, op. 69 A-Dur (Casals Vcl., Schulhof Kl.) *6ss G. DB 1417/19*
Sonate 4, op. 102, 1 C-Dur (Casals Vcl., Horszowski Kl.) *4ss G. DB 3065/66*
Sonate 5, op. 102, 2 D-Dur (Casals Vcl., Horszowski Kl.) *6ss G. DB 3914/16*
Variationen f. Vcl. u. Kl. über ›Bei Männern ...‹
(Casals Vcl., Alfred Cortot Kl.) *4ss G. DA 915/6*

Beethoven, Ludwig van
Klaviertrios:
Nr. 1 Es-Dur, op. 1, 1 (J. Fuchs Vl., Casals Vlc., Istomin Kl.), Prades-Festival 1953 *AmC. ML 5291*
Nr. 2 G-Dur, op. 1, 2 (Schneider Vl., Casals Vlc., Istomin Kl.)
*AmC. ML 4573*

Nr. 3 c-Moll, op. 1, 3 (Végh Vl., Casals Vlc., Horszowski Kl.), Mitschnitt Beethovenhaus Bonn, & Hornsonate, op. 17, i. d. Fassung für Vcl. u. Kl. *25 cm, Phi. G 05364 R*

Nr. 4 B-Dur, op. 11 (Schneider Vl., Casals Vcl., Istomin Kl.) (urspr. statt Vl. Klarinette) *AmC. ML 4571*

Nr. 5 D-Dur, op. 70, 1 (Fuchs Vl., Casals Vcl., Istomin Kl.), Prades-Festival 1953 *AmC. ML 5291*

Nr. 6 Es-Dur, op. 70, 2 (Schneider Vl., Casals Vcl., Istomin Kl.) *AmC. ML 4571*

Nr. 7 B-Dur, op. 97 (Thibaud Vl., Casals Vcl., Cortot Kl.), London, November 1928) *Angel Records COLH 29*

Nr. 7 B-Dur, op. 97 (Schneider Vl., Casals Vcl., Istomin Kl.) *AmC. ML 4574*

Nr. 7 B-Dur, op. 97 (Végh Vl., Casals Vcl., Horszowski Kl.), Mitschnitt Beethovenhaus Bonn *30 cm, Phi. A 00506 L*

Casals dirigiert Beethoven:

Die Ruinen von Athen, Ouvertüre, op. 113 (Orch. of Barcelona Pau Casals) *G–AW 133*

Symphonie Nr. 1 C-Dur, op. 21 (Barcelona-Orch., dir. v. Pablo Casals) *6 ss G. D. 1729/31: AB 556/8*

Symphonie Nr. 8 F-Dur, op. 93 (Marlboro-Festival-Orch. unter P. Casals), & Mendelssohn 4. Symphonie *ST 30 cm, CBS S 72523*

Coriolan Ouverture c-Moll, op. 62 (London Symph.-Orch.) *G–D 1409*

Schubert, Franz

Klaviertrio Nr. 1 B-Dur, op. 99 (Thibaud Vl., Casals Vcl., Cortot Kl.), & Haydn-Trio G-Dur, op. 73, 2 *30 cm, Elec. E 80487*

Klaviertrio Nr. 1 B-Dur, op. 99 (Schneider Vl., Casals Vcl., Istomin Kl.) *AmC. ML 4715*

Klaviertrio Nr. 2 Es-Dur, op. 100 (Schneider Vl., Casals Vcl., Horszowski Kl.) *EPhi ABL 3009*

Quintett C-Dur, op. 163 (Stern u. Schneider Vl., Katims Vla., Casals u. Tortelier Vcl.) *EPhi. ABL 3100*

Symphonie Nr. 8, D. 759, h-Moll (Puerto-Rico-Festival 1957, Casals probt den 1. Satz);
& mit Bach: Capriccio (S. 992) (Serkin Kl.) u. 1. Orchestersuite C-Dur S. 1066)
Festival-Symph-Orch. of Puerto Rico, dir. v. Casals *AmC. ML 5236*

Streichquintett C-Dur, Op. 163 (Végh, Zöldi Vl., Janzer Vla., Casals, Szabo Vcl.) Prades-Festival *ST 30 cm, Phi. 835099*

Mendelssohn-Bartholdy, Felix

Klaviertrio Nr. 1 d-Moll, op. 49 (Thibaud Vl., Casals Vcl., Cortot Kl.) & Brahms, Doppelkonzert *Ang. COLH-75*

Klaviertrio Nr. 1 d-Moll, op. 49 (Schneider Vl., Casals Vcl., Horszowski Kl.) siehe unter: A Concert at the White House, Nov. 13, 1961 *AmC. KL 5726, 30 cm, CBS 72035*

Symphonie Nr. 4 in A-Dur, op. 90 (Italienische) Marlboro-Festival-Orch., dir. v. Casals, & Beethoven: 8. Symphonie *St 30 cm, CBS S 72523*

Schumann, Robert

Klaviertrio Nr. 1 d-Moll, op. 63 (Thibaud Vl., Casals Vcl., Cortot Kl.), 15. Nov. 1928 *Vic. LCT 1141*

Klaviertrio Nr. 1 d-Moll, op. 63 (Schneider Vl., Casals Vcl., Horszowski Kl.) *AmC. ML 4718*

5 Stücke im Volkston, op. 102 (Casals Vcl., Mannes Kl.) *AmC. ML 4718*

Adagio und Allegro As-Dur f. Vcl. (eigentl. Horn) und Kl., op. 70 (Casals Vcl., Horszowski Kl.), & Konzert im Weißen Haus *30 cm, CBS 72035*

Konzert a-Moll, op. 129, f. Vcl. u. Orch. (Kadenz v. Casals) (Casals Vcl. u. Prades-Festival-Orch.) *EPhi. ABR 4035*

Brahms, Johannes

Konzert f. Vl. u. Vcl. u. Orch. a-Moll, op. 102 (Thibaud Vl., Casals Vcl., Barcelona-Orch., Dir.: Cortot) *Ang. COLH-75*

Klaviertrio Nr. 1 H-Dur, op. 8 (Stern Vl., Casals Vcl., Heß Kl.) *AmC. ML 4719*

Klaviertrio Nr. 2 C-Dur, op. 87 (Stern Vl., Casals Vcl., Heß Kl.) *AmC. ML 4720*

Streichsextett Nr. 1 B-Dur, op. 18 (Stern u. Schneider Vl., Katims u. Thomas Vla., Casals u. Foley Vcl.) *EPhi. ABL 3085)*

Sonate Nr. 2 f. Vcl. u. Kl. F-Dur, op. 99 (Casals Vcl., Horszowski Kl.) *8 ss G. DB 3059/62*

Variationen über ein Thema von Haydn, op. 56a (London Symph.-Orch., dir. v. P. Casals) *6 ss G. D 1376/78*

Dvorak, Antonin

Konzert f. Vcl. u. Orch. h-Moll, op. 104 (Casals Vcl., Tschech. Philharmonie, dir. v. Szell) 28. April 1937 *Vic. LCT 1026, 30 cm, Elec. E. 80614*

Elgar, Edward

Konzert f. Vcl. u. Orch. in e-Moll, op. 85 (Casals Vcl., BBC Symphony, dir. v. Adrian Boult) *4 12"–GM-394*

Gould, Morton
Louis de Rochemont's cinemiracle presentation windjammer (Male chorus and orchestra: Jack Shaindlin conductor. Participating artists: Pablo Casals with Mieczyslaw Horszowski) *AmC–CL 1158*

Bruch, Max
Kol Nidrei, op. 47 f. Vlc. u. Orchester (Casals Vcl. u. London Symph.-Orch., dir. v. Landon Ronald)
& Boccherini Cellokonzert B-Dur *Vic. LCT 1028*

Konzert im Weißen Haus (13. Nov. 1961)
Mendelssohn: Trio Nr. 1, op. 49 / Couperin: Konzertstücke für Violoncello u. Kl. / Schumann: Adagio und Allegro / Song of the Birds (für Vcl. u. Kl. arr. v. Pablo Casals)
(Pablo Casals Vcl., Alexander Schneider Vl., Mieczyslaw Horszowski Kl.) *30 cm, CBS 72035*

Pablo Casals: Opera sacra
Nigra sum / Rosarium beatae virginis Mariae / Salve Montserratina / O vos omnes / Canço a la Verge / Tota pulchra es / Eucaristica / Recordare Virgo Mater
P. Gregori Estrada OSB, Orgel; Capella und Escolania der Benediktinerabtei Montserrat; P. Ireneu Segarra OSB *30 cm, HM 30632*

Pablo Casals: (6) Songs for Soprano (& Duette von Dvořák und Mendelssohn)
Iglesias, Sopr., Horszowski, Kl. (Casals); Burgess, Sopr., und Humphrey, Ten. (4 Duette, op. 20, von Dvořák); Valente und Kombrink, Sopr., Batlle, Kl. (6 Duette, op. 63, v. Mendelssohn) *Col. ML–6336; MS–6936*

Sardanas of Catalonia:
(performed by Catalonian musicians, recorded in Prades [France] under the supervision of Pablo Casals)
Festivola (Pablo Casals) / Innominada (J. Garreta) / La nit de l'amor (E. Morera) / Tarragona (E. Casals) / Lluny (E. Casals) / Sant Martí del Caingó (P. Casals) / La rosada (J. Garreta) *Angel Records ANG. 35475*

# REGISTER

Abd-el-Krim 149
Alavedra, Joan 21, 22, 212–215, 217, 218, 220, 224
*El Pessebre* (Libretto) 21
Alavedra, Macía 220
Albéniz, Isaac 37, 38, 40, 43, 44, 46, 64, 139, 229
*Pavana* 40
Albert, König der Belgier 113, 114
Alfonso XII., König von Spanien 45, 46, 50
Alfonso XIII., König von Spanien 52, 53, 149–152, 196
Apollo 159, 160
Arbeiter-Konzertvereinigung (Barcelona) 147, 148, 239
Astray, General 204
Azaña, Manuel 189, 191, 193, 206

Bach, Johann Sebastian 11, 25, 34, 96, 103, 121, 123, 124, 129, 139, 194, 195, 204, 218, 223, 236, 237, 249, 253
*Suiten für Violoncello solo* 36, 37, 110, 228, 237, 238
Bach-Fest 236–239
Bach-Gesellschaft 236
Barbirolli, Sir John 234, 235
Barcelona
Städtische Musikschule 28, 29, 31–33, 63, 64
Barrientos, María 130
Barthelemey, Monsieur 250
Bauer, Harold 66, 81, 96, 97, 99, 122, 124, 125, 131, 142, 243
Beethoven, Ludwig van 34, 68, 96, 129, 130, 139, 142, 143, 218
*Symphonie Nr. 9 d-Moll op. 125* 187, 197, 198
Benet (Tischler) 31, 32
Bergson, Henri 81
Boquel (Impresario) 102
Borotra, Jean 154
Borwick, Leonard 123
Boult, Sir Adrian 228, 234
Brahms, Johannes 34, 96, 97, 119, 139, 154, 223
Brandenkoff (Cellist) 121
Bretón, Tomás 44, 66, 81
*La verbena de la paloma* 51
Briand, Aristide 81
British Broadcasting Corporation (BBC) 218, 228, 229, 234
Brüssel, Konservatorium für Musik 54, 56–58
Budapester Streichquartett 236
Busch, Fritz 142

Caen, Estelle 250
*El Cant del Ocells* (»Der Gesang der Vögel«) 20, 21, 229, 242, 257
Carlos, König von Portugal 65
Carrière, Eugène 81
Casals, Artur (Bruder) 23
Casals, Carlos (Vater) 14, 16, 18–20, 22–26, 28–30, 35, 36, 40, 43, 54, 59, 60, 73, 96, 116, 160
Casals, Carlos – Casals, Pablo
*Els Pastorets* (»Anbetung der Hirten«) 20
Casals, Erique (Bruder) 15, 30, 43, 45, 46, 54, 103, 117, 127, 137, 148, 150, 151, 244, 250
Casals-Festival (Puerto Rico) 92, 246, 247, 250
Casals, Luis (Bruder) 15, 30, 43, 45, 54, 117, 127, 151, 154
Casals, María (Enriques Frau) 244
Casals, Martita (Frau Pablo Casals) 19, 35, 115, 241–246, 248–251, 258, 259, 261, 262
Casals, Pablo
*El Pessebre* (»Die Krippe«, Oratotorium) 21, 53, 219–221, 254–256, 261, 262
Casals, Pilar Defillo de (Mutter) 11, 12, 14–16, 18, 19, 29–31, 37, 38, 40–47, 50, 53, 54, 58–60, 73, 96, 103, 116, 117, 127, 132, 139, 151, 154, 160, 242, 245
Castro, Juan José 250
Cellospiel 28, 32, 33, 57, 64
Chamberlain, Sir Neville 206
Chopin, Frédéric 97, 130
Chruschtschow, Nikita 115
Clará, José 159, 160
Clavé, José Anselmo 144, 146
Clemenceau, Georges 81
Cocteau, Jean 113
Colonne, Édouard 101
Colonne-Orchester 56, 118
Companys, Luis 62, 63, 199, 212
Connaught, Herzog von 76
Cortot, Alfred 81, 96, 100–102, 118, 122, 124, 125, 131, 142, 153, 214, 229, 231
Cossió, Manuel 192
Couperin, François 257
Crickboom, Mathieu 66
Cripps, Sir Stafford 233
Cueto, Augusto 262
Cueto, Juan 262
Cueto, Coll, Luis 261, 262
Cueto Coll, Rosa 261, 262
Cui, César 107, 108
Culp, Julia 130

Daladier, Édouard 208
Damrosch, Walter 130
Debussy, Claude 119
Defillo, Familie 242
Degas, Hilaire 81
Downes, Olin 203
Draper, Muriel 125
Dreyfus, Alfred, Hauptmann 82–84
Duncan, Isadora 85
Duncan, Raymond 85
Dvořák, Anton
*Konzert für Violoncello und Orchester h-Moll op. 104* 118, 119, 206

École Normale de Musique, Paris 118, 243
Edward VII., König v. England 76
Einstein, Albert 203, 235
Eisenberg, Maurice 118, 158, 209, 216
Eisenberg, Pablo 154
Eisenberg, Paula 209

Elena, Königin von Italien 151
Elgar, Sir Edward William
*Konzert für Violoncello und Orchester in e-Moll op. 85* 228
Elisabeth, Königin der Belgier 111–115
Elliot, Mrs. 74
Enesco, Georges 81, 124, 125
Engels, Friedrich 42
Escarré, Pater 72

Falla, Manuel de 139
Fernández Arbós, Enrique 37, 69, 70
Ferdinand II., König von Spanien 90
Franck, César 118
Franco, Francisco, General 53, 61, 62, 73, 189, 197, 199, 204–207, 209, 213, 214, 222, 231–233, 238, 258, 263
*Fruicions* (Musikzeitschrift) 148

Galvez 66
García, Josep 28, 32, 33, 63, 81
García, Manuel 32
García, Manuel (Sohn) 32
Garreta, Juli 139, 140, 142
Gassol, Ventura 190, 191, 198, 203, 205, 217, 239
Gaulle, Charles de 132
Georg V., König von England 76
Georg VI., König von England 232
»Gesang der Vögel« s. *El Cant del Ocells*
Gevaert, François 54, 73, 81
*Histoire et théorie de la musique de l'antiquité* 56
*Gigantes y Cabezudos* 127
Glasunow, A. K. 107
Goded, Manuel, General 197, 199
Gounod, Charles 74
Goya, Francisco 50, 126
Granados, Amparo 129, 130
Granados, Enrique 44, 66, 68, 129–131, 139, 140
*María del Carmen* 68
*Goyescas* 129
Greco, El 92
Guarro 209, 210
Guell, Graf de 158
Guifred, Graf 210

Haydn, Joseph 139
*Konzert für Violoncello und und Orchester Nr 1. D-Dur op. 101* 206
Hermann, Theresa 92
Hess, Myra 232
Hindemith, Paul 236
Hitler, Adolf 189, 202, 206, 207, 209, 213, 214, 218, 231, 262, 263
Horszowski, Madame 103
Horszowski, Mieczyslaw 102, 103, 158, 236, 237, 253, 257

d'Indy, Vincent 81
Institución Libre de Enseñanza 192
Isabella I., Königin von Aragón 90
Isabella, Infantin 46, 47
Istomin, Eugène 237

Joachim, Joseph 111, 154
Juan Carlos 53

Kelly (Tennispartner) 153
Kennedy, Jacqueline 258, 259
Kennedy, John F., Präsident 94, 256–260
Khachaturian, Aram 234

Klavierspiel 23, 24
Klemperer, Otto 142
Kolumbus, Christoph 90
Kreisler, Fritz 96, 122, 124, 125, 130, 142
Kussewitzky, Sergei 142, 203, 236

Lalo, Édouard
*Konzert für Violoncello und Orchester d-Moll* 66, 79
Lamoureux, Charles 78–80, 97, 111, 131
Lamoureux-Orchester 56, 79, 118
Liceu-Musikschule 63, 68, 204, 205
Liszt, Franz 49, 104
*Llibre Vermell* 72
London Philharmonic Orchestra 228
Longworth, Mrs. Nicholas 94
Luzerner Festwochen 228

Macía, Francesco 149, 187, 190, 191
Madrider Konservatorium für Musik 50, 51
Maire (Cellobauer) 32
Malibran, Maria 32
Malraux, André 132
Manns, August 74
Mao Tse-tung 115
Maragall, Joan 61
María Cristina, Königin-Regentin von Spanien 38, 45, 47, 52, 54, 65, 66, 76, 80, 149, 150, 196
Marie-Amélie, Königin von Portugal 66
Marlboro-Musikfest 251
Marx, Karl 42
Massenet, Jules 118
Matisse, Henri 92
McCormack, John 130
Mendelssohn-Bartholdy, Felix 34, 124, 257
Menuhin, Yehudi 253
Messchaert, Johannes 116
Metcalfe, Susan 124
Metropolitan Orchestra, New York 92
Monasterio, Jesús de 51, 81
Montañez, Señora 243
Montañez, Rafael 241–243
Monteux Pierre 124, 142
Montserrat, Kloster 70, 72, 73
Moór, Emanuel 109, 121–123, 131
Moreau, Léon 85, 88, 89, 91, 95
Moreira de Sa 99
Morphy, Graf Guillermo de 38, 40, 43–47, 49–51, 53, 54, 56, 58, 64, 66, 68, 69, 74, 76, 78, 79, 81, 96
*Les luthistes espagnols du XVIe siècle* 45
Morphy, Gräfin de 49
Mozart, Wolfgang Amadeus 96, 124, 129, 139, 239, 246
Muñoz Marín, Luis 245, 246, 248–250, 257, 259
Murillo, Bartolomé Esteban 50
Musiker-Komitee zur Unterstützung der spanischen Demokratie 203
Mussolini, Benito 189, 202, 206, 231, 263

Napoleon Bonaparte 107
Negrín, Dr. Juan 189, 206
Nevada, Emma 74, 86, 91, 95
Nixon, Richard M. 263

Oistrach, David 253
d'Olwer, Nicolaú 189
Orfeó Català 146, 197, 198
Orfeó Gracienc 146
Orgelspiel 25
Ormandy, Eugene 219

Orchester des Pariser Konservatoriums 56
Orquestra Pau Casals, Barcelona 134, 136–139, 142–144, 146–148, 150, 153, 154
Orchestre de la Suisse Romande 253

Paderewski, Ignace Jan 97, 130
Palá, Concepción 35
Pasdeloup-Orchester 56
Passalacqua, Dr. 248
Passigli, Alberto 160
Pedrell, Felipe 44, 68
Perpignan-Festival 239, 241, 242
*El Pessebre* s. Casals, Pablo
Pétain, Henri 63, 216
Philipp V., König von Spanien 149, 151
Picasso, Pablo 92
*Guernica-Gemälde* 202
Picquart, Georges, Oberst 82, 83, 131
Pierné, Gabriel 118–120
Prades-Festspiele 103, 115, 236–238, 243, 246, 250
Prokoffiew, Sergei 234
Puerto-Rico-Konservatorium für Musik 250

Queipo de Llano, General 204, 205

Rachmaninow, Sergei 107
Ravel, Maurice 81
Reid Symphony Orchestra, Edinburgh 194
Rennon, Señor 201
Renoir, Pierre 101
Richter, Hans 121
Rimskij-Korsakow, Nikolaj Andrejewitsch 106–108
Ríos, Fernando de los 189
Rivera, Primo de 149
Rolland, Romain 81
Röntgen, Julius 131, 133
Roosevelt, Franklin D. 94, 189, 206
Roosevelt, Theodore 94
Rosanoff, Lieff 243
Rubinstein, Artur 236
Rubio, Agustín 37, 69, 70, 228
St. Martin, Abtei 210
Saint-Michel de Cuxa, Abtei 217, 226, 239, 255
Saint-Saëns, Camille 81, 131
*Konzert für Violoncello und Orchester Nr. 1 a-Moll op. 33* 74, 76, 92
St. Pierre (Kirche in Prades) 237, 239
St. Petersburger Konservatorium für Musik 106
Santes Creus (Kloster) 26
Sarasate, Pablo de 68–70
Sardanas 140
Schlarba, Astan 9, 10
Schnabel, Artur 236
Schneider, Alexander (Sascha) 9, 10, 84–86, 236, 237, 239, 246, 247, 250, 257
Schönberg, Arnold 81, 142
Schostakowitsch, Dimitri 234
Schubert, Franz 68
*Trio B-Dur op. 99* 101
Schumann, Clara 123
Schumann, Robert 97, 139, 257
*Konzert für Violoncello und Orchester a-Moll op. 129* 228, 234
Schweitzer, Albert 194, 195, 252
Serkin, Rudolf 237, 251
Serra, Fra Junípero 90
Shakespeare, William 121
Shankar, Ravi 253

Siloti, Alexander 104–107
Skrjabin, Alexander 107
*Prometheus* 108
Sophia, Prinzessin von Griechenland 53
Spanische Flüchtlingshilfe 262
Speyer, Sir Edward 153, 154
Stein, Gertrude 92
Stein, Leo 92
Stein, Michael 91
Stern, Isaac 237
Stokowski, Leopold 236
Strauss, Richard 35, 93, 131, 142
*Don Quixote* 92, 93
Strawinsky, Igor 142
Suárez, Dr. Ramón 248
Subarina, Panchita 154
Szigeti, Joseph 237

Tschaikowsky, Peter Iljitsch 104
Tschaikowsky-Konservatorium, Moskau 96
Theodor, Herzog in Bayern 113, 114
Thibaud, Jacques 81, 96, 100–102, 118, 124, 125, 131, 142, 153
Thomson, Virgil 203
Tizian 50
Toscanini, Arturo 219, 236
Tost, Señor 34, 68
Toulouse-Lautrec, Henri de 59
Tovey, Sir Donald Francis 158, 194
*Tres Bemoles, Los* (»Die drei B's«) 25

U Thant 256
Universität Barcelona 207
Universität von Kalifornien, Berkeley 250

Vayo, Álvarez del 189
Velázquez, Diego Rodriguez 49
Verdaguer, Jacinto 210
Verdi, Giuseppe 74
Viardot, Pauline 32
Victor Emanuel, König von Italien 151
Victoria, Königin von England 74, 76, 150, 235
Victoria, Königin von Spanien 150

Wagner, Richard 78, 101, 121
*Walkürenritt* 137
Walker (Pianist) 76
Weihnachtsgeschichte 20–22
White, Dr. Paul Dudley 248
Wilson, Woodrow 130

Ysaÿe, Antoine 143
Ysaÿe, Eugène 81, 111, 112, 114, 122, 124, 125, 142–144, 153

Zimbalist, Efrem 203
Zola, Émile 83

# Arthur Rubinstein
# Mein glückliches Leben
Aus dem Englischen von Günther Danehl
Band 5650

›Mein glückliches Leben‹ schließt unmittelbar an Arthur Rubinsteins Jugenderinnerungen ›Die frühen Jahre‹ an. Hier nun schildert der große Pianist seinen Weg zum Weltruhm. Die Memoiren beginnen mit dem Ersten Weltkrieg. Rubinstein reist nach Spanien, Süd- und Nordamerika. Buenos Aires, Montevideo, Mexico City und die USA sind Etappen erfolgreicher Tourneen. Freimütig erzählt Rubinstein von seinen zahlreichen Amouren, ungeniert, doch niemals verletzend oder indiskret. Mit 45 Jahren heiratet er Nela Mlynarski, Tochter eines bedeutenden polnischen Dirigenten, die ihm vier Kinder schenkt. Einen breiten Raum nehmen Begegnungen mit bedeutenden Künstlern ein: Picasso, Ravel, de Falla, Strawinsky, H.G.Wells, Chaplin und sehr vielen anderen. Über sein Künstlertum äußert sich Arthur Rubinstein knapper, doch mit allem Nachdruck einer aus unvergleichlicher Praxis und Sensibilität gewonnenen Überzeugung. Im Zweiten Weltkrieg findet der Fünfzigjährige in den USA ein neues Heim. Seine letzten Jahre verbringt er in Paris und Genf, wo er 1982 stirbt.

Fischer Taschenbuch Verlag

fi 1528 / 2

# Grete Busch

# Fritz Busch
## Dirigent

Band 5648

Fritz Busch, Sohn eines Schreiners und Geigenbauers, Urmusikant und Universalmusiker, seinem ein Jahr jüngeren Bruder Adolf, überragendem Violinisten und Kammermusiker, fast zwillingshaft verbunden, spielte als Kind mit der Familienkapelle Busch in sauerländischen Dorfschenken auf. Sein 1890 begonnener, 1951 jäh geendeter Weg führte ihn weit in die Welt. Er hat, Repertoire-, Ensemble- und Stilbildner, in Aachen und Stuttgart, in den elf Jahren seiner beispielhaften Dresdner Operndirektion und mit dem fortwirkenden Muster der Glyndebourner Festspiele nach dem Beständigen getrachtet. Nationalsozialistische Barbarei vertrieb ihn aus Dresden, freiwillig emigrierte er, alle Angebote der Machthaber verschmähend. Der Nachschaffende, nun Rastlose, rang um sein Werk, eine Kunstübung, die sich nur in Seßhaftigkeit, in dauerhaften Modellen ganz erfüllen konnte. Grete Busch schreibt auf den Linien eines noblen Lebens, das Trotz, Unmut und Unglück wie Ruhm kannte. Buschs Kraft, Moral und Güte übertragen sich in dieser Schilderung. Seine Gestalt ist ganz gegenwärtig.

Fischer Taschenbuch Verlag

fi 1541 / 2